CLC 구약 주석 시리즈

잠언 주석

로버트 L. 알덴 지음
김형준·이성훈 옮김

기독교문서선교회

기독교문서선교회(Christian Literature Crusade: 약칭 CLC)는
1941년 영국 콜체스터에서 켄 아담스에 의해 시작되었으며
국제 본부는 영국의 쉐필드에 있다.
국제 CLC는 59개 나라에서 180개의 본부를 두고, 약 650여 명의
선교사들이 이동도서차량 40대를 이용하여 문서 보급에 힘쓰고 있으며
이메일 주문을 통해 130여 국으로 책을 공급하고 있다.
한국 CLC는 청교도적 복음주의 신학과 신앙서적을 출판하는
문서선교기관으로서, 한 영혼이라도 구원되길 소망하면서
주님이 오시는 그날까지 최선을 다할 것이다.

Proverbs

Written by
Robert L. Alden

Translated by
Hyeong-Jun Kim · Sung-Hoon Lee

Copyright © 1983 by Robert L. Alden
Originally published in English under the title as
Proverbs
by Baker Books.
Translated and used by the permission of Baker Books
a division of Baker Book House Company,
P.O. Box 6287, Grand Rapids, MI 49516-6287
United States of America.

All rights reserved

Korean Edition
Copyright ⓒ 2014 by Christian Literature Crusade
Seoul, Korea

추천사 1

김희석 박사
총신대학교신학대학원 구약학 교수

우리는 참 지혜가 필요한 시대에 살고 있다. 세상의 거짓 지혜가 달콤한 유혹으로 신앙인들을 흔들려 하며, 그 유혹이 진리와 유사해 보이는 시대가 점점 더 되어가고 있다. 그러므로 우리는 참 지혜이신 하나님의 음성에 귀기울이는데 매진해야 한다. 이러한 때에 로버트 알덴의 잠언 주석이 우리말로 번역된 것은, 참 지혜이신 하나님의 뜻을 배우고 익히는 데 큰 도움을 주게 될 것이라 기대된다.

로버트 알덴의 주석은 독자들에게 여러 유익을 제공한다.

첫째, 간결하고 쉽게 본문 자체를 설명하고 있기에, 잠언의 깊은 지혜의 삶에 쉽게 접근하도록 독자들을 도와준다. 많은 경우 주석은 학문적인 서술에 주목적을 두기 때문에, 본문 자체를 쉽게 풀어내지 못하는 한계를 지니게 되는데, 알덴의 설명은 본문 자체의 단어와 구조, 문맥에 근거하여 구절구절의 의미를 간결하고 쉽게 풀어낸다. 수많은 잠언 주석을 읽어본 잠언 전공자로서 생각해볼 때, 알덴의 주석은 목회자가 설교를 준비함에 있어서 참으로 유익할 것으로 생각되며, 또한 말씀을 진지하게 연구하기 원하는 일반 성도들에게도 알찬 도움을 줄 것으로 확신한다.

둘째, 알덴의 잠언 주석은 본문이해에 있어서 탁월한 깊이를 보여주고 있다. 무엇보다도, 본문 자체에 매우 충실하다. 본문을 어떻게 이해해야 하는지, 그 메시지는 무엇인지에 대해 성실한 자세로 접근하고 있다. 쉬우면서도 내용이 꽉 차 있는 해석을 제시하고 있다.

셋째, 알덴은 이 책에서 성경본문에 대한 진지하고도 보수적인 입장을 취하고 있다. 본문에 대한 여러 연구 결과들을 취합하면서도, 본문해석에 대한 복음주의적 이해를 도모하고 있기에, 교회의 사역을 위한 유익한 기초자료가 될 것이며, 실제로 성도들의 신앙성장에 자양분을 공급하는 기회를 제공할 것이다.

구약의 지혜서에 대한 주석서가 많지 않은 가운데, 알덴의 잠언 주석이 번역되게 된 것을 기쁘게 생각한다. 목회자와 일반 성도 모두가 이 책에서 하나님을 경외하는 지혜의 삶을 발견하게 될 것을 기대하며, 진심으로 추천하는 바이다.

추천사 2

해돈 W. 로빈슨 박사
前 덴버신학교 총장

우리 사회는 지혜로운 사람과 박식한 사람을 자주 혼동한다. 우리는 지식에는 높은 점수를 주고, 지혜에는 낮은 점수를 준다.

만약 지식을 잘 사용할 수 있다면, 우리는 우리가 할 수 있는 일보다 더 많은 것들을 할 수 있을 것이다. 1955년 이래로 매 5년 마다 지식은 증가되어져 왔다. 각 지역에 위치해 있는 도서관들은 수많은 새로운 책들로 인해 신음하고 있다. 이에 과거의 체계가 더 이상 충당하지 못했던 공간들을 확보하기 위해 새로운 체계가 고안 되어야만 했다. 사실 현대 세대는 이전 세대가 가지고 있었던 것보다 우주와 인간에 대한 더 풍부한 자료들을 갖고 있다. 오늘날 고등학교 졸업생들은 과거의 플라톤, 아리스토텔레스, 스피노자, 벤자민 프랭클린보다 이 세계에 대한 더 많은 정보를 접하고 있다. 모세와 바울은 오늘날로 말하면 대학교 입학 시험조차 치루지 않았다!

그러나 모든 이들의 기준에 따르면, 심지어 우리들의 모든 지식으로 인해 이 세상은 엉망진창이다. 훌륭하다고 하는 과학적인 사고는 우리 인류를 지구에서 없애버리기에 충분한 기계와 무기들을 생산해 냈다.

우리의 지식으로 인해 사회는 온갖 기계들로 가득해졌다. 우리나라는 다른 나라에 비해 어리석은 편은 아니다. 그러나 제인 아담스(Jane Addams)가 말했던 것처럼, "미국에는 어리석음이 잘 조직화 되어 있다"고 할 수 있겠다. 생계비를 벌기 위해 교육받은 사람들은 삶 자체를 조정하는 것에 익숙하지 않다. 저명한 대학의 졸업생들은 삶의 작은 부분에 관한 정보에 대해서는 숙달했겠지만, 가족들이나 친구들과 함께 성공적인 삶에 도달하기 위해서는, 단지 최고의 성적만 가지고서는 불가능하다.

이제 이것을 잘 살펴보도록 한다. 지식만으로는 삶의 문제들을 대하는 데는 충분치 못하다. 즉, 삶을 다루기 위한 지혜가 필요하다.

로버트 알덴(Robert L. Alden) 박사는 잠언에는 없는 내용들을 취해서 주석을 써내려간다. 그는 우리가 잠언을 완전하게 소화시킬 수 있도록 돕는 기타 격언에 대해서도 이야기한다. 만약 당신이 지혜로워지기 원한다면 잠언을 한 달 동안 매일 한 장씩 읽도록 하라(잠언은 31장으로 되어있으므로 하루에 한 장이면 된다). 한 손에는 펼쳐진 성경을 들고, 다른 한 손에는 이 주석을 들고 읽도록 하라. 그렇게 하면 여러분은 건강하고 부유하면서도 동시에 모든 일에 지혜로워지게 될 것이다.

역자 서문

잠언은 현대를 살아가는 신자들이 반드시 알고 있어야 할 주옥같은 교훈들을 담고 있다. 잠언에는 비단 신자들 뿐만 아니라, 시장에서 물건을 파는 사람, 사업에 몸담고 있는 사업가, 학교를 다니는 학생들에 이르기까지 인간 삶의 모든 부분, 즉 개인, 가정, 사회, 국가, 경건 등의 영역에서의 삶의 태도를 위한 귀중한 통찰(insight)이 담겨 있다. 본서를 대하는 독자라면 누구나 삶에 대한 놀라운 통찰력과 더불어 다가올 여러 상황에 대한 빼어난 예지(foresight) 역시 조망할 수 있을 것이다. 이 같은 이유로 잠언에 대한 가르침은 본서가 저술된 당시부터 오늘에 이르기까지 계속되고 있다. 그러므로 본서를 대하는 독자들은 잠언의 지혜를 따라 성공적인 삶의 안내를 받을 수 있을 것이다. 이러한 차제에 한국 독자들로 하여금 로버트 알덴(Robert L. Alden)이 주석한 본서를 번역하게 되어 마음 깊이 감사하지 않을 수 없다. 본서의 저자인 로버트 알덴은 덴버신학교의 구약학 교수이자 시편과 학개, 말라기에 대한 주석 작업에도 몰두한 바 있는 학자이다. 역자가 본서를 추천하는 이유는 다음과 같다.

첫째, 본서의 용이성에 있다. 본서는 주석임에도 불구하고 목회자,

임직자, 주일학교 교사, 평신도에 이르기까지 쉽게 읽어 내려갈 수 있다는 장점을 가지고 있다. 이것은 아마도 독자들을 향한 저자의 배려가 아닐까 사료된다. 저자는 잠언의 한 절, 한 절을 상세히 소개하면서 독자들이 쉽게 공감할 수 있는 이야기들과 노래, 시 등을 함께 포함시켜 놓았다. 특히 본서 여러 곳에 포함된 다양한 격언들은 독자들로 하여금 잠언의 진리를 이해하는 데 커다란 청량제 역할을 하고 있다.

둘째, 본서의 간결성에 있다. 본서는 각 절에 대한 주석과 저자의 깊이 있는 설명, 다양한 예화가 함께 뒤섞여 있음에도 불구하고 군더더기를 찾을 수 없을 만큼 놀라운 간결성을 유지하고 있다. 하나의 선명한 주제를 비추기 위하여, 나머지 내용들을 철저하게 녹여놓아 그 주제를 뒷받침 하고 있는 것이다.

셋째, 본서의 탁월성에 있다. 본서는 주석임에도 불구하고, 설교준비, 주일학교 교재, 경건서적 등으로 활용될 수 있다. 이것은 본서가 그만큼 여러 목적으로 활용이 가능하다는 이야기이다. 본서가 건전한 학문성에 기초한 것은 물론, 저자의 출중한 설명은 잠언을 연속으로 강해하려는 목회자들에게, 잠언과 관련된 주제를 가르치려는 주일학교 교사에게, 하늘의 지혜를 경험하기 원하는 신자에게 크나큰 감동을 줄 것임에 틀림없다.

넷째, 본서의 충실성에 있다. 본서의 충실성이란, 내용과 설명이 어디에 기반을 두고 있는가 하는 것이다. 아무리 훌륭한 신학서적, 경건서적이라고 할지라도, 그 안에 담고 있는 내용이 성경에 기초하지 않은 철학 혹은 주장이라면, 우리는 그 위험성을 피할 수 없게 된다. 이런 면에서 책이 사람에게 영향을 주고 또 변화시키는 주된 동인이 된다면, 책의 내용이 어디에 기반을 두고 있는가 하는 질문처럼 진중한 질문은 없을 것이다. 다행스러운 것은, 본서는 처음부터 끝까지 복음주의의 영향 아래서, 철저한 성경적 견해와 해석을 유지하고 있다는 사실이다. 이것은 오늘날 인본주의적, 자유주의적 서적과는 그 성격이 완연히 다르다고 하겠다. 이로 인해 본서를 대하는 독자들은 누구나 마음을 열고 본서를 대해도 무방하다고 강력히 추천한다.

본서를 "CLC 구약 주석 시리즈"로 출판하게 된 것을 기쁘게 생각하며 하나님께 영광을 돌린다.

김형준·이성훈 識

목차

추천사 1 (김희석 박사: 총신대학교신학대학원 구약학 교수)_ 5

추천사 2 (헤돈 W. 로빈슨 박사: 前 덴버신학교 총장) _ 7

역자 서문 _ 9

》 서론

제1장	지혜 예찬 (1:1-9:18)	25
제2장	솔로몬의 잠언 (10:1-22:16)	117
제3장	지혜 있는 자의 말씀 (22:17-24:34)	259
제4장	히스기야의 신하들이 편집한 솔로몬의 잠언 (25:1-29:27)	281
제5장	아굴의 잠언 (30:1-33)	325
제6장	르무엘의 잠언 (31:1-9)	337
제7장	에필로그: 현숙한 여인 (31:10-31)	341

서론

잠언은 치료제와 같다. 우리는 치료제만으로 삶을 이어갈 수는 없다. 실제로 우리들 중 소수는 간혹 치료제 없이도 살아간다. 물론, 잠언만으로 영적인 식사를 하는 것은 심각한 불균형을 초래할 것이지만, 어떤 사람이 자신의 정신적, 영적, 재정적 건강을 위해 이러한 치료제와 해독제를 복용하지 못하게 되면 얼마나 아프게 될 것인가! 잠언은 일종의 식사이지만 한 번에 과하게 먹을 것이 아니라 꾸준히 자주 먹어야 하는 것이다. 잠언은 이미 "엑기스"만 모은 형태이다. 그리하여 잠언의 충고는 우리에게 최고의 농축된 형태로 다가온다. 즉, 잠언은 슬기로운 진미를 긴 세월이 지나가는 동안 요약하고, 정돈하며, 다듬고, 또렷하게 만든 것이다.

이 주석은 잠언의 뼈에 살을 붙이고 농축된 치료제로서 재구성하기 위해 잠언을 전개하고자 한다. 본서는 사람들이 삶 속에서 겪어야 하는 많은 사례들 속에서 통찰력을 제공해주고자 한다. 본서는 절대 변치 않을 기본적인 자연의 법칙들과 함께, 우리를 조건에 맞는 성공적인 행동으로 인도하는 기본적인 원리들을 담고 있다. 또한 잠언은 삶의 실제적인 차원들로 설명하고 있다. 잠언은 전도서와 함께 성경의 가장 "세속적인"(secular) 책 중 하나라고 할 수 있는데, 이는 잠언이 단지 신학적인 문제를 다루는데서 한 걸음 더 나아가 사회적, 경제적 문제들을 다루고 있기 때문이다.

1. 개요

I. 지혜 예찬 (1:1-9:18)
   1. 머리말 (1:1-7)
   2. 악인들과 함께 하는 것에 대한 경고 (1:8-19)
   3. 지혜의 초청 (1:20-33)
   4. 지혜의 보상 (2:1-4:27)
   5. 간음에 대한 경고 I (5:1-23)
   6. 보증, 게으름, 속임에 대한 경고 (6:1-19)
   7. 간음에 대한 경고 II (6:20-7:27)
   8. 지혜 예찬 (8:1-36)
   9. 두 가지 선택들 : 지혜와 어리석음 (9:1-18)

II. 솔로몬의 잠언 (10:1-22:16)
   1. 대조적인 잠언들 (10:1-15:33)
   2. 동의어적 잠언들 (16:1-22:16)

III. 지혜 있는 자의 말씀 (22:17-24:34)
   1. 30개의 말씀들 (22:17-24:22)
   2. 지혜로운 자들의 말씀 (24:23-34)

VI. 히스기야의 신하들이 편집한 솔로몬의 잠언(25:1-29:27)

V. 아굴의 잠언 (30:1-33)

VI. 르무엘의 잠언 (31:1-9)

VII. 현숙한 여인 (31:10-31)

    II, III, IV 부분은 내용에 있어서 구분할 수 있을 만한 어떤 개요나 통합된 주제 또는 논리적인 배열이 없다. 우리가 할 수 있는 것들이란 서로 연관되어 있는 듯한 이런 저런 작은 구절들을 주석하는 것 뿐이다. 1장부터 9장까지는 윤곽을 잡기가 상당히 어려운데, 이를 테면, 지혜의 초청과 그 보상에 관한 내용 가운데 간음에 대해 주의하라는 부분이 갑자기 삽입되기 때문이다.
    사실, 잠언은 배열, 개요, 순서, 발전 등이 없는 단순한 어록 모음집이다. 그래서 당신이 이 점에 대해 고려할 때, 우리의 삶 또한 이것과 비슷하다는 점을 알 수 있다. 우리는 삶을 정돈하기를 노력하지만, 오히려 기회, 위기 그리고 기대치 않은 방해들이 찾아오곤 한다. 어떤 때는 많은 활동들이 우리를 거의 압도해 버리는 반면, 때로는 삶이 지겹게 느껴지기도 하다. 우리는 순서와 통일성을 찾으려고 하지만, 때때로 우리의 삶이 실패했을 때 종종 절망하기도 한다. 아마 이러한 이유들로 인해 잠언이 이러한 통일성 없는 형태로 우리들에게 찾아온 것은 아닐까?

2. 저자와 연대

    솔로몬의 이름은 잠언을 펴자마자, 그리고 잠언 10:1과 25:1에서 확인할 수 있다. 그러나 솔로몬이 잠언을 기록했다고 하는 것은 그리 간단한 문제가 아니다. 왜냐하면 다른 저자들의 이름이 잠언에서 명백하게 언급되고 있기 때문이다.
    이를 테면, 30:1의 아굴, 31:1의 르무엘과 그의 어머니, 22:17에 지혜 있는 자와 같은 경우이다. 우리는 잠언 25:1에서 적어도 솔로몬 치세 250년 후 통치하였던 히스기야의 신하들이 편집했다는 언급을 발견할 수 있다. 또 열왕기상 4:32은, 솔로몬이 잠언 3,000개와 1,000개가 넘는 노래들을 말했다는 사실을 언급하고 있다. 잠언 전체는 915개의 절 뿐이며 솔로몬의 잠언이라고 명시된 10-15장은 375개의 절이며 잠언 25-29장(솔로몬의 잠언이라고 명시된 또 다른 부분)은 128개의 잠언들 뿐이다. 즉, 우리는 3,000여개의 잠언 중 2,000-2,500개는 잃어버렸다. 그리고 1,000개의 노래들 중에 관해서도 마찬가지이다. 시편 72편과 127편이라는 솔로몬의 시를 제외한 대부분의 노래는 잃어버렸다.

우리는 솔로몬이 잠언을 수집했고 구성했다고 본다. 그는 비교적 평화로운 시기에 통치했다. 그의 아버지인 다윗은 왕국을 통합하였고, 솔로몬은 그에게 예술을 할 수 있도록 도와주었던 평화로운 시대와 부를 허락한 왕국을 상속받았다. 한편, 우리는 지혜문학이 나일 강으로부터 유프라테스 강까지 잘 알려졌고, 사용되었으며, 수집되었다는 것을 잘 알고 있다. 인류학자들은 수준 높은 부족들이나 문자를 사용했던 사람들은 당시 우리가 소위 잠언이라고 부르는, 그들의 경험을 담은 간결한 격언들을 만들었다고 말한다.

이집트에서 메소포타미아로, 잠언과 지혜문학의 모음집들이 세간에 돌아다녔다. 성경을 통해(왕상 10:14, 28), 우리는 솔로몬의 대외적인 무역관계를 알 수 있다. 말, 금 등과 더불어 그들의 언어와 잠언의 교환이 있었다는 것은 의심할 여지가 없다.

잠언의 기원에 관한 진실은 다음의 두 가지 극과 극의 사실 가운데 어느 한 위치에 놓여 있음을 알 수 있다. (1) 모든 잠언은 이스라엘의 유일한 것이거나, (2) 모든 잠언은 다른 어떤 것들을 모방한 것이라는 것이다. 지혜에는 판권이 없다. 그래서 다른 문화들 사이에 아무런 연관이 없음에도 동일한 잠언이 생길 수 있다는 것은 거의 확실하다. 살아가면서 얻는 경험들은 검소, 산업, 정직, 인내심 등이 초문화적인 진실이라는 교훈을 가르쳐 준다.

한 때 대부분의 성경학자들은 지혜문학이 후대에 발전되었던 것이라고 생각했다. 그 경향은 모든 지혜문학(욥기, 잠언, 전도서, 솔로몬의 시)을 바벨론 포로에서부터 유다의 포로 귀환 혹은 심지어 헬라 시대로까지 그 저작시기를 옮겨놓았다. 그러나 이러한 사고는 이스라엘의 주변국으로부터 나온 지혜문학에 관한 고대 문서들의 발견과 함께 변화되었다. 오늘날 거의 대부분의 학자들은 잠언이라는 모음집이 주전 900년 전, 솔로몬 시대에 더 훨씬 가깝다는 것에 동의하고 있다.

3. 목적

우리는 잠언이 들을 수 있는 지혜로운 자를 위해 기록되었다고 말할 수 있을 것이다. 참으로 지혜로운 사람들은 교훈에 청종할 것이고, 반면, 미련한 자는 그렇지 않다. 우리는 완전히 지혜롭거나 완전히 미련하지도 않지만, 상황에 따라 지혜로워 보일수도 있고, 혹은 미련해 보일수도 있다. 때때로 지혜로운 사람이 우매하게 행동을 하기도 하고, 미련한 사람도 지혜롭게 행동을 하기도 한다(잠 17:28). 잠언의 목적은 우리를 덜 미련하게 하고, 더 지혜롭게 만드는 데 있으며, 동시에 우리의 삶 속의 모든 일을 개선시키는 데 있다.

잠언 1장부터 9장은 수차례 "내 아들"이라는 호칭으로 우리들을 부른다(잠 1:8, 10, 15; 2:1; 3:1, 11, 21; 4:10, 20; 5:1, 20; 6:1, 3, 20; 7:1). 때때로 복수로 "내 아들들" (잠 4:1; 5:7; 7:24; 8:32)이 사용되기도 한 반면, 8:4에서는 "사람들" 혹은 문자적으로 "인자들"(sons of men)로 표현되고 있다. "내 아들"이 다른 곳에서는 때때로 발견되지 않음에도 (잠 19:27;

23:15, 19, 26; 24:13, 21; 27:11과 비교), 아들을 가르치는 아버지의 목소리가 시종일관 들려진다.

　이 아들은 도대체 누구인가? 왜 딸이라고 부르지 않는가? 우리는 여자들이 고대 사회에서 높은 신분을 가졌었을 것이라고 희망해 보지만, 그렇지 않았다는 사실은 거의 틀림없다. 대부분의 결정은 남성들, 즉 아버지, 형제들, 여성에게서 난 아들들에 의해 결정되었다. 이들은 음녀로부터 유혹받는 아들, 돈을 꾸고, 빌려주고, 돈을 벌고 낭비한 남성들이다. 남성들은 법적인 문제를 판결하기 위해 성문에 앉아있곤 했다. 다른 한편, 잠언 끝에 나오는 현숙한 여성에 대한 장엄한 찬가와 여성에 대한 솔직한 암시들을 생각해 보라(잠 11:16, 22; 12:4). 오늘날 남성들과 함께 여성들이 잠언을 읽어야 할 이유가 여기에 있다. 여성들은 음녀를 피하라는 잠언에서 자신들의 몸을 범하려는 자들에 대항하고 자신들을 보호해야 함을 발견한다. 또한 오늘날 많은 여성들이 돈을 사용하는 데 있어서, 절약하고, 지혜로운 투자를 다루고 있는 잠언을 유의하여 읽는 것이 얼마나 중요하겠는가!

　모든 사람들이 잠언의 대상이요 독자이다. 잠언의 간결한 지혜는 나이, 성별, 재산, 학력과 상관없이 우리 모든 사람들에게 적용된다.

4. 신학

　우리는 잠언을 신학적인 면에서 두 가지 방법으로 생각해 볼 수 있다. 본서는 율법, 제물, 언약, 제사에 대해 직접적으로 말하고 있지 않기 때문에 비신학적이라고 간주되거나 혹은 그와는 상반되게 지혜에 관해 다루고 있음과 동시에 또한 지혜의 기초를 "여호와 경외"로 보고 있기 때문에(잠 1:7; 2:5; 9:10; 15:33; 19:23) 매우 신학적이라고 간주되기도 한다. 그것은 결국 우리가 결정해야 할 몫으로서, 어떻게 신학을 정의하느냐에 달려 있다.

잠언은 의심할 여지없이 하나님을 경외하는 사람들에 의해 쓰여졌거나 편집된 책이다. 그리고 잠언은 성경의 일부로서 솔로몬 왕국의 국민들, 바벨론 유배자들, 다른 지리적 종교적 배경으로부터 온 많은 인종들로 구성된 1세기 기독교 교회들, 오늘날의 신자들과 같이 하나님을 경외하는 자들을 위해 쓰여졌다. 이 책은 이미 독자를 이스라엘의 하나님 여호와를 믿는 신자들이라는 가정을 품고 있다. 독자는 하나님의 가족이며 그가 얼마나 나이가 있는지 혹은 얼마나 지혜로운지 전혀 문제가 되지 않는다. 잠언은 그러한 자의 삶을 개선해 줄 수 있다.

일부 학자들은 신학에 기초하여 잠언에서 하나님의 이름이나 혹은 종교적인 언어를 포함한 모든 구절을 늦은 시기의 작품의 범주에 둠으로써, 각 부분을 나누었다. 하지만 이러한 구절들은 이와 같은 구별이 부자연스러워 보이는 다른 구절들과 함께 혼합되었다. 따라서 잠언의 수집가가 그의 신학과 매일 매일의 삶을 일치시켰다고 믿는 것이 더 적합해 보이는 듯하다. 게다가 여호와라는 단어는 매우 세속적인 구절에서도 등장한다(잠 11:1; 19:17; 15:25).

잠언에 함축되어 있는 바는, 하나님은 일하시며 또한 그의 백성들의 모든 일들에 관심을 갖고 계시다는 것이다. 그는 부정직한 제물을 바치는 것만큼 교만을 싫어하신다. 그는 증오만큼이나 다른 사람을 험담하는 것을 용납지 않으신다. 그는 그의 백성들에게 단순히 주일에 성전에서 선한 행동을 하는 것을 요구하는 것이 아니라, 평일에 시장, 들판, 집과 같은 모든 곳에서도 선을 요구하신다.

5. 정경

한 때, 유대인 학자들은 잠언의 정경성을 의심했는데, 왜냐하면 부분적으로는 잠언 26:4과 26:5이 외견상으로 모순되고 있다는 점과 또한 간음에 대한 적나라한 구절들 때문이다.

신약성경에는 대략 20여개의 잠언의 인용 및 암시가 나타나고 있다 (예를 들면, 히 12:5-6에서는 잠 3:11-12, 계 3:19에서는 잠 3:12, 롬 13:7에서는 잠 3:27, 약 4:6과 벧전 5:5에서는 잠 3:34). 특히 야고보서 4:6은 잠언을 매우 직접적으로 인용하고 있다는 점을 통해 잠언의 정경성을 확인할 수 있다.

히브리 정경에서 잠언은 욥기와 시편 다음에, 그리고 메길로트(룻, 아가, 전도서, 예레미야애가, 에스더) 앞에, 성문서로 알려진 성경의 끝에서 세 번째에 위치한다.

6. 본문

시는 항상 산문 보다 읽기가 더욱 어렵다. 왜냐하면 시는 어휘의 의미가 훨씬 더 풍부하며 기교를 위해 단어들을 섞으며 또한 문장의 의미를 정확히 진술하기 보다는 오히려 어떤 것을 암시만 주려고 하기 때문이다. 뿐만 아니라 시적 특성이 부여된 잠언의 풍자적 성격은 본서를 더욱 이해하기 어렵게 한다. 유감스러운 것은 이로 인해 일부의 학자들은 잠언의 본문을 온전치 못한 상태라고 생각하기도 한다는 점이다. 만일 우리가 잠언의 모든 것을 이해하지 못한다 해도, 다른 사람들도 역시 동일한 어려움을 가지고 있다는 점을 잊지 않는다면 약간은 안도감을 느낄 수 있을 것이다. 헬라어 번역이 하나의 예가 될 수 있을 것이다. 때때로 그 번역은 조금은 확대된 번역의 종류라고 할 수 있는데, 그것은 이해하지 못할 말로 바뀌어 쓰이기도, 잘못 읽혀지기도 한다.

잠언에는 하팍스 레고메나(성경에서 오직 한 번만 나타나고 있는 단어들)가 많이 있다. 그리고 이것들은 (만일 그 단어가 본문에서 빠뜨릴 수 없는 것이라면) 번역상의 문제들을 야기하는 단어들이기도 하다. 다른 한편, 우리는 잠언에서 넓게 사용된 셈어적 평행 장치로부터 도움을 얻을 수 있는데, 한 구절속에서 두 부분이 평행일 때 (그것이 동의어적 평행이든, 대조적인 평행이든) 우리는 대개 알려진 한 쪽 부분을 통해, 알려지지 않은 다른 부분에 있는 단어의 의미를 유추할 수 있다.

7. 배경

우리는 이미 배경 문제에 대해 두 가지 극단의 입장을 살펴보았다. 첫 번째 입장은 이스라엘의 잠언의 배경은 주변 국가들이 아니라 진공 상태에서 발전했다는 것이다. 이스라엘이라고 하는 나라는 절대적으로 다른 나라들과 구별되어 있어서 그 이전이나 혹은 그 이후의 어떤 것과도 연관 지을 수 없는 성스러운 책들을 생산해내었다.

두 번째 입장은 이스라엘은 사실상 자체의 독특한 그 어떠한 것도 만들어 내지 않았다는 것이다. 모든 것이 그대로 베낀 것이고, 빌려왔고, 사왔다는 것이다. 영적 유산을 제공하는 이스라엘은 단지 지중해의 동쪽 끝의 많은 작은 나라 중 하나일 뿐이다. 단지 역사의 파동이 유대교와 기독교라는 기본적 형태로 그 종교의 생존을 보장했을 뿐이다.

진실은 이러한 두 가지 극단 사이에 놓여 있다. 질문은 솔로몬 혹은 다른 지혜자가 이러한 잠언을 편집했는지, 아니면 그들이 잠언을 단순히 이집트에서 가장 유명한 것들에게서 빌려왔겠느냐 하는 것이다. 일부가 지적하듯이, 아멘 엠 오페(Amen-em-ope)의 지혜서와 잠언이 거의 유사하다는 점을 무시하기는 어렵다. 오히려 이러한 수집물들에 잠언이 얼마나 의존하였느냐 하는 것은 문제의 핵심이 된다. 과연 솔로몬과 이집트와의 접촉은 상업과 외교상의 범위를 넘어 의견의 교환이 제공되었던 것일까?(왕상 9:16; 10:28)

아멘 엠 오페의 지혜서는 30개의 속담 형식인데, 아버지가 그의 아들에게 주는 권면이다. 잠언 22:20에서 단어 하나가 KJV에서 "아름다운 것들"(excellent things)로 표현되었고, 다른 성경들(NAB, TEV, NIV)에서는 "30개의 말씀들"로 번역되었다. 일부 본문들은 22:22-24:21을 경우에 따라 이집트 문서와 조화되는 30개 부분들로 나눈다. 과연 하나님은 자신의 섭리 가운데 이 재료들을 성경 속으로 삽입하신 것인가? 그리하여 솔로몬과 지혜자들을 통해 가장 적합한 부분들을 합치도록 고무시키신 것일까? 어떤 이들은 다른 방식으로 이 문제를 해결한다. 즉, 이집트인들이 히브리 민족들을 모방했다는 것이다. 그러나 이 잠언들은 두 국가 모두에 공존했던 것은 맞지만 실제 기록은 서로 독립된 상태에서 이루어졌다.

잠언은 고대 셈족 사회의 정황 속에서 기록되었다. 대부분의 사람들은 농부 및 목자로서 땅을 의존하여 살아갔다. 그리하여 자연스럽게 잠언은 양과 소(27:23), 폭우(28:3), 쟁기(20:4), 창고(3:10), 지계석(22:28) 등과 많은 연관된다. 잠언은 또한 시장(20:14), 성문(1:21; 8:3), 법정(8:15), 왕실(25:6)과 같은 도시 생활과도 많은 연관성을 갖고 있다. 대부분의 잠언은 성실한 노동과 게으름, 정직과 부정직, 검소와 낭비, 빌려주는 것과 빌리는 것, 인내와 분노, 조용한 것과 시끄러운 것, 부와 가난에 사이에서 사람들이 하는 선택들에 관해 다루고 있다. 또한 잠언은 가정 관계, 사업 윤리, 도덕적 선택, 내적인 동기들에 대해 말해준다. 마지막으로 잠언의 구절들은 상황적이라기보다는 적용이 용이한 보편적인 것들이다.

우리가 부모님들의 양육을 받고 있는 아이들이든지 혹은 아이들의 잘못된 행동을 고치려는 부모님이든지, 판매자가 되든지 혹은 구매자가 되든지, 학생이든지 혹은 선생님이든지, 잠언의 말씀은 우리를 그 상황에 적용시킨다. 우리는 과로와 근면, 게으름과 오락, 훈련과 격려, 지불과 입금, 심지어 풍부함과 낭비 사이에서 얼마나 종종 긴장감을 느끼고 있는지 모른다. 여전히 이것들은 우리 삶 자체의 긴장의 요인들이라고 할 수 있다. 지혜의 길은 우리에게 이러한 긴장에 대한 시각과 균형을 어떻게 성취할 수 있는가 하는 것을 가르쳐 준다.

8. 참고 도서

지혜문학 입문서

James Crenshaw, ed, *Studies in Ancient Israelite Wisdom*, New York: Ktav, 1976.

O. S. Rankin, *Israel's Wisdom Literature,* Edinburgh: T&T Clark, 1936.

Patrick W. Skehan, *Studies in Israelite Poetry and Wisdom*, Washington, D.C: C.B., 1971.

잠언 주석

Franz Delitzsch, *Proverb of Solomon*, 2 vols, Edinburgh: T&T Clark, 1884.

Julius H. Greenstone, *Proverbs*, Philadelphia: J.P.S., 1950.

R. F. Horton, *Proverbs* (The Expostor's Bible), London: Hodder&Stoughton, 1890.

Edgar Jones, *Proverbs, and Ecclesianstes*, London: S.C.M., 1961.

Derek Kidner, *Proverbs*, London: Tyndale, 1964.

William McKane, *Proverbs* (Old Testament Library), London: S.C.M., 1970.

W. O. E. Oesterley, *The book of Proverbs*, Lodon: Metheun, 1929.

R. B. Y. Scot, *Proverbs and Ecclesiastes* (The Anchor Bible) Garden City, N.Y.:Doubleday, 1965.

Crawford H. Toy, *The Book of Proverbs* (International Critical Commentary), Edinburgh: T&T Clark, 1904.

R. N. Whybray, *Wisdom and Proverbs*, London: S.C.M., 1965.

제 1 장

지혜 예찬 (1:1-9:18)

1. 머리말 (1:1-7)

[1:1] 다윗의 아들 이스라엘 왕 솔로몬의 잠언이라

잠언의 첫 번째 절은 전체 잠언의 제목이다. 그러나 우리는 "솔로몬의 잠언" 외에도 잠언의 다른 제목들을 발견한다. 22:17은 "지혜 있는자의 말씀"을, 30:1은 "아굴의 잠언"을, 31:1은 "르무엘 왕이 말씀한 바 곧 그의 어머니가 그를 훈계한 잠언"을 소개한다. 게다가 25:1을 통해 잠언이 솔로몬 이후 수백 년 동안 편집되었다는 것을 알 수 있다.

어쨌든 솔로몬은 유명한 지혜의 성인이었다. 틀림없이 우리는 모세를 율법과, 다윗을 시편과 연결시키는 것과 같이 솔로몬을 지혜와 연결시킨다. 그의 통치기간 동안 지혜는 융성했다. 다윗의 왕위 계승자인 솔로몬은 이런 지혜의 모음과 함께 평화와 번영의 모든 이익을 가져왔다.

잠언을 가리키는 히브리어는 굉장히 막연하다. 그것은 규칙 혹은 비교를 의미할 수도 있는데, 잠언 10-29장에서 발견되는 지혜에 관한 많은 한토막의 구절들에 대해서는 그러한 정의가 어울린다. 그러나 간음을 경고하는 구절이나 지혜에 대한 찬가, 숫자와 관련된 말씀들, 아크로스틱 시로 나타나는 현숙한 여인에게까지 그러한 정의가 적용되기는 어렵다. 아마도 잠언은 지혜와 관련된 시, 충고, 어록 심지어 이야기까지 가리킨다고 볼 수 있을 것이다.

[1:2] 이는 지혜와 훈계를 알게 하며 명철의 말씀을 깨닫게 하며

2절은 성경의 어디에서도 볼 수 없는 지혜를 가리키는 용어 목록들이 나타난다. 이 절의 여섯 개의 단어가 지혜를 가리키는 말들이다. "지혜", "훈계", "알다", "명철", "말씀", "깨닫다" 등. 우리는 이 모든 단어들을 한 문장에서 본다. 이 각각 단어들을 연구하는 것은 유익하다.

동사 "알다"는 4절에서 약간 다른 형태(명사)로 나타나지만 잠언 전반에서 나타나듯이 명사 형태나 동사 형태나 기본적인 의미는 같다. 이 단어가 구약에는 거의 1,000번 정도 동사로서 사용된다. 또한 이것은 잠언의 주제를 나타낼 때도 사용된다(잠 1:7 참조).

"지혜"의 의미는 영어의 "wisdom"과 같고, 이것은 욥기, 시편, 전도서에도 자주 나타난다.

"훈계"라는 용어도 잠언의 전형적인 표현이다. 이 의미는 잠언 3:11; 13:24; 22:15 등에서 징계 또는 제재의 의미로 제시된다.

"깨닫다"와 "명철"은 간격을 나타내는 전치사로 사용되는 같은 히브리어에서 나왔다. 사물 간의 간격을 볼 수 있는 자, 즉 이면에 있는 의미를 파악하는 자가 지혜로운 자이다. 잠언 연구를 통해 우리는 그러한 사람이 될 수 있다.

[1:3] 지혜롭게, 공의롭게, 정의롭게, 정직하게 행할 일에 대하여 훈계를 받게 하며

또 다른 지혜를 가리키는 유의어 목록은 3절에도 나타난다. "훈계"는 반복이긴 하지만, "지혜롭게", "공의롭게", "정의롭게", "정직하게"가 추가된다. 지혜로운 사람과 도덕적 특성의 조화는 저자에게는 매우 자연스럽다. 왜냐하면 저자가 볼 때, 진정한 지혜자는 정의롭고 현명하며 경건하기 때문이다. 잠언에서 자기의 지혜를 사악한 목적으로 사용하는 자는 지혜자 혹은 현자가 아니라 악하고 교활하고 간사한 자로 묘사된다.

"정직"이라는 단어는 가장 널리 쓰이고 이 목록의 단어들 중에 가장 압축적이고 우리가 생각하는 것보다 많은 것을 제시한다. 이 단어의 완전한 의미는 사전에서도 볼 수 있지만, 그 의미를 확장한다면 공의나 선과도 연결될 수 있다.

[1:4] 어리석은 자를 슬기롭게 하며 젊은 자에게 지식과 근신함을 주기 위한 것이니

잠언은 지혜를 가리키기 위한 여러 단어들을 사용하면서 동시에 어리석은 자들을 가리키기 위한 단어들도 많이 제공한다. 4절의 어리석음은 "경험없는" 혹은 "단순한"으로 번역될 수 있는데, 이는 그나마 용서받을 만한 어리석음이다. 왜냐하면 이러한 어리석음은 단지 경험부족으로 인한 것이기 때문이다. 그의 모습은 거만 혹은 교만에서 나오는 것이 아니다. 그는 단순하게 외부환경에 대한 노출이 제한되었기 때문에 지혜로운 행동을 할 수 없었다. 이런 종류의 사람은 잠언에서 많은 것을 배워야 한다.

"슬기"란 단어는 드문 것이다. 이는 잠언에 단지 2번 나온다(잠 8:5, 12, 개역개정에는 명철로 번역되었다-역주). 또한 출애굽기에 1번(출 21:14 개역개정에는 "고의"로 번역되었다-역주) 그리고 욥기(욥 9:4 개역개정에는 "지혜로우시고"로 번역되었다-역주)에 1번 나온다. 이 표현은 다소 경멸적인 어조로 사용되며 악한 사람을 피하게 도와준다. 3절의 "훈계"는 적극적인 반면, 4절의 "근신함"은 다소 소극적으로 보인다.

[1:5] 지혜 있는 자는 듣고 학식이 더할 것이요 명철한 자는 지략을 얻을 것이라

4, 5절은 경험없는 젊은이와 현명하고 교육받은 어른과 대조를 이룬다. 잠언은 그들의 나이와 지혜의 수준에 구애 없이 모든 사람에게 도움을 준다. 이 절에 핵심적인 단어들 대부분은 "지략"을 제외하고는 다 앞서 나온 것이다. 잠언에서 "지략"이라는 단어는 5번 나오는데, 그 중 처음이다(잠언 외에 욥 37:12에서 단 1번 사용되었다). 이 단어는 "밧줄"과 관련이 있는 듯하고 "결속" 혹은 "속박"의 의미를 나타낸다. 구부러진 나무를 밧줄로 강제로 똑바로 자라게 하는 것처럼 이 "지략"은 "분별력"을 증진시킬 것이다.

이 절은 "듣다"라는 동사도 포함한다. 고대 히브리어는 "듣다"와 "순종하다" 사이의 차이를 인지하지 못했다. 불순종은 곧 교훈의 무시와 같았다. 지혜로운 사람조차 성공적으로 살려면 이 책의 말씀들을 계속해서 "들어야"(그리고 순종해야) 한다.

[1:6] 잠언과 비유와 지혜 있는 자의 말과 그 오묘한 말을 깨달으리라

"잠언"과 유사한 의미를 지닌 두 단어들은 6절에서 쓰이나, 그들은 잠언에 관한 우리의 정의에 보다 많은 것을 제공하지 않는다. 그것들 중 첫 번째는 단지 하박국 2:6에서 형용사 혹은 명사로서 사용되었으나 문맥이 같기에 오히려 큰 도움이 되지 않는다. 지혜자의 "오묘한 말"이란 표현은 삼손 기사 가운데 여러 번 사용되지만 삼손의 오묘한 말은 여기서 다루는 진지함이 없다. 이 오묘한 말은 삶 그 자체의 오묘함과 같은 것이다. 주어진 문제들의 해답을 발견하기 위해서는 우리가 가진 것보다 많은 지식이 요구될 것이다. 잠언은 보통 이런 문제에 직면한 모든 사람을 위해 쓰여졌다.

그래서 잠언의 모든 것을 설명할 수 있는 용어들을 장엄하게 배치해

서 서론을 끝맺는다. 그것의 요점은, 모두가 발전할 수 있다는 것이다. 우리는 좋은 행동을 하는 사람을 구하라고 배웠고 나쁜 행동을 하는 사람을 피하라고 경고 받았다. 젊건 늙었건, 교육을 받았건 문맹이건, 그러한 것들은 문제가 아니다. 이 고대의 지식 모음집을 접함으로서 우리의 삶의 질은 향상될 수밖에 없다. 질문은 이것이다. "어디서 부터 시작해야 할까?", "어떻게 시작할까?", "어디서 이를 배울 수 있는가"? 우선 잠언을 읽으라! 위의 질문들에 대한 대답이 바로 다음 줄에 있다.

[1:7] 여호와를 경외하는 것이 지식의 근본이거늘 미련한 자는 지혜와 훈계를 멸시하느니라 (잠언의 주제)

일부 잠언 주석 개요들을 보면 7절이 서론의 마무리로 등장한다. 또 다른 개요에서는 7절을 젊은이들을 향한 충고로 이어지는 다음 부분의 시작으로 본다. 때로는 독립 구절로 보는 이들이 있다. 나는 세 가지 의견 중 독립 구절로 보는 견해를 택한다. 7절의 전반부, "여호와를 경외하는 것"은 시편 111:10(단어 배치가 조금 다르지만)과 같다. 그것은 또한 욥기 28:28, 잠언 9:10과도 유사하다. 7절은 잠언의 주제와 같다. 어떤 사람들이 이 주제어가 잠언에서 하나님을 더 많이 드러내기 위해 후대에 이 부분에 삽입된 것이라고 주장하지만, 이 구절은 원래부터 이 자리에 있었다. 더욱이 소위 종교적인 구절 혹은 종교적인 잠언들이 이 책에서 정수이기에 이 부분이 초판의 부분이 아니라고 믿기는 힘들다.

대체적으로 이런 고대 사람들은 우리보다 더욱 많이 신에 대해 의식했다. 신의 통치 영역 밖에 있는 삶이란 없다. 그들은 우리가 교회 안에 하나님을 남겨두는 것처럼 성전에 남겨두지 않았고 또한 우리가 하는 것처럼 특정 시간이나 일주일에 하루 정도만 하나님과 살았던 것이 아니다. 그들은 매일, 매순간 지나칠 정도로 하나님의 감시와 하나님의 행동을 지각했다.

7절의 요점은 꽤 명백하다. 우리가 할 수 있는 지식의 첫 번째 단계로써 가장 중요하고 지적인 것은 하나님에 대한 경배이다. "경외"는 대체적으로 부정적으로 해석되지만(문자적으로는 "공포" 혹은 "두려움"을 뜻한다-역주), 기본적으로 하나님을 향한 우리가 가져야 할 긍정적인 태도이다. 만약 우리가 잘못하거나 하나님을 화나게 하면, 당연히 두려움이 강조되는 것이 적합하다. 그러나 우리가 만약 하나님과 관계가 좋다면 "존경"이라는 용어를 써야 한다. 모든 영역에서의 하나님의 주권을 인정한다는 것은 성공적인 삶을 사는 첫 발을 내디디는 것이다.

똑똑하지만 하나님 없는 자에 대한 성경의 평가는 "어리석음"이다(고전 1:20). 그리고 비천하고 교육도 받지 못하고 글도 모르는 자라 할지라도 경건하며 하나님을 모신다면 그야말로 참으로 지혜로운 자이다. 우리가 아는 것과 얼마나 다른가!

7절은 우리가 10-16장에서 주로 찾을 수 있는 대조적인 평행이다. 그러한 대조들은 잠언에서 한 구절을 전반부와 후반부를 이등분하는, "그러나"라는 접속사를 통해 특징지어진다. 7절은 경외와 멸시를, 지식과 미련을 대조한다.

한편, 또 다른 종류의 어리석음이 여기서 설명된다(1:4 주석 참조). 구약에서 이 용어는 26번 사용되고, 잠언에서 19번 사용된다. 각 문맥에서 이런 종류의 어리석음은 용서받을수 없다고 말한다. 이 어리석은 자는 스스로를 바른 줄로 여기고(12:15), 분노를 당장에 나타내며(12:16), 교만하고(14:3), 죄를 심상히 여기고(14:9), 늘 업신여기고(15:5), 다툼을 일으키고(20:13), 심지어 그 미련이 사라지지 않는(27:22) 그런 자이다. 한마디로 말하자면, 그는 여호와를 경외하는 자와는 정반대이다.

2. 악인들과 함께 하는 것에 대한 경고 (1:8-19)

[1:8] 내 아들아 네 아비의 훈계를 들으며 네 어미의 법을 떠나지 말라

8절에는 잠언에서 처음으로 "내 아들"이 등장한다(잠 1:10, 15; 2:1; 3:1, 11, 21; 4:10, 20; 5:1; 6:1, 3, 20; 7:1; 19:27; 23:15, 19, 26; 24:13, 21; 27:11 참조). 이러한 구절의 대부분은 잠언의 "30개의 말씀들" 부분에서 사용된다. 반면, 딸들은 특별히 언급되어지지 않았음에도 여기에 포함된다고 말할 수 있는데, 왜냐하면 지금은 그 시대의 아들과 같은 수준의 자유를 갖기 때문이다. 양친이 여기에 포함되어 적혀있는것도 흥미롭다. 아이들이 따라야 할 아버지의 "훈계"(2절 참조)와 어머니의 "가르침" 또는 "법"(토라)이 있다. 우리는 이 절로부터 자식들은 부모를 공경해야 하며 부모는 자녀들을 가르치고 양육할 책임이 있다고 결론을 지을 수 있다. 지혜든지 영적인 것이든지 부모 한쪽만이 전적으로 책임이 있는 것은 아니다.

비록 경건한 어머니들이 성경 시대로부터 지금까지 중요한 역할을 했지만(한나, 마노아의 아내, 르무엘의 어머니, 로이스, 유니게 등) 율법과 어머니를 지나치게 연결해서 읽어도 안 된다.

[1:9] 이는 네 머리의 아름다운 관이요 네 목의 금 사슬이니라

9절의 금 사슬 혹은 관이 무엇을 언급하는지 확실하지 않지만 중요한 것은 이 구절은 동기절(무엇을 하기 위한)이며 순종은 가치가 있다는 사실이다. 젊은이가 "머리의 아름다운 관"을 원하지 않으며, 젊은 여성이 그의 외모가 금 사슬로 더욱 빛나는 것을 원치 않겠는가? 그것을 얻기 위해서 이 잠언에서 아비와 어미의 신실한 가르침과 훈계를 받아야 한다고 언급하고 있다.

[1:10] 내 아들아 악한 자가 너를 꾈지라도 따르지 말라

10-14, 19절은 과격한 자들과 공모하는 것이 위험하다는 것을 나타내고 있다. 10절은 잠언에서 가장 짧은 절이다. "꾀다"라는 동사는 악행을 같이하고자 현혹하는 기만적인 상황에 대해서 경계하게 한다. 악행과 관련된 매우 유혹적인 것들이 있다. 일확천금은 자신의 양심과 작은 타협을 하는 것 같지만 그러한 사람은 결국 폭력을 행사하게 될 것이다. 의심할 여지없이 그 유혹은 전통적 윤리에 대한 조롱이며 죄를 짓게 되는 것이야 말로 자유롭게 되는 것 혹은 문명화 되는 것이라는 생각을 함축하고 있다.

[1:11] 그들이 네게 말하기를 우리와 함께 가자 우리가 가만히 엎드렸다가 사람의 피를 흘리자 죄 없는 자를 까닭 없이 숨어 기다리다가

11절은 양심없는 계획의 세부사항을 드러낸다. 이것은 가장 폭력적이고 잔인하고 무법한 공모이다. 순간적인 즐거움을 위하여 사악한 사람은 살인을 준비하고 또한 같이 지내는 사람을 일생의 곤란에 처하게 하는 것을 주저하지 않는다. 이런 범죄는 목적이 없고, 무분별하고, 까닭 없는 것이고, 심지어 언제나 발생하고 있다. 신문을 보라!

[1:12] 스올 같이 그들을 산 채로 삼키며 무덤에 내려가는 자들 같이 통으로 삼키자

사악한 자의 무자비함은 믿을 수 없을 정도이다. 우리는 여기서 스올이 무엇인지 상세히 토론할 수는 없다. 스올은 기본적으로 죽음의 장소이고 "통"은 시편에서 스올과 평행을 이루기 위해 자주 사용된다. "통"이라는 표현은 구덩이에 던져진 세 명의 구약의 희생자들을 우리에게 상기시켜 준다. 즉, 요셉(창 37:20), 예레미야(렘 38:6), 다니엘(단 6:16-17). 또한 시편 40:2, 88:4, 6과도 비교된다.

[1:13] 우리가 온갖 보화를 얻으며 빼앗은 것으로 우리 집을 채우리니

대개 범죄의 목표는 앞서 말했듯이 악을 행하는 것에서 즐거움을 얻는 것과 더불어 부자가 되는 것이다. 도둑들은 가격을 높이거나, 가짜 수공품을 팔거나, 낮은 세금을 내거나, 사용료를 회피하거나, 하찮은 도둑질, 즉 가게 물건을 슬쩍하거나 지금 이 구절에서 묘사된 것처럼 노상강도 등으로 나타난다. 강도들의 "우리"라는 표현은 불행한 젊은이를 얻고자 함이며, 비록 그에게 무슨 일이 일어날지 말하고 있지는 않으나 분명 예상할 수 있는 사실, 범죄로 인해 붙잡히고 비난받게 될 것이라는 사실을 암시하는 것이다.

[1:14-15] 너는 우리와 함께 제비를 뽑고 우리가 함께 전대 하나만 두자 할지라도 내 아들아 그들과 함께 길에 다니지 말라 네 발을 금하여 그 길을 밟지 말라

14절에서는 훔친 전리품을 나누기 위하여 그들과 함께 그의 몫을 제비를 뽑자고 젊은이에게 재촉하는 죄인들의 유혹이 절정에 다다른다. 결코 그들은 그들의 범죄의 부정적인 결과를 말하지 않는다. 그들은 단지 그것의 보상과 잠재적 이익만을 제시한다. 이것이 범죄의 유혹이다. 악마는 가능한한 좋은 인상을 주려하고, 너무 늦었다는 생각이 들기 전까지는 어두운 면과 그 뒤의 덮여진 추한 것은 감추어 둔다.

10-15절은 하나의 확장된 조건절로서, 10절 전반부와 14절의 가정적 상황에 대한 결론이다. 15절과 10절 후반부는 그 두 절의 상황에 기초한 명령이다. 10절과 15절의 "내 아들아"란 단어를 주목하라.

한편, 11절의 "가다"와 대조를 이루는 것은 15절의 "다니지 말라"이다. 그 단어들은 히브리어로는 같다. 지혜로운 아버지는 지금 그의 아들에게 어느 날 받을 유혹에 관해 이야기한다. 가해자보다 그러한 음모

의 희생자가 보다 정직한 사람이다. 두 종류의 길이 이 절에서 암시되고 있으며 이는 시편 1편을 떠올려 준다. "무릇 의인들의 길은 여호와께서 인정하시나 악인들의 길은 망하리로다"(시 1:6).

[1:16] 대저 그 발은 악으로 달려가며 피를 흘리는 데 빠름이니라

16절의 두 문장은 폭력적인 사람과의 교제를 피하라고 그의 아들을 몰아붙이는 지혜로운 사람의 평가이다. 여기서는 성급함이 암시된다. 두 단어는 두 가지 절박함을 가진다. 사악한 사람의 성급함은 더욱 죄로 나아가게 한다. 이사야 59:7과 로마서 3:15는 그러한 죄인을 묘사하고 있다.

[1:17] 새가 보는 데서 그물을 치면 헛일이겠거늘

17절은 다른 의견들을 자아내왔다. 새가 그물을 보았다면 그물을 피하지 않겠는가? 아니면 새는 감각이 없음으로 비록 그물을 볼지라도 거기에 걸리고 말것이라는 뜻인가? 후자의 설명이 다음 절의 요점인 강도가 그 자신의 그물에 걸릴 것이라는 개념과 적절하게 연결된다(D. Winton Thomas, "Textual and Philologicaal Notes on some passages in the book of Proverbs", *VTS* iii pp.280-292 참조). 범죄자는 죄에 대한 처벌도, 죄의 결과에 대한 자각도 없지만, 그들은 그들의 잘못과 함께 심판대로 나아갈 것이다.

하지만 이 절은, 새는 그물을 피할 수 있다는 것을 암시한다. 순결한 젊은이가 새라면 그 아버지는 그에게 그물이 쳐져 있다는 사실을 가르쳐 준다. 그물에 대한 경고를 받은 그는 분명 그물을 피할 수 있을 것이다.

[1:18] 그들이 가만히 엎드림은 자기의 피를 흘릴 뿐이요 숨어 기다림은 자기의 생명을 해할 뿐이니

18절의 뜻은 명확하다. 사악한 사람은 그들이 뿌린대로 거둘 것이다. 그물을 친 자는 자신들이 그 그물에 걸릴 것이며 매복자들도 매복해 있던 또 다른 복병에게 당할 것이다. 사악한 계획은 역효과를 가져온다. 범죄자에게는 나쁜 소식이지만, 그런 유혹에 저항하는 사람에게는 좋은 소식이다.

[1:19] 이익을 탐하는 모든 자의 길은 다 이러하여 자기의 생명을 잃게 하느니라

19절은 18절의 확장으로, 히브리어의 반복이라는 시적인 장치를 사용한다. 문자 그대로 읽자면, "모든 탐욕과 탐욕적인 것의 종말은 이러하다". 70인역도 "길"이 아니라 "종말"로 읽는다. 이러한 차이는 히브리어의 두 철자의 순서가 뒤바뀜으로 인한 변화이지만 큰 차이는 아니다(히브리어 두 단어 헤트와 레쉬의 순서에 따라 "길"도 될 수 있고, "종말"도 될 수 있다-역주). 요점은 인생의 죄는 파멸을 가져온다는 것이다. 여기에서는 "종말"이란 단어가 보다 알맞아 보이는데, 왜냐하면 이 구절은 잠언의 도입 부분의 끝이기 때문이다.

3. 지혜의 초청 (1:20-33)

[1:20-21] 지혜가 길거리에서 부르며 광장에서 소리를 높이며 시끄러운 길목에서 소리를 지르며 성문 어귀와 성중에서 그 소리를 발하여 이르되

지혜의 초청은 3번 등장하는데, 20절은 그 중 처음이다(잠 8:1; 9:3 참조).

여기와 잠언 9:3의 지혜는 복수인데, 일반적으로 단수 형태 혹은 장엄 복수 형태가 사용된다. 동사는 여성단수이다. 지혜 여인과 미련 여인이라는 테마는 이 장에서 그 지지자들 앞에 나타난다. 지혜 여인은 "길거리에서 그리고 광장에서" 공개적인 초청을 하는 반면, 미련 여인은 숨으려는 경향이 있다. 예를 들면, 잠언 1:10의 유혹을 생각해보라. 누가 이런 유혹을 공개적으로 한다고 상상이나 할 수 있겠는가! 이와 대조적으로 진리와 순결은 숨을 필요가 없다. 진리와 순결의 초청은 공개적이다.

[1:22] 너희 어리석은 자들은 어리석음을 좋아하며 거만한 자들은 거만을 기뻐하며 미련한 자들은 지식을 미워하니 어느 때까지 하겠느냐

세 가지 질문으로 22절의 어리석은 사람에 대해 토론이 이루어 진다. "어리석은 자들"은 우리가 4절에서 본 것처럼 순진하고 경험없고 무지한 자이다. "거만한 자들"과 같이 두 번째 종류의 어리석음은 심각한 병을 갖고 있다. 첫 번째 종류의 어리석은 자는 자신의 의지로 인해 어리석은 자가 된 것이 아닌 것에 반하여 거만한 자는 의지가 있기 때문이다. 이 절은 우리가 어리석음을 가리키는 세 번째 단어를 발견하게 한다. (가장 일반적인 단어들 중 하나인) 이 단어는 잠언에 약 50회 이상 사용된다. 그는 거만하고 더러운 입을 가지고, 성가시고, 거짓이고, 존경할 가치 없고, 신뢰감 없고, 용서할 수 없는 존재이다(이런 종류의 사람은 26:4, 5에서 또 다른 문제를 야기한다). 그 외에도 그와 유사한 모습들이 있다. 잠언 14:24, 15:2, 14, 17:12과 같은 곳을 확인하라. 거기에 묘사된 인물 모두 유사하다.

22절의 질문은 수사학적이다. 물론 이러한 모든 독자는 자문해야 한다. 잠언은 내게 모욕을 주기에 덮어버려야 하는가, 아니면 정신적, 영적인 치료제로서 내게 필요하기에 읽어야만 하는 것인가?

[1:23] 나의 책망을 듣고 돌이키라 보라 내가 나의 영을 너희에게 부어 주며 내 말을 너희에게 보이리라

　23절의 지혜 교사는 그렇게 어리석음에 빠진 사람에 대해 세 가지를 약속한다. 22절의 세 가지 질문은 세 가지 나쁜 태도에 주의를 주고, 세 가지 교정수단은 그런 잘못을 개선하기 위해서 제시된다. 그 교정 수단이란, "나의 책망", "나의 영", "내 말"이다. 이는 전형적인 잠언의 단어들이다. 처음 것은 잠언에 7번 나타나고 8번은 잠언 외의 성경에서 나타난다. 두 번째와 세 번째는 일반적인 단어들이나 이 절에서는 꾸짖음, 나무람, 충고, 상담 등을 가리키는 "책망"에 의해 그 의미가 구체적으로 결정된다. 비판은 받아들이기 어려운 것이며 대부분은 쉽게 반응하지 못한다. 그것은 자아에 충격을 준다. 그러나 그것을 받아들이거나 그것에 반응하여 변하는 것은 성공하는 길이다. 토양은 일구어지고 갈아지나 그렇게 되기 전에는 불순하다. 찰흙은 반드시 반죽되고 아름다운 그릇 혹은 유용한 모양이 될 수 있기 전에는 두드려 줘야 한다. 또한 사람들도 때때로 나쁜 버릇과 행동을 좋은 것으로 바꾸기 위해서는 깨져야만 한다. 지혜자의 충고를 따르고 비평을 듣는 사람은 복이 있다.

[1:24] 내가 불렀으나 너희가 듣기 싫어하였고 내가 손을 폈으나 돌아보는 자가 없었고

　의인화 된 개념으로서의 지혜 혹은 고대 이스라엘을 여행하는 순회 지혜 설교자는 여기서 반응을 얻지 못하고 있다. 이 불만은 24절에 명확하고 나아가 25절에까지 확장된다. 그리고 29절과 30절에는 많은 단어들이 되풀이된다. 벌써 오래 전부터 말해왔으나, 우리는 치료제를 복용하기에 너무 늦었다. 왜냐하면 우리는 스스로 잘못이 있다는 것을 너무 늦게 깨달았기 때문이다. 우리의 잘못은 다음과 같이 생각한 것이다. "소수만이 지혜의 길을 좇는데 왜 우리가 그러한 소수의 편에 가입

함으로써 우리 자신을 어리석게 보이게 해야 할까?"

[1:25] 도리어 나의 모든 교훈을 멸시하며 나의 책망을 받지 아니하였은즉

25절 후반부의 "책망"은 우리가 본 23절의 단어와 같다. 전반부의 "교훈"은 새로운 단어이지만 잠언에 자주 나오는 것이다. 어떤 사람은 자신의 잘못을 모른다. 그러나 또 어떤 사람은 잘못을 깨닫고 그것을 정정하여 다시 잘못을 택하지 않는다. 이 절이 전하고자 하는 것은 바로 이러한 것이다.

[1:26-27] 너희가 재앙을 만날 때에 내가 웃을 것이며 너희에게 두려움이 임할 때에 내가 비웃으리라 너희의 두려움이 광풍같이 임하겠고 너희의 재앙이 폭풍같이 이르겠고 너희에게 근심과 슬픔이 임하리니

네 문장이 두 그룹을 이루는 이 부분(26-27절과 31-32절)은 어리석음에 내려질 벌을 예고한다. 구조적으로 26-27절이 흥미로운데, "재앙"과 "두려움"은 각각 그 순서가 뒤바뀌어 다시 나타나기 때문이다. 그리고 27절은 제3의 동료를 가지는데, 바로 "근심과 슬픔"이다. "재앙"과 "두려움"은 어리석은 자에게 "광풍"과 "폭풍"처럼 임하기에 "근심과 슬픔"도 증가한다. 우리는 사람이 자신의 어리석음으로 인해 광풍과 같은 삶을 살게 됨을 알고 있다. 그들의 삶에 겨우 찾아온 평온함은 그 다음의 새로운 재앙 소식에 다시 흔들린다.

우리는 이 시점에서 잠언은 특수하고 예외적으로가 아니라 일반적이고 보편적으로 문제를 다루고 있음을 언급해야 한다. 잠언이 말하는 보편적인 문제란 다음과 같다. 첫째, 하나님은 의로운 자를 부유하게 하시며 악한 자를 가난하게 만드신다. 둘째, 가난한 자는 선하지만 부유한 자는 악하다. 셋째, 범죄는 유익을 주지 않지만 올바른 행동은 유익

을 가져다 준다. 26, 27절의 예외를 찾기 위해 시간을 낭비해선 안 된다. 갑작스러운 위험은 모든 어리석은 자들에게 임할 것이다.

[1:28] 그 때에 너희가 나를 부르리라 그래도 내가 대답지 아니하겠고 부지런히 나를 찾으리라 그래도 나를 만나지 못하리니

28절에서는 지혜가 어리석은 자를 부르는 대신에 어리석은 자가 지혜를 구한다. 그러나 그 초대는 이미 철회되었고, 기회는 지나갔다. 변화의 기회는 가버렸다. 그것을 얻는 것이 가능할 때 지혜를 저버린 어리석은 자는 돌아올 수 없는 곳에 이르렀다. 그는 이제 뒤집을 수 없는 멸망에 닿았다. 이것은 슬픈 장면이지만 아주 친숙한 것이다.

그리스도가 젊은이의 문을 두드리고 그 마음을 위로해 주지만 구원을 연기하고 저버리는 것은 구원자의 제안을 멀리하게 만들며 마침내 구원의 희망은 가버리게 된다. 잠언 29:1은 어리석은 행동이 가져온 불행한 결과를 보여준다.

[1:29-30] 대저 너희가 지식을 미워하며 여호와 경외하기를 즐거워하지 아니하며 나의 교훈을 받지 아니하고 나의 모든 책망을 업신여겼음이라

이 두 절은 본질적으로 같은 것을 말한다. 어리석은 자가 지혜를 거절한 대가를 치르게 될 것이다. 30절의 교훈과 책망은 지혜가 어리석은 자에게 주는 귀중한 해독제이다(23, 25, 29절의 "지식"은 22절과 같은 것이다).

[1:31-32] 그러므로 자기 행위의 열매를 먹으며 자기 꾀에 배부르리라 어리석은 자의 퇴보는 자기를 죽이며 미련한 자의 안일은 자기를 멸망 시키려니와

31, 32절에서는 어리석은 자의 뿌린대로 거둠을 말한다. 지혜가 제

공한 좋은 씨앗을 거절한 어리석은 자는 이제 그에 합당한 열매인 가시를 거둔다. 31절의 히브리 관용구는 먹음과 배부름을 보여주는데, 이것은 어리석음이 수확을 거두지 않는다기 보다는 오히려 해로운 생산은 오직 유해한 잡초만을 거두게 됨을 가르쳐 준다.

"안일"에 대한 전통적인 번역은 약간은 적절치 않다. 안일, 평화, 걱정으로부터의 자유 등은 선한 삶의 긍정적인 이익이다. 하지만 여기에서 말하는 안일은 고의적인 부주의함이다. 근심으로부터의 자유와 근심 없는 삶은 같은 것이 아니다. 어리석은 자들은 노력이 아니라 그것의 이익만 탐닉한다. 그러나 그 탐닉은 그의 파멸을 가져올 것이다. 젊은이들은 늙은이들의 소유를 탐내고, 게으른 자는 부지런한 자를 질투하고, 가난한 자는 부자를 동경한다. 그러나 그러한 이들은 그와 같은 부나 안락은 자기부정, 힘겨운 노동, 신중한 계획의 결과라는 사실은 잊는다.

[1:33] 오직 나를 듣는 자는 안연히 살며 재앙의 두려움이 없이 평안하리라

33절에서 지혜의 결과는 보호, 안전, 두려움으로부터의 자유이다. 보호는 오늘날 큰 사업이다. 경비원, 경비견, 알람시스템과 정교한 잠금장치, 은행창고부터 중추의 경찰까지, 모든 것이 보호이다. 만약 우리가 하나님이 우리의 안전을 지키시며 우리를 해하려 하는 사람과 사건들을 우리 삶에서 제하여 버리는 것을 보장하신다는 것을 믿는다면 얼마나 좋겠는가!

평화를 그리고 근심으로부터의 자유를 누리기 위해서는 우리는 지혜를 들어야만 한다. 아직까지 지혜는 폭력적인 동료들을 피해야만 한다는 것 밖에 가르치지 않았다(잠 1:10-19). 그러나 본질적으로 이것이 잠언의 모든 것이다.

10-29장의 500가지가 넘는 잠언들은 삶 속의 특정한 정황들과는 분리되어 있다. 열왕기상 4:32은 3,000개의 잠언이 있다고 말하지 않았던가! 어쨌든 우리가 가진 잠언들은 우리에게 악으로부터 돌이켜 선을 행하라고 가르칠 것이다. 결국, 이것은 지혜를 아느냐의 문제가 아니라 지혜를 행하느냐의 문제이다. 우리는 예수가 우리에게 가르쳤던 말을 반복할 수밖에 없다. "우리를 시험에 들게 마옵시고 다만 악에서 구하옵소서"(마 6:13)

4. 지혜의 보상 (2:1-4:27)

1장에서는 지혜는 자신을 따르는 자에게 보답을 준다는 가르침으로 결론을 맺는다. 다음의 세 장은 그 진리의 확장이다. 저자는 부도덕한 여인에 대한 경고(2:26), 또 다른 창조에 대한 여담(3:19-20)을 말하기도 한다. 하지만 기본적으로 주제는 4:18의 말로 잘 나타난다. "의인의 길은 돋는 햇볕 같아서 점점 빛나서 원만한 광명에 이르거니와".

[2:1] 내 아들아 네가 만일 나의 말을 받으며 나의 계명을 네게 간직하며

우리는 2:1의 "내 아들"에서 다시 아버지-아들 구조로 돌아온다. 여기서 "만일"이라는 단어가 등장하는데, 이는 3절과 4절에서도 반복되며 5절의 행복한 결말을 보여줄 조건절을 이끈다.

"나의 계명"이라는 표현은 1:8의 "법"과 같고 우리에게 시편의 19:7-9 및 119편에 사용된 많은 동의어를 생각나게 한다. 이것은 아들이 성경의 모든 것을 배웠다는 것을 의미하는 것은 아니다. 그 이유는 그 당시 성경의 대부분이 완전하지 않았기 때문이다. 다른 한편, 그의 부모가 그에게 주는 교훈은 거룩한 경전의 모든 가르침을 완전히 따른 것이라는 것에는 의심할 여지가 없다. 그래서 우리는 이 구절 및 이와 유사한 구절들을 통해 가정에서도 성경을 가르쳐야 한다는 주장을 지지할 수 있다.

[2:2] 네 귀를 지혜에 기울이며 네 마음을 명철에 두며

지혜를 받고 저장하는 몸의 두 부분은 귀와 마음이다. 지혜를 가리키는 두 단어, "지혜"와 "명철"은 아버지가 아들에게 주는 올바른 계명으로, 매우 일반적으로 사용되는 것이다.

[2:3] 지식을 불러 구하며 명철을 얻으려고 소리를 높이며

3절에서 또 다시 아버지는 아들에게 통찰력을 배울 수 있다면 어떠한 것이든지 하라고 격려한다. 지혜를 가리키는 두 단어(지식과 명철)는 "간격"을 의미하는 한 단어로부터 파생되었다. 또한 2절의 단어 하나("명철")가 여기와 5, 6, 9, 11절에 나타난다. 앞 절의 히브리 관용구인 "귀"와 "마음"은 이 절에서 "소리"가 된다.

[2:4] 은을 구하는 것같이 그것을 구하며 감추인 보배를 찾는 것같이 그것을 찾으면

명철을 구하는 것은 은, 혹은 감추인 보배를 구하는 것과 비교된다. 1:9에서 지혜의 결과는 머리에 아름다운 관이고 목의 금 사슬이었다. 여기에서는 욥기 28:1-19처럼 그것을 값진 보석과 같다고 했다.

우리는 이 비유를 확장할 수 있다. 그 보물이 얼마나 희귀한지 주목하라. 또한 이 보석을 찾고 파내는데 얼마나 많은 노력이 필요한지 보라. 그리고 이 보석이 얼마나 귀하게 사용되겠는가! 이 보석은 평범한 관찰 혹은 우연에 의해 발견되는 것이 아니다. 보석들은 근면과 헌신과

결단에 의해 발굴되며 또한 그로 인해 누릴 수 있다. 지혜도 그와 같다.

[2:5] 여호와 경외하기를 깨달으며 하나님을 알게 되리니

5절은 귀결절이다. 명철을 발견한다는 말은 여호와를 경외한다는 것과 같다(잠 1:7). 지혜롭게 되는 첫 걸음이 하나님을 알고 그를 경외하는 가운데 그를 붙드는 것이라는 잠언 전체의 주제가 여기서 반복된다.

[2:6] 대저 여호와는 지혜를 주시며 지식과 명철을 그 입에서 내심이며

하나님은 모든 지식의 근본이다. 그 어떤 지식인이라도 그는 하나님의 지혜의 통로일 뿐이다. 6절에서 핵심 단어들은 "지혜", "지식", "명철"이다. "입"이라는 단어는 신인동형론적인 표현이다. 이와 같이 지혜는 그의 입에서 흘러나와 우리의 귀로 들어온다.

[2:7] 그는 정직한 자를 위하여 완전한 지혜를 예비하시며 행실이 온전한 자에게 방패가 되시나니

7절에서는 여호와로부터 오는 지혜의 주제가 확대되어 사용되는데 TEV에서는 지혜라는 단어가 "도움"으로, NIV에서 "승리"로 번역되었다. 또한 "방패"라는 단어도 창세기 15:1과 특별히 시편에서도 많이 사용되었다(시 3:3; 18:2, 30; 35:2 등).

육체적이든, 정신적이든, 영적이든, 건강은 선한 것 및 옳은 것과 그렇지 않으므로 피해야 할 것, 이렇게 두 종류로 구분된다.

[2:8] 대저 그는 공평의 길을 보호하시며 그 성도들의 길을 보전하려 하심이니라

8절은 7절을 보완하고 짝을 이룸으로써 하나님의 보호하심이라는 주제로 확대된다. 이 절에서는 전통적으로 사용되는 "공평"(judgment)과 "성도들"이란 두 풍부한 단어들을 가지고 있다. 오늘날 이 두 단어는 잘못 이해되는데 "공평"은 단지 틀린 것이나 잘못된 것을 비난하는 것이 아니라 옳음과 진실을 보호하는 것을 의미한다. 성도들은 언약을 지키는 자이지만 완벽한 사람 혹은 완벽한 그리스도인이 아니다. 성도들은 하나님에 대한 자신들의 의무를 이행하고 그로 인해 모든 사람의 친구가 되는 자이다.

[2:9] 그런즉 네가 공의와 공평과 정직 곧 모든 선한 길을 깨달을 것이라

9절은 5절과 동일한 방식으로(1절에 대한 귀결절이며 동시에 다음 주제를 이어가는) 새로운 단락 안에서 시작한다. 모든 단락은 핵심 단어 혹은 개념의 반복으로 완전히 연결되어 있다. 9절에 사용된 "공의" 그리고 추가된 또 다른 유의어인 "길"과 "정의"는 7절의 "정직"과 같은 말이다. "지혜"와 "정의"에 상응하는 말들은 잠언에 차고 넘친다.

[2:10] 곧 지혜가 네 마음에 들어가며 지식이 네 영혼에 즐겁게 될 것이요

여호와의 입으로부터 우리 귀와 마음으로 들어온 지혜는 결과적으로 우리를 지혜롭게 한다. 이러한 결과는 예상되었지만 또한 다른 결과는 즐거운 놀람이다. 지식은 우리에게 또한 즐거움을 줄 것이다. 우리는 여기서 "인간의 가장 큰 목적은 여호와를 영화롭게 하고 그를 영원히 즐거워하는 것이다"라는 교리문답을 생각할 수 있다. 영화롭게 한다는 것, 옳다. 섬긴다는 것, 옳다. 즐거워한다? 그것도 옳다! 하나님과 함께 하는 것이 보답이며, 충족이며, 행복한 경험이다. "모르는 것이 약이다"(Ignoracne is bliss)라는 말이 가끔은 사실일지라도 성경적 잠언은 아니다.

이 절에서 확실히 반대로 말한다. "아는 것이 약이다"(Knowledge is bliss).

[2:11] 근신이 너를 지키며 명철이 너를 보호하여

8절에서는 하나님이 성도를 보호하였다고 나와있었고, 여기 11절에서는 "근신"과 "명철"이 그렇게 한다고 한다. 이것들은 하나님의 일부이다. 실제로 그가 행하시는 모든 것들이 우리를 위한 것이다.

[2:12] 악한 자의 길과 패역을 말하는 자에게서 건져내리라

12절은 11절에서 곧 바로 연결되는데 여기 히브리어 동사의 형태는 목적을 나타낸다("건져내리라"). 이 절에서 사용된 "길"은 8, 9절의 앞의 구절들과 연결되어 있다. 이 절의 후반부는 나쁜 적을 피한다는 1:7-19의 주제를 또 다시 말하고 있다. "악한"이라고 번역된 단어는 구약에서 단 10번 밖에 나오지 않는다. 그 중 9번이 잠언이고 1번이 신명기 32:30이다. 이 단어는 종종 말하는 것과 연결되고(잠 8:13; 10:31-32; 23:33) 대개는 "전복되다"(타도되다)의 동사와 연결된다. 이러한 말은 순종하는 것과 옳은 것을 전복하려는 목적을 가진다.

[2:13] 이 무리는 정직한 길을 떠나 어두운 길로 행하며

길, 정직, 악한 자의 길이라는 테마는 13-15절에서 반복된다. 모든 것은 지혜가 우리를 그 종류의 사람으로부터 보호한다는 것의 더 많은 정보를 준다. 예를 들어 13절에서 악한 사람들은 곧은 길과 낮의 밝음을 떠나 어두운 길을 좇는다고 말한다. 성경에서 어둠은 혼돈(창 1:2), 저주(출 10:21-22, 욥 3:4-6), 어리석음(전 2:13-14)을 나타낸다.

[2:14] 행악하기를 기뻐하며 악인의 패역을 즐거워하나니

이 악한 자의 종류는 악을 즐기는 자라고 14절은 말한다. 1:11에서 말한 도둑질하고 죽이는 살인자는 그것의 즐거움을 위해서라는 것을 기억해보라. 선한 자들이 지혜의 즐거움을 찾는 반면, 저주받은 자들은 끔직한 죄를 저지르는 중에 즐거움을 찾는다(잠 10:23 참조).

[2:15] 그 길은 구부러지고 그 행위는 패역하니라

악한 자의 종류의 마지막 유형은 바로 바른 길을 떠나 타인을 타락시키는 자이다. 셈어 시의 전형적인 이중적 구조(two structure phrases)에서 우리는 이중적 고발(구부러지고/패역하니라)을 읽는다. 하나님으로부터 오는 바르고 진실된 길과 얼마나 다른가!

[2:16] 지혜가 또 너를 음녀에게서, 말로 호리는 이방 계집에게서 구원하리니

이 새로운 단락은 악을 피한다는 주제를 계속한다. 우리는 12-15절에서 다른 종류의 악한 사람을 보았다. 이제 우리는 죄로 유혹하는 부도덕한 여자에 대해 듣게 된다. 1:11-19의 행악자들은 탐욕의 죄를 나타낸다. 그리고 이 여자는 욕망을 사용한다.

이 절은 부도덕한 여자를 피하는 몇몇 구절들(잠 2:5; 6:20-7:27) 중 첫 번째인데, 이 여자는 고대와 하나도 다를 바 없이 오늘날의 우리들에게도 뚜렷한 영향을 준다. 이러한 경고가 그것들이 사회에서 발생하였음을 반영한다면, 이는 명백히 이스라엘 도시의 이면에는 간음과 간통을 저지르는 기회가 오는 것이 그렇게 어렵지는 않았던 것임을 나타낸다고 할 수 있다. 처음에 그 여자는 부드럽고 유혹적인 말을 젊은이를 유혹하기 위해 사용한다. 우리는 그녀가 거기서 무슨 말을 했는지 모르지만 7:14-20등을 통해 그녀와 연관된 많은 부분을 예상할 수 있다.

[2:17] 그는 소시의 짝을 버리며 그 하나님의 언약을 잊어버린 자라

17절은 두 개의 흥미 있는 질문을 자아낸다. 누가 그녀의 짝인가? 하나님으로 받았던 계명은 무엇인가?

"짝"이란 단어는 많은 번역을 가진다. 그리고 잠언 16:28; 17:9 등, 같은 다른 구절들을 통해 판단하자면, 여기의 의미는 "친구"나 또는 "남편"일 수 있다. 실제로 짝이라는 단어의 진정한 의미를 따지면, 남편과 아내도 소위 친구가 될 수 있다. 따라서 여기서 "계명"은 하나님 앞에서의 결혼 서약 맹세일 수 있다. 구약에는 여자로 하여금 그의 남편과 이혼하게 하는 규정을 만들어 준 적이 없다. 그래서 불행한 결혼의 대안은 그것을 참는 것 혹은 부정한 성관계를 가지는 것 뿐이다.

[2:18] 그 집은 사망으로, 그 길은 음부로 기울어졌나니

비록 지혜와 어리석음, 둘 다 잠언에서는 여성으로 특징지어 질 지라도 18절은 단순히 풍유적일 뿐이라는 인상을 넘어선다. 그 이미지들은 너무 구체적이고, 그 경고는 너무 뚜렷하다. 이 여인과의 간음은 모든 것을 지불하고서라도 피해야 할 일이다.

한편, 여기서 길이라는 단어가 나타나는데(잠 2:8, 9, 12, 15) 이 길을 걷는다면 곧바로 지옥으로 가게 될 것이다.

"죽음"과 "그림자", 이 두 단어는 돌아 올 수 없는 곳을 나타내는데 만약 당신이 그 여자의 집의 길을 계속 가진다면 그 지점은 당신을 인생의 끝으로 더 빠르게 가게 할 것이다.

[2:19] 누구든지 그에게로 가는 자는 돌아오지 못하며 또 생명길을 얻지 못하느니라

19절에 따르면 그 길은 일방통행이다. 저자가 이 구절에서 이해했던 영혼의 죽음의 범주는 무엇일까? 두 번째 죽음 혹은 죽음 이후의 삶에 대해서는 알려지지 않는다. 그러나 어차피 당시 사람들 대부분이 이에 대해 궁금해 하지 않았다. 그들의 가장 중요한 관심은 단지 가능한 한 죽음을 연기하는 것이다. 여기서 지적하는 바는 간통과 간음이 우리를 무덤으로, 돌아올 길이 없는 곳으로 빠르게 가게 만든다는 사실이다.

[2:20] 지혜가 너로 선한 자의 길로 행하게 하며 또 의인의 길을 지키게 하리니

20절에서는 긍정적인 측면이 나오는데, 이것은 앞 절의 행동과는 반대되는 것이다. "선한 자의 길을 걷는 것"과 그들의 "길을 지키는 것"은 시편 1편의 두 종류의 삶과 그 각각의 운명에 대한 "길"이라는 테마를 반향한다.

[2:21] 대저 정직한 자는 땅에 거하며 완전한 자는 땅에 남아 있으리라

죄인이 그들의 행동에 의해 땅으로부터 제하여지는 반면, 정직하고 선한 사람은 그 사는 동안 땅에서 즐거워하게 된다. 앞서 말한 것처럼 잠언의 일반적 특성을 기억하라. 저자는 내세의 모습이 아닌 단지 선한 자는 살고 악한 자는 죽을 것이라는 사실을 말하고 있다.

[2:22] 그러나 악인은 땅에서 끊어지겠고 궤휼한 자는 땅에서 뽑히리라

2장의 마지막 절은 시편 1편의 요약과 같다. 악인은 남자들과 여자들, 모두일 것이다(본문의 문맥을 볼 때 한 여자라고 우리는 이미 주장했지만). 결국 그들은 그 땅에서 하나님이 그들에게 행하시는 일을 통해 제거될 것이다.

"끊어지겠고", "뽑히리라"는 단어는 이 잠언의 농경적 배경을 반영한다. 중요한 단어인 "땅"을 자세히 규정하는 것은 쉽지 않다. 그것은 이스라엘 영토일 수도 있고, 삶의 터전일 수도 있고, 단순히 지구를 가리키는 말일 수도 있다.

[3:1] 내 아들아 나의 법을 잊어버리지 말고 네 마음으로 나의 명령을 지키라

3:1은 "내 아들"로 도입되는 2행으로 이루어진 구절이다. 동사는 긍정적인 것과 부정적인 두 개가 짝을 이룬다. 그것은 "잊어버리지 말고"와 "지키라"이다. 아버지의 가르침을 가리키는 두 단어는 "법"과 "명령"이다. 히브리어 토라가 보통 "(율)법"으로 이해되지만, 그 단어가 함축하고 있는 바는 그보다 넓은 개념이다. 토라는 "분배하다" 혹은 "던지다"라는 동사로부터 유래한다. 그리고 그 동사에는 "가르치다"라는 의미가 함축되어 있다.

토라가 대체적으로 (율)법이라는 의미를 지니는 법률적인 명사이지만, 우리가 법은 토라의 한 국면일 뿐임을 기억한다면, 우리는 성경에서 "여호와의 율법"이라는 것을 볼 때마다 그것의 보다 더 풍성한 의미를 의식할 수 있을 것이다. 우리는 아버지가 그의 아들에게 준 것이 오직 법뿐이었다는 것은 상상할 수 없다. 그들간의 대화의 대부분은 묘사, 일화, 조언, 역사 등의 형식이었음에 틀림없다. 이는 기술적 영역이므로 "법"보다는 "가르침"이 더 적절한 용어가 될 것이다.

[3:2] 그리하면 그것이 너로 장수하여 많은 해를 누리게 하며 평강을 더하게 하리라

아버지의 조언에 대한 순종은 두 가지의 이익을 가져오는데, 그것은 바로 장수와 평강이다. 여기서 우리는 히브리어 번역의 한계를 발견한다. 평강을 가리키는 히브리어는 샬롬이다.[1] 그러나 평강은 단지 샬롬의 한 측면이다. 이 단어는 가족과의 조화로운 관계와 모든 빚과 모든 부채

---

1 Douglas J. Harris, *Shalom! The Biblical Concept of Peace*. Grand Rapids: Baker Book House, 1970.

의 합을 지불하는 것을 포함한다. 이것이 보답이고 상이다. 궁극적으로 샬롬은 그리스도 예수를 통한 하나님과의 옳은 관계이다. 평강은 샬롬의 중심적 의미이긴 하지만 한 측면일 뿐임을 기억해야 한다.

[3:3] 인자와 진리로 네게서 떠나지 않게 하고 그것을 네 목에 매며 네 마음판에 새기라

3절의 두 단어는 또한 더 많은 논의를 해야 한다. 인자(헤세드)와 진리(에메트)는 겹친다. 그 중 헤세드는 적어도 두 권 이상의 책의 주제로 다루어졌다.[2] 헤세드는 또한 시편 136:26에서 반복된다. 만약 우리가 헤세드의 긴 정의를 내린다면 그것은 "언약적 약속에 대한 신실함"일 것이다. 그러나 만약 우리가 헤세드를 한 단어로 결정한다면 다음 중 하나일 것이다. 신실, 위엄, 사랑, 인자, 자비, 충실. 또 다른 단어인 "에메트"는 믿을만함, 의존할 만함, 진실함, 신실함 등과 동일한 의미를 지니며 실제로 거의 그와 같이 번역된다.

이러한 숭고한 특성은 젊은이의 목에 매어지며, 그의 마음판에 새겨져야 한다.[3] 그러나 잠언은 법적인 특성이 없기 때문에 이 법은 아마 성구함(이것은 조그마한 상자로 신 6:4과 십계명을 적어서 넣은 것인데 이것은 독실한 유대인들이 신 6:8의 문자적 순종으로 그들의 이마에 묶는다)과는 관련이 없다.

[3:4] 그리하면 네가 하나님과 사람 앞에서 은총과 귀중히 여김을 받으리라

사람에게 칭찬을 듣는 것은 우리가 쉽게 할 수 있지만 하나님과 사람

---

2 *Die Entwicklung des Begriffes Hasid im Testament*, Lazar Gulkowitsch, Tartu, 1934, *Das Wort Hesed*, Nelson Glueck, Topelmann: Berlin 1961.

3 70인역(LXX)은 (잠 7:3로부터 차용된 것이라 여겨지기도 하는) 이 절의 마지막 구(phrase)를 생략한다.

들 모두에게서 인정받는 것은 얼마나 어려운 것인가! 진정한 경건은 수평적으로 우리가 살고 일하는 것에 그리고 수직적으로는 우리가 섬기는 하나님 앞에 나타나야 한다. 두 가지 모두 선택이 아니다. 하나님은 우리에게 자신과 이웃을 사랑하라고 요구하신다.

[3:5] 너는 마음을 다하여 여호와를 의뢰하고 네 명철을 의지하지 말라

5, 6절은 유명한 구절이다. 이 구절들은 (다행히) 그 올바른 조언들을 변경시킬지도 모르는 문법적, 언어학적 미묘함에 의해 왜곡되지 않았다. 여기서 주의해야 할 것은 교차대구로써, 전치사가 안에 있고 동사가 밖에 있는 것이다. 히브리어 순서대로 읽으면 다음과 같다.

    의뢰하라(동사)

    여호와를 네 마음을 다하여 / 네 명철을(전치사구)

    의지하지 말라(동사)

이중명령의 의미는 명백하다. 그것은 자기기만과 자기비움에 대한 우쭐함에 대한 경계이다. 이것은 또한 그리스도인들에게 있는 일반적 폐해인 "자신의 마음을 믿는 것"에 대한 경계로 볼 수 있다.

여기서 여호와를 의뢰하라는 의미는 그의 말씀을 통하여 그를 잘 알게 되는 것이고 기도 가운데 임재를 위해 시간을 보내는 것이며 또한 동시에 믿음 안에서 타인의 조언을 구하는 것이다.

[3:6] 너는 범사에 그를 인정하라 그리하면 네 길을 지도하시리라

길을 가리키는 두 단어 "범사"와 "길"이 6절에 등장한다. 그 단어들은 2:8-20에 사용되었던 것들이다. 18장, 24장, 25장, 27장을 제외한 대부분의 장에서 이 단어를 두루 사용한다. 이 조언의 현대적 적용은 마치 외국의 도시를 운전하면서 지속적으로 지도를 참고하라는 것과 같다. 그 지도를 공부하면 할수록 길을 잃어버리는 일을 줄일 수 있다. 그와 같이 성경을 공부하면 할수록 범죄할 기회가 줄어 들 것이다. "길을 지도하시리라"는 표현은 옳고 단계적이고, 또한 쉬운 길이라는 의미이다. 하나님의 길을 행하는 것은 어렵거나 번거롭지 않다. 왜냐하면 그것은 정말 가장 쉽고, 복잡하지 않으며 또한 행복으로 이끌기 때문이다.

[3:7] 스스로 지혜롭게 여기지 말지어다 여호와를 경외하며 악을 떠날지어다

7절의 몇 단어는 세 가지 명령을 포함한다. 만약 그 명령들에 순종한다면 강력한 변화를 가져올 것이다. 첫째, 스스로 지혜 있다고 생각하지 말라. 둘째, 여호와를 경외하라. 셋째, 악을 떠나라. 언제나 우리는 하나님을 작게 여기고 우리 스스로를 지혜롭게 여긴다. 만약 우리가 성공하려면 그러한 시각은 교정되어야 한다. 바울은 로마서 12:16에서 이와 같은 충고를 반복한다.

[3:8] 이것이 네 몸에 양약이 되어 네 골수로 윤택하게 하리라

감사하게도 대부분의 현대 번역가들은 8절의 히브리 관용구를 쉽게 바꾸어 썼다. "몸에 양약"은 본래 "치료된 배꼽"을, "골수로 윤택하게"라는 표현은 본래 "촉촉한 뼈"인데, 이러한 문자적 번역은 우리가 이해할 수 없다. 이러한 표현은 외국어처럼 낯설 뿐만 아니라 싫기도 하다. 그러나 오늘날 의사들은 정신적, 영적 건강이 육체적 건강에 얼마나 중요한가를 더 많이 발견했다. 이러한 영육 관계는 수천 년 전부터 잘 이해되었다. 만약 당신이 자신에 대한 진정한 평가를 내리고 진심으로 하나님을 믿는다면 당신은 더 건강하고 지혜롭게 될 것이다.

[3:9-10] 네 재물과 네 소산물의 처음 익은 열매로 여호와를 공경하라 그리하면 네 창고가 가득히 차고 네 즙틀에 새 포도즙이 넘치리라

10절은 "그리하면"을 뜻하는 히브리어 연계형으로 시작된다. 이것은 구약의 역사적인 서술에서 사용되는 것과 같다. 9, 10절은 인과관계로 연결되어 있다. 만약 우리가 하나님께 드리면 그는 우리에게 복을 주실 것이다. 이 잠언의 배경은 전원적인 단어들(처음 익은 열매, 창고, 즙틀, 포도즙)을 통해 예상할 수 있다.

어떤 이들은 이 절이 레위기적이어서 잠언과 같은 책에 어울리지 않는다고 말한다. 그러나 이 단락에 "신뢰하라", "기억하라", "순종하라", "돌이키라" 등에 준하는 명령이 있음을 기억하라. 확실히 "공경하라"는 명령은 이 본문에 어울리지 않는 것이 아니다. 또한 이것은 제사의식의 명령도 아니다. 희생제물이 어떤 종류의 동물인지, 얼마나 많은 양을 주어야 하는지, 그들을 어디서 가져와야 하는지, 어떻게 태워야 하는지에 대해 어떠한 말도 없다. 단순히 "여호와를 공경하라"고 명령할 뿐이다. 거기에 뒤따르는 선물은 부수적인 것이다.

10절의 구조는 주목할 만하다. 이 구절은 완벽한 히브리어 교차대구를 보여준다. 이에 따르면 다음과 같이 번역될 수 있다.

    찰 것이다
        네 창고에
            곡식이
            포도즙이
        네 즙틀에
    넘칠 것이다

[3:11] 내 아들아 여호와의 징계를 경히 여기지 말라 그 꾸지람을 싫어하지 말라

11절은 "내 아들"로 시작되고 있으며, 새로운 단락의 시작이다. 이 절은 각각의 다른 단어가 같은 의미를 이루고 있는 간단한 대구로 이루어져있다. 이 구절에는 "경히 여기지 말라", "싫어하지 말라" 등의 부정적인 히브리어 동사들이 나온다. 비판을 받아들이고 따르는 예술가나 운동선수들은 최고의 위치에 있을 것이지만 결코 쉬운 일은 아니다. 그러나 비판을 받아들이고, 지혜의 표징대로 행할 때 성숙해 질 것이다.

[3:12] 대저 여호와께서 그 사랑하시는 자를 징계하시기를 마치 아비가 그 기뻐하는 아들을 징계함 같이 하시느니라

벌을 받는 자녀는 대개 부모가 그를 사랑하기 때문에 벌을 준다는 사실을 잘 믿지 못한다. 게다가 우리를 사랑하시기 때문에 하나님이 우리에게 고난, 시험, 고통, 슬픔을 주신다고 믿는 것은 힘든 것이다. 그러나 그는 그렇게 하신다. 왜냐하면 그는 우리를 사랑하시며 또한 우리의 신앙의 성장을 원하고 계시기 때문이다. 11, 12절은 히브리서 12:5, 6에 인용되었다.

[3:13] 지혜를 얻은 자와 명철을 얻은 자는 복이 있나니

"복이 있나니"로 시작하는 것은 성경에서 전형적으로 시적인 부분들이다. 이런 부분들은 시편 1:1을 포함하여 25군데의 시편 곳곳에서 볼 수 있다. 여기서 지혜와 명철을 얻는 자들에게는 상이 하나 더 주어진다는 것을 보여준다. 이미 이 장(3장)에서 은총과 귀중히 여김(4절), 건강(8절), 장수(2절), 부(2, 10절) 등을 받은 자들을 보았다. 13절은 "복"에 대한 약속을 더하고 있다.

[3:14–15] 이는 지혜를 얻는 것이 은을 얻는 것보다 낫고 그 이익이 정금 보다 나음이니라 지혜는 진주보다 귀하니 네가 사모하는 모든 것으로도 이에 비교할 수 없도다

지혜의 유익은 은, 금, 진주보다 더 나으며 마치 광고문구처럼 "건강하고 부유하고 현명하게"(healthy, wealthy and wise) 해준다고 말하는 것 같다. 그러나 여기에서 어떤 범위까지 문학적으로 받아들여야 하는지는 의문의 여지가 있다. 틀림없이 솔로몬은 지혜와 부와 함께 한다고 생각했지만, 많은 지혜로운 사람들이 갑자기 부를 얻은 것은 아니다. 그것은 우리로 하여금, 지혜의 유익들은 아마도 우리 삶에서 원하는 것들, 직업의 보장이나 만족 또는 행복한 가정 등을 비유한다고 생각하게끔 한다. 물론 지혜와 같은 것들은 돈으로 살 수 없다.

[3:16] 그의 오른손에는 장수가 있고 그의 왼손에는 부귀가 있나니

16절에서 보여지는 그림은 한 친절한 여인이 양손에 선물을 제공하는 것이다. 한쪽 손에는 장수를 그리고 다른 한 쪽 손에는 부귀를 들고 있는 그녀는 다름 아닌 바로 "지혜"이다. 그녀의 선물은 그것들을 취하는 사람에게라면 누구에게나 제공되지만 그것들을 취하기 위해서 그녀와 결혼 혹은 (조금 덜 생생한 표현이지만) 그녀를 붙잡는 행위가 있어야 한다. 누가 부귀와 장수를 제공해 주는 배우자를 원하지 않겠는가? 16절의 부귀(honor)라는 명사와 9절의 공경하라(honor)는 동사 간의 관계는 핵심 단어들의 연결을 보여준다. 이는 간단한 관계이다. 하나님을 공경하면(honor) 하나님은 우리에게 부귀(honor)를 주신다. 공경 혹은 부귀라는 단어는 다양한 가치들을 나타내지만, 여기서는 그 단어의 본래의 의미인 "무게있게 대함" 혹은 "귀하게 대함"이라는 본래적인 의미로 사용되었다.

[3:17] 그 길은 즐거운 길이요 그의 지름길은 다 평강이니라

17절은 아름다운 구절이다. 또 다시 "길"은 인생을 가리키는 용어로 사용되었다. 우리의 언어가 히브리어처럼 그들의 행복한 상태를 풍부하게 표현하지 못하는 것은 참으로 안타까운 일이다(잠 3:2의 샬롬에 대한 논의를 보라).

[3:18] 지혜는 그 얻은 자에게 생명 나무라 지혜를 가진 자는 복되도다

18절은 그 전의 절들을 요약하면서 한 단락을 마무리 짓고 있다. 지혜가 주는 유익은 장수하는 것과 복된 삶을 사는 것이다. 인간의 기본적인 목적은 오랫동안 행복한 삶은 사는 것이다. 대부분의 많은 사람들은 건강을 얻기 원하면서 자신을 스스로 죽이고, 쾌락을 좇다가 스스로를 곤경 속으로 밀어 넣어 스스로를 비참하게 만든다. 문제는 대부분의 사람들이 행복을 성경의 정의와는 사뭇 다른 물질적인 용어로만 정의하려는 것이다. 이 고대의 잠언들이 제공해주는 처방들을 제쳐놓는다면, 물질적인 것들로만 가득 찬 죄 많은 세상만 이룰 것이다.

[3:19-20] 여호와께서는 지혜로 땅에 터를 놓으셨으며 명철로 하늘을 견고히 세우셨고 그의 지식으로 깊은 바다를 갈라지게 하셨으며 공중에서 이슬이 내리게 하셨느니라

19, 20절은 이 장의 다른 부분들과는 내용이 다르지만, 역시 지혜의 테마를 발전시키고 있다. 이 구절들은 욥기 38-41장에서의 하나님의 현현과 잠언 8장의 지혜 예찬을 생각나게 한다. 하나님과 지혜 간의 관계의 문제를 두고 상당히 학구적인 논쟁들이 둘러싸고 있다. 여기 나타나는 지혜는 인격을 가진 신의 한 부분 혹은 여신의 흔적을 나타내고 있는가? 그것은 또 다른 신이 아닌가? 나는 지혜란 하나님의 인격의 한

부분이기도 하며 하나님 자신을 드러내는 일종의 대리(Surogate)라고 생각한다. 19, 20절의 지혜는 하나님으로 대체해서 읽어도 무리가 없다. 요점은 하나님은 하늘과 땅의 창조자라는 것과 모든 만물은 그의 통치 아래 있다는 것이다. 물의 흐름 역시 그의 통치 아래 있는 한 부분에 불과하다. 만약 하나님이 지혜로 세상을 만들고 통치해 간다면, 우리가 땅을 차지하고 정복하는데 지혜는 얼마나 중요하겠는가!

[3:21] 내 아들아 완전한 지혜와 근신을 지키고 이것들이 네 눈 앞에서 떠나지 말게 하라

"내 아들아"라는 표현으로 21절이 시작되고 있고, 새로운 가르침이 소개되고 있다. 지혜는 그것을 얻는 것만으로는 부족하고 어떤 대가를 치르더라도 유지해야 한다. 이는 만약 누군가 지혜를 찾았더라도, 그는 그것을 잃을 수 있다는 것을 말한다. 결혼 생활을 좋게 유지하기 위해 노력하는 것과 마찬가지로, 지혜를 사용하고 삶에 적용에는 역시 꾸준한 노력이 필요하다.

[3:22] 그리하면 그것이 네 영혼의 생명이 되며 네 목에 장식이 되리니

22절은 새롭지 않다. 지혜의 상은 생명, 즉 장수이다(2, 8절). 생명 혹은 장수라는 테마는 잠언에서 많이 나타난다(잠 4:10, 22; 8:35; 9:11; 10:11, 16, 17; 11:19, 30; 12:28; 13:14; 14:27; 15:4, 24; 16:22; 19:23; 21:21; 22:4).

[3:23] 네가 네 길을 평안히 행하겠고 네 발이 거치지 아니하겠으며

지혜는 행운의 부적이나 성 크리스토퍼 메달(일종의 수호신 메달) 따위가 아니라 비틀거리거나 넘어지는 것으로부터 나를 보호해 주는, 보다 더 실용적인 전등 또는 등산용 로프와 같다. 우리는 어두운 길 혹은 비

포장 도로보다는 밝은 조명이 있는 거리나 포장된 도로에서 더 안전함을 느낀다. 지혜는 안전한 길과 같은 것이다. 지혜는 앞에 펼쳐진 모르는 여행에서의 우연한 사건들을 대비하게 해준다.

[3:24] 네가 누울 때에 두려워하지 아니하겠고 네가 누운즉 네 잠이 달리로다

24-26절은, 지혜는 그것을 가진 사람들을 철야로 보호한다고 말하면서, 앞의 23절을 부연설명 한다. 숙면이야말로 질병이나 걱정, 공포, 이웃의 소음 때문에 그것을 빼앗긴 사람들에게는 절실히 필요한 것이다. 지혜의 두려움없는 "단잠"의 약속은 그들에게 얼마나 좋은 것인가!

[3:25] 너는 갑작스러운 두려움도 악인에게 닥치는 멸망도 두려워하지 말라

시편 91:5, 6; 121:3-6은 25절과 관계를 가진다. 지혜를 따르는 자, 즉 하나님을 믿는 자는 (신약의 용어를 빌린다면 그리스도를 개인의 구주로 영접한 자는) 미래를 두려워할 필요가 없다. 오늘날 사람들이 느끼는 모든 공포와 두려움들은 우리에게 아무런 영향을 끼치지 못한다. 왜냐하면 우리는 하나님과 그의 힘을 믿기 때문이다.

[3:26] 대저 여호와는 네가 의지할 이시니라 네 발을 지켜 걸리지 않게 하시리라

하나님과 지혜의 연결은 이 단락의 결론 부분인 26절에서 더 선명하다. 이 단락은 지혜와 가르침과 그것들이 주는 유익으로 시작했다. 그러나 중간 어디에선가 저자는 지혜를 하나님으로 바꾸어 놓았다. 해석학적으로 우리는 지나치게 하나님과 그의 지혜를 구별하려 해서는 안 된다. 고린도전서 1:30은, 예수는 우리의 지혜가 되었다고 선언하고 있다.

[3:27] 네 손이 선을 베풀 힘이 있거든 마땅히 받을 자에게 베풀기를 아끼지 말며

27-31절은 히브리어로 "말며"라는 부정으로 시작되고 있다. 27절의 단어들은 친숙하지만 용법이 아주 드물기 때문에 해석하기가 어렵다. 직역은 다음과 같을 것이다.

"네 손의 신(god)이 베풀고자 할 때 주인들에게 선을 아끼지 말라"

그러나 대부분은 전통적으로 "주인들"을 "마땅히 받을 자" 그리고 "신"을 "힘"으로 번역한다.

후반부는 다른 부분과 병행을 이룬다(창 31:29; 신 28:32; 느 5:5; 미 2:1). 그러나 "마땅히 받을 자", 즉 "주인들"에 대한 것은 여기가 유일한 부분이다. 나는, 이 절은 계산의 지불에 대한 정확함이나 가난한 사람들에 대한 호의를 가르치고 있다는 것에 동의한다. 또한 이 절은, 바울이 갈라디아서 6:10에 쓴 것같이 "기회가 있는 대로 모든 이에게 착한 일을 하라"라는 그의 견해와 같을 것이다. 그러나 갈라디아서의 그 구절은 이 부분을 번역하는데 큰 힘이 되겠지만 우리는 그것이 정확한 것이라고 단정지을 수는 없다. 그러나 대체로 이와 같은 해석이 다른 곳에서도 뒷받침되고 있다.

[3:28] 네게 있거든 이웃에게 이르기를 갔다가 다시 오라 내일 주겠노라하지 말며

28절은 의문이 훨씬 적다. 그리고 28절은, 27절이 가난한 사람들을 도와주고 이웃에게 호의를 베풀라는 뜻이라는 해석을 보강해 준다. "내일"은 스페인어의 "mañana"와 같다. 우리는 기회가 있는 대로 친절을 미루어서는 안 되고 행해야한다. 내가 가장 좋아하는 격언들 중에 하나

는, "만약 지금이 아니면, 언제? 만약 여기가 아니면, 어디서? 만약 내가 아니면, 누가?" 이다. 누가 내 이웃인가에 대한 답은 누가복음 10:29의 선한 사마리아인의 예화에서 볼 수 있다.

[3:29] 네 이웃이 네 곁에서 평안히 살거든 그를 해하려고 꾀하지 말며

29절은, 우리는 이웃에 대한 의무가 있다는 것을 또 다른 방법으로 설명하면서, 우리의 이웃에 대하여 호의를 베푸는 것에 대한 테마를 계속 이어가고 있다. 아마도 적은 우리를 믿지 않겠지만, 이웃은 우리를 믿는다. 이웃을 해치려는 음모를 꾸미는 것은 범죄와 그에 더하여 신뢰에 대한 배신이라는 두 가지의 죄를 저지르는 것이다.

[3:30] 사람이 네게 악을 행하지 아니하였거든 까닭 없이 더불어 다투지 말며

이 단락에 있는 다섯 개 중 네 번째 "말며"는 불필요한 논쟁에 반대하는 것이다. 어떤 사람들은 단지 말다툼하는 것을 즐기는 사람들이 있다. 그들은 인기 없는 논점을 옹호하거나 논쟁을 위해 반대편에 서기도 한다. 이런 논쟁은 사건의 측면들을 명백하게 해줄 수는 있지만, 우정을 쌓거나, 공동체 정신을 강화하는데는 전혀 도움이 되지 않는다. 로마서 12:18에서 바울은 할 수 있거든 모든 사람과 평화하라고 말하고 있다. 이 절에 있는 히브리어 동사는 논쟁보다는 보다 더 과격한 것을 가리키는 것이다. 얼마나 더 많은 정당하지 않은 소송들이 하나님을 불쾌하게 할 것인가!

[3:31] 포악한 자를 부러워하지 말며 그의 어떤 행위도 따르지 말라

이 단락에 있는 마지막 경고는 부러움에 대한 것이다. 이는 시편

37:1-8까지의 주제를 확장한다. 오늘날 매우 많은 아이들의 장난감이 폭력을 장려한다는 것은 매우 유감스러운 일이다. 오직 그리스도 안에서의 새로운 삶의 힘만이 모든 문제를 폭력으로 해결하려는 복수의 정신을 극복할 수 있다.

[3:32] 대저 패역한 자는 여호와께서 미워하시나 정직한 자에게는 그의 교통하심이 있으며

27-31절에서 우리는 규칙들을 알았다. 지금 32-35절까지에서 우리는 이 규칙들의 근거들에 대해서 알아보려 한다. 하나님은 받음직한 사람에게는 반드시 상을 주기 때문에 이러한 악한 것들을 행해서는 안 된다. 악에 대한 저주와 정의에 대한 축복은 이 단락에서도 여러 번, 잠언 및 성경에서는 셀 수도 없을 만큼 언급된다.

이 단락에서 패역한 자들에 대한 미움과 정직한 사람과의 교통하심은 전형적인 대조를 이루고 있다. 우리는 일반적으로 정직한 사람을 보며 하나님의 사랑과 축복을 예상 할 수 있다. 그러나 특별히 교통하심은 하나님과 그를 섬기는 사람들 간의 친밀함을 가리키는 흥미있는 단어이다.

[3:33] 악인의 집에는 여호와의 저주가 있거니와 의인의 집에는 복이 있느니라

33절에서는 저주와 축복의 전형적인 대조가 나타나있다. 이 절의 전반부와 후반부 각각에 "집"이라는 단어가 포함되기는 하나 중요성은 그다지 많은 것 같지 않다. 이것은 건물에 대한 언급이 아니라 그의 가족 혹은 가계에 대해서 말하는 것이다.

[3:34] 진실로 그는 거만한 자를 비웃으시며 겸손한 자에게 은혜를 베푸시나니

34절에서는 "거만한 자"와 "겸손한 자"라는 선인과 악인을 가리키는 형용어구들이 있다. 거만함은 우리의 사회와 마찬가지로 고대 이스라엘에서는 아주 불쾌한 것이었고, 하나님도 다른 사람들만큼 그것을 미워하신다. 사실 하나님은 사람들의 마음을 꿰뚫어 볼 수 있기 때문에 더 그러한 자들을 싫어하실 것이다. 야고보서 4:6과 베드로전서 5:5은, 그리스도인은 겸손해야 한다고 주장하며 이 절을 인용하고 있다.

[3:35] 지혜로운 자는 영광을 기업으로 받거니와 미련한 자의 영달함은 수치가 되느니라

32절은 "패역과 정직", 33절은 "악인과 의인", 34절은 "거만과 겸손", 35절은 "지혜와 어리석음"으로 도식화 된다. 그에 대한 하나님의 대조되는 태도 혹은 행동으로도 이와 유사한 목록을 만들 수 있다.

   32절 미워하심-교통하심
   33절 저주-축복
   34절 비웃음-은혜
   35절 영광-수치

잠언 4장은 지혜의 상에 대한 확장된 부분의 결론에 이르고 있다. 그 가운데는 아버지가 그의 아들에게 주는 조언이 포함되어 있다(잠 4:1, 10, 20).

[4:1] 아들들아 아비의 훈계를 들으며 명철을 얻기에 주의하라

1절은 "아들"이 복수("아들들")로 나타나지만 이 장의 후반부에서 저자가 단수로 바꾸기 때문에 이 의미에 대한 의문이 생긴다.[4] 여기에는 두 가지가 암시되어 있다. 하나는 딸들도 포함한다는 것과 또 다른 하나는 이 상황은 가정 내에서의 상황이라기보다는 교실의 상황이라는 것이다. 전에도 말했듯이 오늘날에 있어서 성(性)이라는 것은 크게 중요하지 않다. 남녀 모두가 잠언을 읽어야 하고, 물론 여기에는 아버지에 대한 언급이 있지만, 그들의 부모 모두 교육과정에 대한 책임이 있다.

[4:2] 내가 선한 도리를 너희에게 전하노니 내 법을 떠나지 말라

2절은 두 개의 동기로 이루어져 있다. 즉, "선한 길"(잠 2:9)이기에 또한 잊어선 안 되는 "선한 도리"이기에 아들들은 아버지의 법을 떠나지 말아야 한다.

[4:3] 나도 내 아버지에게 아들이었으며 내 어머니 보기에 유약한 외아들이었노라

장자로 태어나는 것은 고대 시대, 특히 왕가에 있어서 매우 중요한 요소이다. 그러나 외아들이라는 점은 한사람이 가문의 명성과 번영을 이끌어야 한다는 점에서 우려를 낳았다. 부모들은 그들의 아이를 보호하였고(이삭, 사무엘, 삼손) 특별히 그의 영적 성장에 관심을 가졌다.

역대상 3:5에서는 솔로몬이 마지막에 언급되어 있는 밧세바의 네 아들(시므아, 소밥, 나단, 솔로몬)에 대해서 말하고 있다. 성경은 더 이상 다른 아들들에 대해서 말하지 않는다. 솔로몬이 여기에서 언급하는 것은 자신의 아들 르호보암일 것이며 부모는 다윗과 밧세바일 것이다. 비록 많은 배다른 형들이 있었지만, 솔로몬은 그 부부 사이에서의 외아들이

4　이 복수형은 필사자들의 실수라고 볼 수도 있다. 이 단어를 복수로 만들기 위해 추가되는 문자는 다음 단어의 첫 번째 문자(멤)이기에 그 실수 가능성은 더욱 높아진다. 만약 이것이 원래 복수라면 소유대명사는 삭제되어야 한다(개역개정에는 소유대명사가 없다-역주).

었을지도 모른다. 여기서의 중요한 점은 지혜는 부모를 통해 자녀들에게 전해 내려온다는 것이다. 저자는 자녀들에게 교훈의 계승에 대한 인상을 심어준다. 이런 의미에서 전통은 "전달되기에" 좋은 것이다.

[4:4] 아버지가 내게 가르쳐 이르기를 내 말을 네 마음에 두라 내 명령을 지키라 그리하면 살리라

잠언 3:1과 4:4은 잠언의 전형적인 첫 부분으로 매우 유사하다. 그러나 이 절에는 3:1과 달리 두 긍정적인 동사들, "두다"와 "지키다"가 있다.

[4:5] 지혜를 얻으며 명철을 얻으라 내 입의 말을 잊지 말며 어기지 말라

4개 절로 이루어진 도입 이후(잠 4:1-4), 우리는 긍정적이고 동일한 두 개의 동사와 간단한 명령으로 이루어진 두 개의 부정적인 동사로 이루어진 가르침을 볼 수 있다. 지혜를 얻고, 명철을 얻고, 잊어버리지 말고, 경시하지 말라. 이 평행은 완벽한 대칭이지만 잘 어울리지는 않는다.

[4:6] 지혜를 버리지 말라 그가 너를 보호하리라 그를 사랑하라 그가 너를 지키리라

6절은 또 다른 아름답게 구성된 가르침으로 이루어져 있다. 전반부와 후반부가 각각 명령과 약속으로 이루어져 있다. 하나의 명령은 부정적이고("버리지 말라") 또 다른 하나는 긍정적이다("사랑하라"). 그것에 대한 응답으로 지혜는 우리를 보호하고 지켜준다.

[4:7] 지혜가 제일이니 지혜를 얻으라 네가 얻은 모든 것을 가지고 명철을 얻을지니라

7절은 아주 웅장해 보인다. 헬라어 번역에는 이 구절 자체가 생략되

어 있다. 저자는 지혜를 "얻는 것"(지혜를 "사다"라는 의미)에 대한 중요함으로 우리에게 감동을 주려 하고 있다. "얻으라"는 말은 7절에서 3번에 걸쳐서 언급되었다.

[4:8] 그를 높이라 그리하면 그가 너를 높이 들리라 만일 그를 품으면 그가 너를 영화롭게 하리라

8절의 구조는 6절과 거의 흡사하다. 지혜를 위해서 무엇인가를 하면 지혜가 우리를 위해 무엇인가를 할 것이다. 이 절은 교차대구로 이루어져 있다. 명령은 첫 번째와 네 번째에, 약속들은 두 번째와 세 번째에 위치한다. 이를 그대로 살리면 다음과 같다.

    그를 높이라
        그가 너를 높이 들리라
        그가 너를 영화롭게 하리라
    그를 품으면

이와 같이 "높이다"와 "품는다"라는 서로 병행하기 힘든 히브리어 동사들의 동시적 등장은 매우 드문 예이다.

[4:9] 그가 아름다운 관을 네 머리에 두겠고 영화로운 면류관을 네게 주리라 하셨느니라

두 부분으로 구성된 9절은 의미상 한 부분으로 압축될 수 있다. 면류관으로써의 지혜의 개념은 잠언의 다른 부분에도 언급되어 있지만, 이 절에서는 히브리어로 "머리"와 "제일"의 의미를 포함한다. 만약 우리의 삶에서 지혜가 "제일"이라면(7절) 지혜는 우리의 "머리"에 왕관을 씌울 것이다.

[4:10] 내 아들아 들으라 내 말을 받으라 그리하면 네 생명의 해가 길리라

10절에서의 "내 아들아 들으라"는 새로운 단락의 시작을 알린다. 다시 장수는 지혜의 상이라고 언급된다.

[4:11] 내가 지혜로운 길을 네게 가르쳤으며 정직한 길로 너를 인도하였은즉

11절에는 "길"을 가리키는 두 단어가 등장한다. 이는 히브리어의 언어유희로, 직역하자면 다음과 같다.

> 내가 지혜의 "인도"로 너희를 "지도"할 것이다.
> 내가 정직한 "길"로 너희를 "인도"할 것이다.

[4:12] 다닐 때에 네 걸음이 곤고하지 아니하겠고 달려갈 때에 실족하지 아니하리라

팔레스타인의 땅에는 돌과 암석이 많으며 경사져 있다. 이 지세는 성경의 많은 부분에서 반영된다(사 5:2; 40:3, 4). 울퉁불퉁한 땅을 걷거나 그 길을 오르는 사람은 이 말씀의 진가를 알 수 있을 것이다.

[4:13] 훈계를 굳게 잡아 놓치지 말고 지키라 이것이 네 생명이니라

13절은 하나의 동기절과 함께 세 가지의 명령을 준다. "잡아라", "놓지지 말라", "지키라"는 "생명"을 지키기 위한 세 가지 안전한 길이다. 여기서의 아버지는 지혜에 관한 일반적인 교훈을 준다.

오늘날 얼마나 다양한 교육들과 지혜들이 힘을 얻는게 하는가? 물론 이 구절이 수준 높은 교육을 지향한다는 단순한 의미를 갖는 것은 아니지만 현대의 체계들이 이러한 고전적 진술의 진리를 입증해주는 다양

한 실례를 제공해주는 것은 사실이다.

[4:14] 사악한 자의 길에 들어가지 말며 악인의 길로 다니지 말지어다

14절은 악인의 길로 걸어가는 것에 대한 금지이다. 히브리어 본문으로 보면, 후반부는 목적어가 동사 앞에 온다(아름다운 히브리어를 아름답게 번역하기는 어렵다!). 다시 잠언은, 삶은 악인의 길과 의인의 길 중 선택해야만 함을 가르쳐 준다(잠 4:18 참조).

[4:15] 그의 길을 피하고 지나가지 말며 돌이켜 떠나갈지어다

14절은 두 개의 동사와 두 개의 목적어를 사용했다. 그러나 15절은 네 개의 동사와 "그의 길" 이라는 한 개의 목적어를 가진다. 이것은 악에 맞선 그의 아들의 주의에 대한 아버지의 절박함을 강조하여 경고하고 있다.

[4:16] 그들은 악을 행하지 못하면 자지 못하며 사람을 넘어뜨리지 못하면 잠이 오지 아니하며

잠언 4:16과 시편 36:4에서, 우리는 도둑질과 살인할 생각으로 밤을 지새우는 사악한 사람에 대하여 읽을 수 있다. 그들은 오직 악을 행하고 살인한 사람을 길가에 버리고 와야만 잠을 잘 수 있다. 타인의 불행을 대가로 평안을 추구하는 것은 얼마나 악한 일인가!

[4:17] 불의의 떡을 먹으며 강포의 술을 마심이니라

사악한 사람들은 폭력으로 번영한다. 우리는 우리가 먹는 것들로 이루어져있다고 누군가가 말한적이 있다. 악, 범죄, 폭력, 정욕, 악용을 꾸준하게 취하는 식습관은 자신의 이름에 대한 "미각"을 둔감하게 만들

뿐만 아니라 오히려 그것들을 맛있다고 느끼게 만든다. 바울은 빌립보서 4:8에서 이런 것들에 대한 경고를 하고 있다. "무엇에든지 경건하며 무엇에든지 옳으며 무엇에든지 정결하며 무엇에든지 사랑 받을 만하며 무엇에든지 칭찬 받을 만하며 무슨 덕이 있든지 무슨 기림이 있든지 이 것들을 생각하라".

[4:18-19] 의인의 길은 돋는 햇살 같아서 크게 빛나 한낮의 광명에 이르거니와 악인의 길은 어둠 같아서 그가 걸려 넘어져도 그것이 무엇인지 깨닫지 못하느니라

18, 19절은 정의와 악의 "길"에 대한 테마를 이어간다. 우리는 처음으로 빛과 어둠의 대조적인 길들에 대해서 읽고있다(잠 2:13을 예외로 한다면!). 18절은 햇빛이 떠오르는 좋은 길이라는 비유를 든다. 처음에 그것은 동쪽 하늘에서 거의 감지할 수 없는 미세한 빛이지만 곧 광선을 뿜으며, 낮을 알리며 나타난다. 그리고 나서 결국 모든 그것의 영광을 비추면서 하늘을 통치한다.

빛나는 아침에 대조되는 것은 악의 영역인, 어둠의 밤이다. 인간은 본성적으로 야행성 창조물이 아니므로 밤에는 길을 잃거나 어려움에 빠지는 경향이 있다. "어둠…걸려 넘어짐"이라는 의미는 악의 길을 나타낸다.

[4:20] 내 아들아 내 말에 주의하며 내가 말하는 것에 네 귀를 기울이라

20절에서는 "귀를 기울이라"는 관용구를 사용하고 있다. 한편, "내 아들"은 새로운 단락의 시작을 표시한다.

[4:21] 그것을 네 눈에서 떠나게 하지 말며 네 마음 속에 지키라

21절의 전반부는 3:21의 후반부와 비슷하고, "마음"이 나타나있는 다른 절들을 연상시킨다. 이것은 "기억하라"는 의미를 암시한다고 할 수 있다. 너무 좋아서 단지 종이에만 기록해 두기엔 아까운 것들이 있다. 그러한 것들은 바로 마음에 새겨야 한다. 하나님의 뜻에 순종하는 부모들의 진실한 권고는 반드시 기억해야 한다.

[4:22] 그것은 얻는 자에게 생명이 되며 그의 온 육체의 건강이 됨이니라

장수와 건강은 지혜의 상급으로서 여러 번 언급되어 있는데 대개 육체적인 건강과 생명으로 여겨진다. 그러나 우리는 역시 그 상들을 정신적인 건강과 영적인 삶이라고 생각할 수도 있다. 그리고 신약의 빛 안에서 그 상은 영생으로 볼 수도 있다.

[4:23] 모든 지킬 만한 것 중에 더욱 네 마음을 지키라 생명의 근원이 이에서 남이니라

23절의 진리는 마태복음 12:34-35에 있는 예수가 "마음에 가득한 것을 입으로 말하니라"는 예수의 말씀을 상기시켜 준다. 이 잠언은 선한 것을 말하는 이들을 높이고, 땅의 것들만을 말하는 이들은 비난받는다는 두 가지 길을 짧게 이야기하고 있다. 간접적으로 이 절은 우리에게 우리의 마음의 빈곳을 좋은 것들로 채우라고 말한다. 우리의 삶은 그것들에 의해 만들어지기 때문이다.

[4:24] 구부러진 말을 네 입에서 버리며 비뚤어진 말을 네 입술에서 멀리 하라

심각한 악은 악을 매력적으로 보려는 것이다. 거짓, 사기, 위선과 거짓말은 지혜로운 사람의 입에 있지 않다. 이 절의 첫 번째 형용사는 주로 "구부러진 길"을 가리킬 때 사용되며, "바른 말"의 반대 개념이다. "삐뚤어진"은 성경에서 명사로는 나타나지 않으며 이사야에 1번, 잠언에서 5번 사용되었다. 이 용어 역시 "구부러진 길"을 가리킬 때 주로 사용한다.

[4:25] 네 눈은 바로 보며 네 눈꺼풀은 네 앞을 곧게 살펴

홀기는 눈길, 수상한 훑음, 눈짓 등은 모두 기만적인 모습들이다. 반면, 25절에서의 앞을 곧게 살피는 지혜로운 자는 마태복음 6:22에서 "눈은 몸의 등불이니 그러므로 네 눈이 성하면 온 몸이 밝을 것이요"라고 하신 예수의 말씀을 상기시켜 준다. 눈 뿐만 아니라 신체의 다른 부분들도 그 마음을 드러낸다. 만약 내면의 인간이 선하다면 그의 눈도 선해질 것이다.

[4:26–27] 네 발이 행할 길을 평탄하게 하며 네 모든 길을 든든히 하라 좌로나 우로나 치우치지 말고 네 발을 악에서 떠나게 하라

길을 가리키는 두 단어가 26절에서 사용되었다. 반면, "네 발"이란 단어는 26, 27절을 묶어주고 있다. 히브리서의 저자가 12:13에서 이 절을 인용하면서 사람들은 정확하지 않은 계획과, 잘못된 지도, 또는 명확하지 않은 목표 때문에 사람들은 종종 길을 잃는다고 말했다.

잠언은 목표와 방법, 두 가지 모두를 제공한다. 목표는 성공적인 삶이고 방법은 지혜의 길이다.

잠언의 개념들은 인생에 있어서 우리가 길을 잃기 쉬운 교차점에 있는 표지판과 같다. 우리의 여정을 미리 조심스럽게 계획하고 혼란스러울 수 있는 부분을 표시하고 위험한 곳을 피하는 길을 따라 가는 것이 안전한 여행을 보장하는 최선의 길이다. 이것이 26, 27절의 은유이다.

5. 간음에 대한 경고 I (5:1-23)

5-7장은 잠언 6:1-19을 제외하고는 간음에 대한 보다 광범위한 경고를 준다. 고대 이스라엘에서 간음이 쉽게 이루어졌을 것이다. 그래서 오히려 그러한 광범위한 경고가 무의미했을지도 모른다. 그렇기에 저자는 그러한 이유로 혹은 이 죄악의 파괴적인 결과로 인해 이와 같은 무거운 주제를 다루려는 동기를 가지게 되었을 것이다. 물론, 저자 자신이 이러한 악습에 대해서 우선적으로 관심을 가지고 있었는지도 모른다. 한편, 이는 경험에서 비롯된 것이라고도 볼 수 있는데, 솔로몬의 대부분의 문제들은 그가 만나지 말아야 했던 여자들과 결혼함으로써 야기된 것이었다. 열왕기상 11:1-11은 바로의 딸과 결혼한 왕이 결국엔 그의 왕국을 잃어버리는 슬픈 이야기를 담고 있다.

[5:1-2] 내 아들아 내 지혜에 주의하며 내 명철에 네 귀를 기울여서, 근신을 지키며 네 입술로 지식을 지키도록 하라

5장은 4:20과 매우 비슷하게 시작한다. 아버지가 그의 아들(15절을 통해 알 수 있듯이 그 아들은 결혼 한 것 같다)에게 자신의 지혜와 명철에 주의하라고 이야기한다. 근신을 지키는 것 그리고 입술로 지식을 지키는 것이 본문의 초점이다. 우리의 말은 우리의 행동만큼이나 부담이 될 수도 있다. 구원은 행위 뿐만 아니라 말에 관련된 문제이기도 하다(롬 10:9, 10).

[5:3] 대저 음녀의 입술은 꿀을 떨어뜨리며 그 입은 기름보다 미끄러우나

회화적인 관점에서 저자는 목적달성을 위해 세 가지 화제로 그를 이끌어 줄 그림을 그리기 시작한다. 일부는 이 절의 입술과 입이 의미하

는 것이 말인지 실제 입맞춤인지 여러 의견들을 교환하지만 나는 여기서 말, 즉 연설이라는 해석을 선호한다. "꿀"과 "기름"은 맛이 있으며, 입맞춤처럼 느껴진다. 납득하기 힘든 것은 음녀가 그녀의 희생자로 반기는 행위는 무엇인가 어색하다는 점이다. 말도 섞기 전에 입맞춤이 선행된다. 물론, 7장은 껴안고 입맞춤을 통해 접촉을 시도하고 그 이후 말을 거는 모습을 보여준다(잠 7:13). 이러한 문화에 대해 알기 위해서는 솔로몬 시대로 돌아가야 될 것 같다.

[5:4] 나중은 쑥같이 쓰고 두 날 가진 칼같이 날카로우며

꿀의 달콤함, 기름의 매끄러움과 대조되는 것이 쑥의 씁쓸함, 칼의 날카로움이다. 두 번째 이미지는 문자적으로는 "칼 같이 날카로운 입"이다. 히브리어는 여기서 언어유희를 보여주는데, 즉 칼은 희생자를 "먹는" "입술" 혹은 "입"을 가진 것이다. 음녀의 매우 달콤한 입은 너무나도 갑자기 죽음과 고통을 가져오는 도구이다.

[5:5] 그의 발은 사지로 내려가며 그의 걸음은 스올로 나아가나니

사지와 스올은 음녀가 여행한 길을 나타낸다. 우리는 이 여인이 잠언 6:24이하에 나오는 이방 여인처럼 다른 남자의 아내라고 확신할 수 없다(잠 5:3, 20은 확신을 주지 않는다).

알 수 있는 것은 그녀는 그녀의 짝을 때이른 죽음으로 내몰 어떤 재앙을 가져올 존재라는 것이다.

[5:6] 그는 생명의 평탄한 길을 찾지 못하며 자기 길이 든든하지 못하여도 그것을 깨닫지 못하느니라

6절의 주어는 "그녀"(she)도 혹은 "당신"(you)도 될 수 있다(히브리어에서 형식은 동일하다). 대체적으로 KJV를 따라 "당신"이 다른 번역들에서

채택되지만, "그녀"가 주어라 하더라도 큰 문제는 없다. 그녀의 짝 뿐만 아니라 그녀도 평탄치 못한 길로 떨어질 것이다.

[5:7] 그런즉 아들들아 나에게 들으며 내 입의 말을 버리지 말고
　7-14절은 남자가 정욕에 굴복함으로써 그 자신을 불행하게 만드는 세부묘사를 생동감있게 묘사하고 있다. 7절은 잠언의 전형적인 시작 구절이다. 4:1에서처럼 "아들들"이 다시 복수인 것을 주목하라. 또한 이 절은 명백한 하나의 명령과 하나의 금지를 가진 전형적인 구조를 갖고 있다.

[5:8] 네 길을 그에게서 멀리하라 그 집 문에도 가까이 가지 말라
　8절의 "그"는 명백히 3절에서 언급한 음녀이다. 그녀의 유혹적인 포옹으로부터 피하는 가장 좋은 방법은 그녀가 살던 마을의 집 문으로부터 떨어지는 것이다. 우리 자신을 죄악에 빠뜨리고 나서 하나님에게 그 유혹에서 벗어날 수 있게 도움을 청하는 것은 뻔뻔한 짓일 뿐만 아니라 어리석은 짓이다. 포르노를 계속해서 접한다면 그는 결국 부정한 성관계를 가지게 될 것이다.
　예수는 "여자를 보고 음욕을 품는 자마다 마음에 이미 간음하였느니라"라고 이 가르침을 강조하고 있다(마 5:28). 만약 보는 것마저도 죄악이라면 아예 보지 말아야 한다. 만약 여자들이 귀하게 여김을 받지 못했던 고대에도 이 가르침이 강조되었다면 정욕이 거의 모든 광고나 유흥에 이용되는 오늘날 남자에게 얼마나 많은 부담을 주는가!

[5:9] 두렵건대 네 존영이 남에게 잃어버리게 되며 네 수한이 잔인한 자에게 빼앗기게 될까 하노라
　간음은 존영의 손실, 질병, 심지어 죽음까지도 낳는다. 존영을 가리

키는 히브리어는 잠언에 단 1번 나온다. 잠언 이외의 성경에서 이것은 하나님께 돌리는 찬양으로 사용되었다. 우리는 간음자의 짧은 인생이 감정 상한 남편의 복수에 의한 것인지, 성병으로 인한 불결한 인생의 결말인지 여기서는 확실하지 않다.

[5:10] 두렵건대 타인이 네 재물로 충족하게 되며 네 수고한 것이 외인의 집에 있게 될까 하노라

저축된 재산이 정욕에 빠진 남자에 의해 사라질 수 있다. 이것은 죄악에 대한 비용, 즉 간음에 대한 실질적 비용을 나타낼지도 모른다. 만약 여자가 결혼한 여자라면 그것은 또한 그녀의 남편에게 얼마를 지불해야 한다는 것을 의미하고 만약 그녀가 임신을 한다면 그 아이의 양육의 의무를 가지게 될 지도 모른다.

[5:11] 두렵건대 마지막에 이르러 네 몸, 네 육체가 쇠약할 때에 네가 한탄하여

11절에서는 간음이 가져온 하나의 결과에 대해 이야기한다. 부정한 관계는 종종 치명적인 성병을 야기한다.

[5:12-13] 말하기를 내가 어찌하여 훈계를 싫어하며 내마음이 꾸지람을 가벼이 여기고 내 선생의 목소리를 청종하지 아니하며 나를 가르치는 이에게 귀를 기울이 지 아니하였던고

결국 정욕에 굴복하는 사람은 재산을 탕진하며 불명예와 질병을 얻게 된다. 그러나 후회하는 것은 너무 늦은 것이다. 그는 단지 "만약…했다면"이라는 신세한탄이나 늘어놓을 수 있을 뿐이다. "만약 내가 내 아버지에게 귀를 기울였다면…", "만약 내가 내 마음대로 행동하지 않았다면…", "만약 내가 다른 사람들의 충고를 따랐다면…", "만약 내가 한 순

간의 쾌락이 평생의 후회를 가져 올 것을 알았다면".

[5:14] 많은 무리들이 모인 중에서 큰 악에 빠지게 되었노라 하게 될까 염려하노라

건강과 재산을 잃는 것만이 죄인이 당하게 될 손실의 전부가 아니다. 그는 많은 이들을 자살로 이끌었던 불명예의 한 종류인 공동체 내에서의 명예의 상실을 경험한다. 성경 시대에 이 손실이 의미했던 것이 무엇인지는 불확실하다. 일반적으로 잠언은 성적인 죄에 대한 금지를 포함하는 상세한 레위기의 말씀들을 제공하지 않는다. 불행하게도 오늘날 성범죄자들은 대체로 부끄러움과 불명예를 겪지 않는다. 오늘날 교회는 죄를 징계하지 않고 다만 죄인에 대한 조언과 충고만으로 그친다. 부도덕함을 비난하기보다는 오히려 기운을 내게 한다. 안타깝지만 교회의 역사를 보면 이에 대한 공적인 고백과 징계는 거의 없다.

[5:15] 너는 네 우물에서 물을 마시며 네 샘에서 흐르는 물을 마시라

15-19절은 성적 부도덕에 반하여 건전하고 순결한 대안을 묘사한다. 이 문자적 직역의 의미는 자신의 부인에게 충실하라는 것이다. 샘과 아내의 이미지는 18절과 아가 4:12, 15과도 연관되어 있다. 또 다른 우물에서의 한 모금은 자신의 우물의 물보다 더 달콤하지 않다. 우물과 샘이 단수인 것을 주목하라. 비록 하나님이 구약성경에 나오는 일부 영웅들에게 여러 명의 아내를 갖게끔 허락했을지라도 창조 기사는 남자와 여자가 각각 한 명의 부인과 남편을 가져야 한다는 하나님의 원래 의도를 증명한다. 하나님은 아담을 위해 하와만 창조했다.

[5:16] 어찌하여 네 샘물을 집 밖으로 넘치게 하며 네 도랑물을 거리로 흘러가게 하겠느냐

"물"과 "샘"의 모티프는 16절에서도 계속된다. 여기서 나타나는 이미지는 자신의 우물에서 물을 길가로 던져버리는 어리석고 사치스러운 행동을 하는 사람이다. 이러한 이미지는 온 마을에 자녀를 가진 호색한 아버지의 행동을 묘사하기에 충분하다. 그 아이들이 태어나도 그 호색한 아버지는 그들을 알아보지 못하며 그 아이들도 그가 아버지인 줄 모른다.

[5:17] 그 물이 네게만 있게 하고 타인과 더불어 그것을 나누지 말라

태어난 아이들은 그 자신의 집에서 자라야 하고 그가 농사짓는 것을 도와야 하며 훌륭한 행동으로 그를 명예롭게 해야 한다. 그리고 결국 그의 부를 상속받는다. 고아들을 만드는 것과 여자에게 부담을 지우는 것 모두가 수치스러운 일이다.

[5:18] 네 샘으로 복되게 하라 네가 젊어서 취한 아내를 즐거워하라

"샘"을 가리키는 다섯 번째이자 마지막 히브리어가 여기에 나타난다. 이 절은 15절의 또 다른 표현이다.

[5:19] 그는 사랑스러운 암사슴 같고 아름다운 암노루 같으니 너는 그의 품을 항상 족하 게 여기며 그의 사랑을 항상 연모하라

아가(아 2:9, 17; 4:5; 7:3)와 유사하게 지금 저자는 그의 연인이었던 그리고 현재 아내가 된 짝을 사랑스런 암사슴에 비유한다. 그녀의 품은 항상 만족할만하고 그녀의 사랑은 항상 연모할 만하다.

[5:20] 내 아들아 어찌하여 음녀를 연모하겠으며 어찌하여 이방 계집의 가슴을 안겠느냐

20절에는 두 가지 질문이 있다. 음녀를 연모하겠느냐? 이방 계집의 가슴을 안겠느냐? 그 대답은 너무나 명백하다. 사람은 그의 아내가 아닌 다른 어떤 여자와도 관계를 맺어선 안 된다.

"연모하다"라는 특이한 동사는 19, 20, 23절에도 나타난다. 그것의 근원적 의미는 "어슬렁거리다" 혹은 "방황하다"이지만 사로잡힘, 매료됨, 연모함으로까지 연상될 수 있다. 아마도 19, 20절에서는 연모가, 23절에서는 혼미가 더 나을 것이다.

[5:21] 대저 사람의 길은 여호와의 눈 앞에 있나니 그가 그 사람의 모든 길을 평탄하게 하시느니라

21-23절은 10-29장의 여러 단락들에서 쉽게 나타난다. 이 절들은 하나님이 모든 것들을 보고 있고 또한 알고 있음을 상기시켜 준다(히 4:13 참조).

[5:22] 악인은 자기의 악에 걸리며 그 죄의 줄에 매이나니

22절은 "범죄는 이익이 안 된다"는 것을 가르쳐 주는 구절이다(잠 1:19, 31; 4:19 참조). 시편 7:15-16, 57:6에서 발견되는 악인에 대해 예상치 못한 결과를 가져오는 함정은 미묘한 질문을 제기한다. 하나님이 이러한 파멸을 가져오셨는가? 혹은 단순히 자연의 이치에 동조하지 않는 인생들에게 찾아온 당연한 결과인가? 이와 정반대의 경우를 생각하며 로마서 8:28을 묵상해보라.

[5:23] 그는 훈계를 받지 아니함으로 말미암아 죽겠고 심히 미련함으로 말미암아 혼미하게 되느니라

잠언에서 중요한 단어들이 23절에서 나타난다. 불행한 결말은 결혼에 불충실한 사람에게 나타난다. 잠언에서 "훈계"는 42번, "미련함"

은 40번 나타난다. 훈계를 따르지 않는 자는 미련함 속에서 사는 자들이다. 미련함을 따르는 자들은 훈계를 받지 아니한다. 부정한 성관계에 굴복하는 것은 자신의 삶을 통제하지 않는다는 뜻이다. 그것은 우둔하고 어리석은 길이다.

6. 보증, 게으름, 속임에 대한 경고 (6:1-19)

6:1-19는 간음에 대한 경고 사이에 끼어 또 다른 세 가지 경고들을 준다. 보증(1-5절), 게으름(6-11절), 속임(12-19절). 16-19절은 마지막 속임 부분에 종속되나, 잘 다듬어져있기에 따로 고찰할 필요가 있다.

[6:1] 내 아들아 네가 만일 이웃을 위하여 담보하며 타인을 위하여 보증하였으면

"내 아들"은 이 장에서 2번 나타난다. 먼저는 세 가지 경고들로 구성된 이 첫 부분에 나타나며, 그리고 간음이라는 주제가 다루어지는 20절에 다시 나타난다. 1절은 까다롭기에 여러 사람들이 여러 해석들을 내어놓았다. 아버지는 아들에게 타인에게 보증을 서지 말라고 경고한다. 친족이나 친구들에게 보증하는 것은 친절하고 관대한 것이나, 타인이나 이웃에게 보증하는 것은 단지 명백한 어리석음일 뿐이다. 이 절은 본질적으로 어리석은 거래에 대한 경계이다. 그러나 상업에 대한 일반적 의심에 대한 암시가 될 수 있다. 지혜로운 자는 그가 시장에 있을 때 보다 농사를 지을 때 더 안전하다. 잠언 11:15; 17:18; 22:26은 동일한 주제를 보여준다.

[6:2] 네 입의 말로 네가 얽혔으며 네 입의 말로 인하여 잡히게 되었느니라

좋은 행동처럼 보여진 것이 어리석은 것으로 판명되었다. 왜냐하면 보증을 선 자는 그의 준비된 관용의 비용을 고려하는데 실패했기 때문이다.

[6:3] 내 아들아 네가 네 이웃의 손에 빠졌은즉 이같이 하라 너는 곧 가서 겸손히 네 이웃에게 간구하여 스스로 구원하되

그러나 이런 우매함은 간통만큼 음흉하지는 않다. 왜냐하면 이런 어리석음은 몇 가지 벗어날 수 있는 희망을 주기 때문이다. 당신이 보증한 이웃 앞에서 무릎 꿇고 자비를 구하는 것이 곤욕스럽고 치욕적일지 모르지만 그것이 당신이 보증한 빚을 지불하는 것 보다는 낫다. 어쩌면 채권자가 당신보다 더 큰 손실을 입을수도 있고 당신은 그 빚의 일부에 대해 책임을 물어야 할 수도 있다.

랍비의 격언은 "어리석은 자가 시장에 나갈 때, 상인들이 기뻐한다"라고 말한다. 시장에서 정확하게 무엇이 적혀 있는지 보지도 않고 서명하는 자는 어리석은 자이다.

[6:4-5] 네 눈을 잠들게 하지 말며 눈꺼풀을 감기게 하지 말고 노루가 사냥꾼의 손에서 벗어나는 것 같이, 새가 그물 치는 자의 손에서 벗어나는 것 같이 스스로 구원하라

4, 5절은 금전적 의무에 대해 스스로 빨리 지불하는 것을 강조한다. 하루가 다 가게 하지 말고, 낮잠을 자지 말라. 지금 바로 기록을 남기고 그 의무로부터 벗어나라. 저자는 이 절에서 "손"이라는 단어를 사용한다. 1절은 경제 문제에 있어서 보증(즉 악수)하지 말도록 아들에게 경고한다. 그러나 3절의 손은 보다 강한 것을 의미한다. 5절에서 손은 그물

과 같은 또 다른 의미를 가진다. 사냥꾼에게 붙잡힌 동물은 삶과 죽음 사이에서 분투한다. 그처럼 성급한 악수로 인해 혹은 무분별한 계약으로 인해 위험에 빠진 아들도 마찬가지이다.

[6:6] 게으른 자여 개미에게 가서 그가 하는 것을 보고 지혜를 얻으라

개미는 잠언에서 단지 이곳과 30:25에서만 언급된다. 두 경우 모두 부지런함과 근면을 보여준다. 게으른 사람들은 개미들이 얼마나 열심히 일하는지, 그들의 짐이 얼마나 무거운지, 서로 어떻게 협동하는지를 보고 지혜를 얻을 수 있다. 많은 시간을 낭비하는 게으른 자와는 다르게 그들은 결코 쉬지 않는 것처럼 보인다.

[6:7-8] 개미는 두령도 없고 감독자도 없고 통치자도 없으되 먹을 것을 여름 동안에 예비하며 추수 때에 양식을 모으느니라

개미의 생활에 대해 두 가지 다른 관찰이 여기서 언급될 가치가 있다. 첫째, 그들은 외적으로 명백한 통치자가 없다. 그러나 그들 사회는 평탄하고 효과적으로 움직인다(이는 이스라엘 왕정시기동안 이스라엘에게 부담을 지운 관료체제에 대한 숨겨진 비판을 예상하게 한다).

둘째, 개미는 어떤 지각을 가지고 미래에 대비해 음식을 저장한다. 게으른 사람들은 그것을 하는 데 실패한다.[5]

---

5 헬라어 역본은 여기에 세 구절을 더한다(JB는 헬라어 번역을 따른다). 내용은 다음과 같다.

- 벌에게 가보라 얼마나 지혜로운가 일에 얼마나 심사숙고하는가
- 왕과 평민은 벌이 그들의 건강을 위해 생산하는 것을 취한다 벌은 모든 이에게 찾는 대상이 되며 존경을 받는다 벌의 힘은 연약할지도 모른다
- 그러나 벌은 지혜를 존중하기 때문에 존경을 받는다

[6:9] 게으른 자여 네가 어느 때까지 누워 있겠느냐 네가 어느 때에 잠이 깨어 일어나겠 느냐

9절은 게으른 자에게 2번 물음으로써 도저히 참을 수 없는 답답함을 보여준다. 게으름에 대한 주제나 그와 비슷한 것, 그리고 근면은 10-29장을 통해 계속된다. "게으른"이라는 형용사는 구약에 14번 사용되었는데, 모두 잠언에서만 나타난다(동사형태는 삿 18:19, 명사는 잠 19:15; 31:27; 전 10:18).

[6:10] 좀더 자자, 좀더 졸자, 손을 모으고 좀더 누워 있자 하면

"좀 더 자는 것, 손을 모으고 좀 더 누워 있는 것"은 게으른 사람의 반응이다. 잠깐 조는 것은 잘못된 것이 아니다. 심지어 오후의 짧은 낮잠도 잘못된 것이 아니다. 그러나 하루 중 가장 일하기 좋을 때 자는 것은 철저히 잘못된 것이다.

[6:11] 네 빈궁이 강도 같이 오며 네 곤핍이 군사 같이 이르리라

11절에서는 실제 강도가 게으른 자를 강탈한다고 말하지 않는다. 그의 잠이 그를 강탈하는 것이다. 즉, 그는 그의 시간과 재능과 힘을 허비함으로써 그 자신을 강탈하는 것이다. 소중한 시간들, 중요한 기회를, 생산성 있는 세월들이 그의 열성과 솔선의 결핍으로 낭비된다. 잠언은 인생을 흑과 백으로 뚜렷하게 묘사된다. 회색지대란 없다. 여기서 그려지는 사람만큼 게으른 자는 거의 없다. 하지만 우리가 해야 할 만큼 열심히 하는 사람도 거의 없다. 이 구절을 읽을 때 자신을 합리화 시켜선 안 된다! 누구도 개미만큼 열심히 일하지 않는다.

[6:12] 불량하고 악한 자는 구부러진 말을 하고 다니며

6장에서 12-19절은 속임을 다룬다. 사기, 사악, 교만, 기만은 모두 속임의 범위이다. 그리고 하나님은 그 모두를 싫어한다. 지혜로운 사람은 거짓말을 하지 않는다. 왜냐하면 결국 그것의 대가를 치르기 때문이다.

[6:13] 눈짓을 하며 발로 뜻을 보이며 손가락질을 하며

몸짓은 새로운 것이 아니다. 13절에 있는 눈짓, 발짓, 손가락질 모두는 "불량하고 악한 자"의 속임수를 가리키는 것이다. 이러한 세 가지 행동 중에서 우리가 가장 익숙한 것은 눈짓이다. 손가락질이나 발짓 등은 명백하기 보다는 희미한 것임에 틀림없다. 그러나 이러한 행동들은 선한 것들이 아니라 우리 문화 속에서 그것을 보는 입장에 있는 이들에게 놀랍고 충격적이고 충분히 의심을 살만한 것이 될 것이다.

[6:14] 그의 마음에 패역을 품으며 항상 악을 꾀하여 다툼을 일으키는 자라

행동, 목소리 심지어 얼굴표정은 속임수의 방법으로 적합하다. 진실의 외형 뒤에는 패역을 품은 마음과 다툼을 일으키려는 마음이 숨어있다. 잠언에 "다툼"은 흔한 단어이다. 이 단어는 성경에서 18번 사용되며 그 중 15번이 잠언에서 사용된다(잠 15:18; 16:28; 17:14; 18:19; 21:9, 19; 22:10; 23:29; 25:24; 26:21; 27:15; 28:25; 29:22).

[6:15] 그러므로 그의 재앙이 갑자기 내려 당장에 멸망하여 살릴 길이 없으리라

종말에 다른 죄악들이 드러날 때 이 또한 드러날 것이다. 히브리어에서 "갑자기"와 "당장에"를 가리키는 두 단어들은, 거짓을 말하는 자는 예상치 못한 심판을 받게 될 것을 강조한다. 일부 복음전도자들은 죄인들에게 충격을 주기 위해 15절을 인용하는데, 그들은 그리스도를 받아들이라는 결단을 고쳐시키기 위해 언제라도 피할 수 없는 재앙이 악인에게 심판으로 내려질 수 있다고 말한다.

[6:16] 여호와께서 미워하시는 것 곧 그의 마음에 싫어하시는 것이 예닐곱 가지이니

16-19절도 여호와가 싫어하는 것들의 간결한 목록이다. "예닐곱 가지"와 같은 표현처럼 하나에 하나를 더하는 이러한 언어사용은 잠언에서 독특한 것이 아니다.[6]

하나에 하나를 더하는 것부터 일곱에 하나를 더하는 것까지 모든 조합이 사용된다(암 1-2장, 잠 30장에 보면 셋에 하나를 더한다). 대부분의 현대 번역들은 이를 잘 살려준다.

[6:17-19] 곧 교만한 눈과 거짓된 혀와 무죄한 자의 피를 흘리는 손과 악한 계교를 꾀하는 마음과 빨리 악으로 달려가는 발과 거짓을 말하는 망령된 증인과 및 형제 사이를 이간하는 자이니라

이 목록에 있는 일곱 항목들은 대체적으로 속임을 가리키는 것이다. 그리고 앞의 구절들에 대한 결론의 형식이다. "교만한 눈"은 13절의 "눈짓"과 연결되고, "거짓된 혀"는 12절의 "구부러진 말"의 반복이다. "피를 흘리는 손"은 13절에 있는 남을 속이는 "손가락질"을 더욱 뚜렷하게 만들어 주는 것 같다. "악한 계교를 꾀하는 마음"은 14절에서 사용된 것과 같은 표현이다. 그리고 "악으로 달려가는 발"은 13절의 발과 같다. 하나님이 싫어하는 여섯 번째와 일곱 번째 항목은 신체의 일부분이 아니다. 하지만 그것들은 14절의 다툼과 연결된다. 이 단어는 법정 판례를 암시해 주는 합법적인 어조를 띠고 있다. 하나님은 친구들, 이웃들, 친족들

---

6 W. M. W. Roth, "The Numerical Sequence x/x plus 1 in the O.T." *VT*, 12: 1962, pp. 300-311. 그는 위경, 신약성경 뿐만 아니라, 수메르, 아카드, 바벨론, 우가릿 문학 등까지 포함하여 이에 해당하는 실례들을 목차로 만들었다.

사이를 분열로 몰고가는 사람들을 그냥 놔두지 않는다. 종교적 범주에서 그러한 사람들은 "분리주의자"로 불릴 것이다.

7. 간음에 대한 경고 II (6:20-7:27)

[6:20] 내 아들아 네 아비의 명령을 지키며 네 어미의 법을 떠나지 말고

아버지가 아들에게 하는 간음에 대한 경고는 20절에서 다시 시작된다. 4개의 도입절들이 지난 후 24절부터 다시 부도덕한 여인이 다루어진다. 6:20은 1:8과 완전히 똑같다.

[6:21] 그것을 항상 네 마음에 새기며 네 목에 매라

21절은 앞선 구절들의 반향이다.

[6:22] 그것이 네가 다닐 때에 너를 인도하며 네가 잘 때에 너를 보호하며 네가 깰 때에 너와 더불어 말하리니

22절은 지혜가 주는 유쾌한 동반을 묘사하며 세 부분으로 이루어져 있다. 여기서 동반하여 여행하는 것은 육체적으로 한 장소에서 다른 장소로 가는 것 이상을 의미한다. 그것의 보다 풍부한 의미는 삶을 통해 자신의 길을 찾는 것을 말한다(잠 3:24 참조). 이 절에 있는 "더불어 말하리니"는 잠언에서 여기에서 단 1번 사용된 동사이다. 그러나 시편 77편, 119편과 같은 다른 문맥에서 그 단어는 묵상을 뜻한다. 충실한 벗과 같은 지혜는 친구처럼, 도우미처럼 당신의 옆에서 변함없이 있을 것이다(잠 31:12과 비교).

[6:23] 대저 명령은 등불이요 법은 빛이요 훈계의 책망은 곧 생명의 길이라

23절의 단어들은(등불, 길, 명령, 생명, 법, 훈계, 책망, 빛 등) 전형적인 잠언의 것들이다. 이 목록에서 단지 등불만이 여기서 새롭게 등장한 것이다. 이 단어는 잠언에서 6번 이상 나타난다(잠 4:18 참조).

[6:24] 이것이 너를 지켜 악한 여인에게, 이방 여인의 혀로 호리는 말에 빠지지 않게 하리라

24절에서 우리는 마침내 6장의 가장 중요한 가르침에 이른다(이는 7장 마지막까지 강조될 가르침이다). 지혜는 다른 여자에게 자신의 남자를 잃게 되는 것을 원하지 않는다. 그 이방 여인은 자신의 결혼을 파괴하고 또한 유혹하는 남자의 결혼을 파괴하는 악한 존재이다. 지혜가 할 수 있는 일은 이방 여인이 할 수 있는 그러한 파괴적인 과정에 대해 경고하는 것이다.

[6:25] 네 마음에 그의 아름다움을 탐하지 말며 그 눈꺼풀에 흘리지 말라

간음에 대한 첫 번째 경고는 그녀의 아름다움 특히 "매혹적인 눈꺼풀"은 거짓이라는 것이다. 그녀의 사랑은 진실이 아니다. 그녀는 눈화장, 눈짓(잠 6:13) 등으로 자신들을 더욱 아름답게 보이게 하여 유혹을 한다. 이세벨이 화장품으로 예후를 유혹하려 한 것을 기억하라(왕하 9:30, 또한 렘 4:30; 겔 23:40 참조).

[6:26] 음녀로 말미암아 사람이 한 조각 떡만 남게 됨이며 음란한 여인은 귀한 생명을 사냥함이니라

26절의 단어들은 두 가지 다른 의미를 나타내고 있는 것 같기 때문

에 이해하기 힘들다("음녀로 말미암아 떡 한 조각을 가져오게 되며"가 일반적인 영어 번역이다-역주). 우선 음녀의 봉사가 떡 한 조각만큼 싸다고 말한다. 다음엔 간음은 너무 비싸서 당신 인생을 지불해야 할지도 모른다고 말한다. 값싼 음녀와 비싼 간음이 대조되는가? 잠언은 간음을 비난하면서 성매매를 권하는 것이 아니다! NIV번역이 그 혼란을 정리해 주는 듯하다. 음녀는 마치 부를 빼앗고 불명예를 가져다 주고 수명을 단축시켜 누군가의 생명을 사냥하는 음란한 여인처럼 그 남자가 가진 모든 것을 빼앗아 버린다(그리고 떡 한조각만 남게 된다!).

[6:27-28] 사람이 불을 품에 품고서야 어찌 그의 옷이 타지 아니하겠으며 사람이 숯불을 밟고서야 어찌 그의 발이 데지 아니하겠느냐

27, 28절에서 두 질문은 간음에 수반되는 피할 수 없는 고통을 설명하기 위해 비슷한 어조를 사용한다. 그 설명들은 꽤 명백하다. 만약 당신이 불을 갖고 놀면 당신을 타고 말 것이다. 불과 숯불의 이미지는 아마도 그것들이 지니는 또 다른 그 이면의 의미 때문에 사용되는 듯하다. 숯불을 밟는다는 것은 또 다른 남자의 아내를 갖는 것에 대한 묘사이다. 성경에서 발은 남자의 성기를 가리키는 완곡한 표현이다(사 6:2; 7:20; 창 49:10; 삿 3:24; 삼상 24:3; 삼하 11:8 참조). 간음하는 것, 즉 숯불을 밟는 것은 그의 발(그의 중요한 부위)이 해를 입게 됨을 표현하는 것이다.

[6:29] 남의 아내와 통간하는 자도 이와 같을 것이라 그를 만지는 자마다 벌을 면하지 못하리라

29절은 앞의 이미지들에 대한 정확한 적용이다. 당신의 무릎을 잠시나마 따뜻하게 해 주었던 불은 당신을 파괴시킬 수 있다. 어느 추운 날에 당신의 발을 데워주었던 숯불들이 또한 당신을 불사를 수 있다. 이웃의 아내와 함께 잠자리에 드는 것은 위험하다. 그녀가 주는 순간적인 만족은 타오르는 불로 당신을 파멸시킬 수 있다.

[6:30] 도둑이 만일 주릴 때에 배를 채우려고 도둑질하면 사람이 그를 멸시하지는 아니하려니

30절은 두 가지 방법으로 해석할 수 있다(그 두 가지 모두 뜻이 잘 통한다). 첫 번째 해석은 혹자들이 굶주림을 채우려고 도둑질한 사람을 용서하거나 관대하게 대할 수 있다고 말하고 있으나, 성적 욕망을 만족시키기 위해 다른 사람의 아내를 도둑질한 사람에 대해서는 관용을 베풀 수 없다고 말한다. 만약 스스로 그 관계를 피한다면 화를 입지 않을 것이다. 이러한 맥락에서 볼 때, 어떤 사람도 성적 욕망을 채우기 위한 범죄를 관대하게 보지 않을 것이다.

두 번째 해석은 다른 것을 제시하는데 그것은 뒤이어 나오는 내용과 더욱 잘 어울리는 것처럼 보인다. 즉, 사람들이 도둑을 그의 내적인 동기를 고려함 없이 경멸해버려서 단지 음식을 도둑질한 사람이 대중의 비웃음의 대상이 되어버린다면, 간음한 자는 얼마나 부끄럽게 되겠는가 라는 것이다.

[6:31] 들키면 칠 배를 갚아야 하리니 심지어 자기 집에 있는 것을 다 내주게 되리라

31절에 따르면 도둑질에 대한 대가는 도둑질 당한 것의 7배로 보상하는 것이다. 출애굽기 22:1-8에 의하면 보상해야 할 금액은 도둑질 당한 것의 2배 혹은 4배 혹은 심지어 5배였다. 그러나 이 절에 도둑질에 대한 배상은 더욱 엄격하다. "일곱"(7)이라는 숫자는 단지 끝없는 보상에 대한 시적인 숫자로 쓰여졌을 가능성이 있다.

만약 30절의 첫 번째 해석이 맞다면, 요점은 바로 도둑질이나 간음과 같은 범죄에 대한 대중의 반응이 아니라 각각의 범죄에 내려질 형벌의 성격이다. 비록 그가 7배로 갚는다고 해도 간음자가 감수해야 할 형벌에는 미치지 못한다. 그는 간음이라는 도둑질에 대한 속전으로 자신의 생명을 내어놓아야 한다!

[6:32] 여인과 간음하는 자는 무지한 자라 이것을 행하는 자는 자기의 영혼을 망하게 하며

32절은 이 부분의 주요한 요점을 명확한 표현들을 통해 말하고 있다. 간음자는 그 자신을 망친다. 성경 여기 저기에서 발견되긴 하지만 잠언에서 간음을 묘사하기 위한 용어 둘이 특별하게 사용되는데, 그 중 첫 번째가 지금 등장한다. 즉, "무지한"(lacks judgement)이라는 뜻을 가진 이 히브리어는 여기에서 처음으로 나타난다. 잠언에서 12번 이상 나타나지만 이와 동일한 의미로는 결코 나타나지 않는다.

[6:33] 상함과 능욕을 받고 부끄러움을 씻을 수 없게 되나니

33절에서는 마음이 상한 남편이 언급되고 있다. 결국은 그 혹은 그의 친척들이 간음자를 내치는 방법으로 그 사람에 대해 원수갚을 것이 강조된다. 또한 공동체가 유혹에 넘어가 버린 그 사람을 비난하게 될 것이다. 여기서 죄 있는 여인의 운명에 대해서는 특별한 언급이 없다. 레위기 20:10은 두 사람에 대한 죽음을 규정하고 있다.

[6:34] 남편이 투기로 분노하여 원수 갚는 날에 용서하지 아니하고

보디발(창 39장)은 분명하게 그의 아내에게 죄가 있었음에도 불구하고 요셉에게 반대하여 그의 아내 편을 들었다. 그 남편의 자아는 문제에 처해있었을 것이다. 당신이 아닌 다른 사람을 원하는 당신의 부인을 허용하는 것보다는 당신의 부인을 겁탈한 사람을 비난하는 편이 더 쉽다. 그것은 자존심에 관한 문제여서 그 남편은 그의 부인의 유혹에 빠

져버린 그 사람에 대해서 심지어 복수심에 차 분노할 때에도 그의 부인을 보호한다. 그 배신하는 부인은 아무런 형벌 없이 그 곤란한 상황에서 해방되는 것처럼 보인다.

[6:35] 어떤 보상도 받지 아니하며 많은 선물을 줄지라도 듣지 아니하리라

선물을 주고받는 것이 어떤 상황에서는 효과가 있을 수 있지만(잠 17:8) 여기서는 그렇지 않다. 성난 남편이 요구하는 대가는 타협할 수 없는 것이다. 그 남편은 자신의 아내를 범한 사람의 죽음 외에 다른 어떤 것에도 만족하지 않을 것이다.

[7:1] 내 아들아 내 말을 지키며 내 계명을 간직하라

1-4절은 간음을 반대하는 주제로부터 떠나 짧은 막간을 제공한다. 또 다른 "내 아들" 구절과 유사한 종류의 구절들은 다음과 같다(잠 1:1-6; 5:1-2; 6:20-23).

[7:2] 내 계명을 지켜 살며 내 법을 네 눈동자처럼 지키라

7:2의 첫 번째 구절인 "내 계명"은 4:4의 마지막 구절과 동일하다. 대부분의 영어 번역들은 "눈에 넣어도 아프지 않은"(the apple of thine eyes, KJV) 그의 계명을 지키도록 자신의 아들을 훈계하는 아버지를 표현한다. "눈동자"에 해당하는 히브리어는 "작은 사람"을 뜻하는 지소사인데, 만약 당신이 어떤 사람의 눈을 가깝게 쳐다본다면, 아마도 당신은 그의 눈 안에 반사되는 (작은) 당신 자신을 볼 수 있을 것이다. 여기에서 충고는 그의 아들로 하여금 그의 눈 안에서 끊임없이 반사되는 그의 아버지의 가르침들에 그 아들의 눈을 고정시키려는 것이다. 신명기 32:10 과

시편 17:8 또한 이 표현을 사용한다.[7]

[7:3] 이것을 네 손가락에 매며 이것을 네 마음판에 새기라

3절은 잠언 3:3에서 그 아들이 아버지의 가르침들을 그의 "목에 매어야 했다는 것" 외에는 동일한데, 여기서는 그것들을 그의 손가락에 매어야 한다(신 6:8과 비교).

[7:4] 지혜에게 너는 내 누이라 하며 명철에게 너는 내 친족이라 하라

4절에서 지혜의 의인화는 흥미롭다. 왜냐하면 8, 9장에서의 확장된 비유를 예견하기 때문이다. 9장에서 지혜는 식탁을 차리고 손님을 초대해서 그녀가 대접하는 풍성한 식사를 즐길 수 있도록 한다. 만약 "누이"가 부인을 의미한다면(창 20:2, 12; 26:7; 아 4:9, 10, 12; 5:1, 2), 아마도 4절의 이 고귀한 여인은 부도덕한 여인과는 달리 결혼하기에 합당하다.

[7:5] 그리하면 이것이 너를 지켜서 음녀에게, 말로 호리는 이방 여인에게 빠지지 않게 하리라

그의 모든 기대에 부합하는 아내를 가지고 행복하게 결혼한 남자는 대개 다른 여인들에게 어떤 흥미도 가지지 않는다. 만약 그가 "지혜 여인"과 결혼한다면 그는 간음하는 어리석음으로부터 보호된다. 지혜의 말씀들은 뛰어나고, 옳고, 진리이다(잠 8:6-8). 이방 여인은 단지 호리는 말로 이야기한다. "호리는"(즉, 유혹하는)에 해당하는 히브리어는 5:3의 올리브 기름의 입맞춤처럼 "말솜씨가 좋은" 혹은 "교활한"이란 의미이다.

---

7 잠 7:9과 20:20은 이 단어를 포함하고 있지만 이 의미는 아니다.

[7:6] 내가 내 집 들창으로, 살창으로 내다 보다가

이 절부터 7장 끝까지를 통해 우리는 이 어리석은 자에게 무슨 일이 일어나는지 마치 그림과 같은 생생한 장면들을 읽어낼 수 있다.[8] 그 생생한 모습은 불특정한 사람에 의해서 기술되고 있는데 그는 살창이 달린 들창으로부터 무엇이 일어나고 있는지를 보고 있다.

[7:7] 어리석은 자 중에, 젊은이 가운데에 한 지혜 없는 자를 보았노라

어떤 이가 많은 어리석은 자들을 창문을 통해 보았지만, 지금은 딱 한 명을 보고 있다. 그는 "젊은이 가운데에 한 지혜 없는 자"이다. 이 남자는 앞서 잠언 6:32에 소개되었다.

[7:8] 그가 거리를 지나 음녀의 골목 모퉁이로 가까이 하여 그의 집쪽으로 가는데

젊은 남자가 이 음녀가 사는 곳을 알고 있었는지 혹은 우연히 그녀의 집을 지나가게 되었는지는 불확실하다. 그러나 아마도 그는 그 마을의 이 지역에서 무엇이 일어날 수 있었는지 잘 알고 있을 것이다. 그가 여기있다는 사실과 접근하는 자 모두를 삼키려는 음녀의 확고한 의지, 둘 다 이 비극에 중요한 역할을 한다. 만약 당신이 그 악을 피하길 원한다면 그곳을 떠나라. 만약 당신이 어떤 특별한 죄에 유혹되기 쉽다고 생각한다면 그것을 피하기 위해서 발걸음을 옮기라.

[7:9] 저물 때, 황혼 때, 깊은 밤 흑암 중에라

9절은 어둠을 의미하는 다섯 개의 히브리어를 포함하고 있는데 모두

---

8 TEV 성경 잠언 상단에 있는 그림들을 살펴보라.

하루의 끝을 강조한다. 어둠은 이 장면에 걸쳐 자리잡고있다. 어둠의 세상 주관자는 명철의 빛을 잃어버리게 하여 두 마음을 품게 한다. 우리는 요한복음의 가르침을 떠올릴 수 있다(요 3:19; 8:12 참조).

[7:10] 그 때에 기생의 옷을 입은 간교한 여인이 그를 맞으니

기생처럼 옷을 차려입은 여인이 지금 그 어리석은 젊은 남자에게 다가온다. 그녀의 옷이 무엇이었는지 정확히 언급되지는 않지만 그것은 겉으로 보기에 특색 있는 옷이었다(창 38:14, 15 참조). 오늘날에는 여인의 옷입는 방식은 여성의 무기라고 이야기한다.

[7:11] 이 여인은 떠들며 완악하며 그의 발이 집에 머물지 아니하여

11절은 뻔뻔스럽고 도전적인 여인을 기술하고 있는데 그녀는 하나님의 법과 남자를 무시하는 습성을 갖고 있다. 그녀는 집을 소유하고 있지만 가정은 없다. 만약 그녀에게 남편과 자녀가 있더라도 그녀는 그들에게 전념하지 않을 것이다(잠 7:19 참조). 그들은 그녀에게 있어 아무 의미가 없다. 그녀는 매춘부이다.

[7:12] 어떤 때에는 거리, 어떤 때에는 광장 또 모퉁이마다 서서 사람을 기다리는 자라

이 여인은 가정에 머무르지 않고 종종 능력 있는 손님들을 만날 수 있는 공공장소에 머문다. 오늘날로 말하자면, 이러한 여인은 분명히 비즈니스 컨벤션기간 동안 큰 도시 호텔의 로비나 바(bar)에 나타날 것이다. 12절의 동사는 "매복하여 덮치다", "갑작스럽게 공격하다"와 같은 의미로, 짧은 시간 내에 목표물을 잡을 전략을 암시한다. 그녀의 목적은 젊은이를 그물에 걸리게 하는 것이다.

[7:13] 그 여인이 그를 붙잡고 그에게 입맞추며 부끄러움을 모르는 얼굴로 그에게 말하되

지금까지 우리는 이 이야기 속에서 두 인물을 만나왔다. 목적 없이 거리를 방황하는 어리석은 젊은 남자와 마음속에 확고한 계획을 가지고 있는 또 다른 방랑자이다. 두 사람이 만난 후, 그 젊은 남자가 무엇이 일어나고 있는지를 깨닫기도 전에 이 음란한 여인은 그녀의 팔로 그를 둘러 안고 입맞춤으로 그를 숨막히게 한다(잠 5:3에 동일한 입맞춤이 기술되어 있다). 그러나 지금 감정이 넘쳐흐르는 그녀는 "그녀의 얼굴을 강하게"(문자적 번역)하고, 즉 부끄러움을 모르는 얼굴로 말한다.

[7:14] 내가 화목제를 드려 서원한 것을 오늘 갚았노라

그녀의 말은 이상하다. 그녀가 화목제를 드렸고 그녀의 서원을 지켰을까? 여러 가지 해석들이 가능하다.

첫째, 그녀가 희생제사 후 남은 싱싱한 고기를 가지고 있어서 그 젊은 남자와 함께 작은 연회에서 함께 나눌 것이라는 것이다. 레위기 7:11와 잠언 7:15이 이 견해를 뒷받침해 주고 있다. 그러나 그러한 식사에 누군가를 초대한다는 것은 다소 일반적이지 못한 사항이다.

둘째, 여인은 제의적으로는 정결하므로 그녀의 희생자는 그녀와 관계를 맺어도 부정하게 되지 않을 것을 주장한다는 해석이 있다. 이 견해는 몹시 약해 보인다. 왜냐하면 이런 부도덕에 비추어 볼 때, 제의법과 관련하여서 그녀에게 높은 기대를 할 수 없어 보이기 때문이다.

셋째, 이 구절은 월경기간 동안 성적 행위를 규제하고 있는 레위기 15:19-30과의 대조를 포함해야 한다. 사실상 이 여인은 그녀의 월경기간이 끝났다고 말할 수 있었을 것이고, 그 젊은 남자는 그녀와 성관계를 하는 데 있어 걱정할 필요가 없다. 왜냐하면 그녀는 임신하지 않을 것이기 때문이다. 그녀가 무엇을 말하고 있다 할지라도 그는 그녀의 제안을 받아들일 것이라고 예측할 수 있다.

[7:15] 이러므로 내가 너를 맞으려고 나와 네 얼굴을 찾다가 너를 만났도다

그녀의 정직성은 의심스럽다. 그녀가 나와서 누군가를 찾고있었다는 것은 사실이다. 그러나 진실로 그녀가 바로 이 남자를 찾으려고 나왔을까? 아마도 이 어리석은 사람만 그녀를 믿을 것이다.

[7:16-17] 내 침상에는 요와 애굽의 무늬 있는 이불을 폈고 몰약과 침향과 계피를 뿌렸노라

16절에 나오는 여섯 개의 히브리어 중 네 개가 성경에서 단 1번만 나타나는 것들이다("이불"은 잠 31:22에도 나온다). 그래서 해석에 약간의 추측을 이용해야 하지만 요점은 매우 분명하다. 그 여인은 이국적이고 매혹적인 방법으로 침상을 준비했다. 그녀가 침상을 준비하는 중에 사용한 그 세 가지 향료는 몰약(*mor*), 침향(*'ahal*), 계피(*kinnamon*)였다(경로들은 확실치 않으나 외래어를 차용한 히브리어일 것이다). 그들 모두 아름다운 향기를 내고, 모든 감각들을 사로잡아 관계를 맺도록 유도한다. 사실 이 구절은 오감(五感) 모두에 관하여 설명한다. 그 젊은 남자는 그녀가 옷 입고있는 방식을 보고(10절), 그녀의 초대와 아첨을 듣고(14, 15절), 그녀의 포옹을 느끼고, 그녀의 입술을 맛본다(13절, 잠 5:3 참조). 지금 그녀는 향기로운 향료들을 사용함으로써 그의 후각에 호소하고 있다.

[7:18] 오라 우리가 아침까지 흡족하게 서로 사랑하며 사랑함으로 희락하자

만약 성적인 유혹이 명확하지 않았다 하더라도 그것은 18절 이전까지였을 뿐이다. 이 여인은 저녁식사 파트너와 함께 단지 대화만 원하

지는 않는다. 그녀는 성적인 관계를 맺기를 원한다. 그것이 그녀로 하여금 그녀의 집 밖에 있게 한 것이고, 이러한 정성어린 준비들을 하게 한 것이고, 지칠 줄 모르는 이 일에 몸담게 한 것이다. 그녀는 대담하게 "사랑함으로 희락하자!"고 말한다.

[7:19] 남편은 집을 떠나 먼 길을 갔는데

앞서 나온 절들을 처음부터 끝까지 살펴 보아도 그 유혹하는 여자가 결혼하지 않은 매춘부였는지 혹은 부도덕한 부인이었는지 확실치 않았다. 우리는 그녀는 결혼하지 않은 것이 아닌가 하고 생각할 수도 있었지만(10절 참조), 이제는 다르게 생각할 명확한 이유가 주어졌다. 19절은 이 여인에게 남편이 있다고 말하고 있다.

그녀가 결혼한 여인인지 아닌지는 여전히 중요하지 않다. 성경은 결혼 밖에서의 모든 성관계는 그것이 불륜이든 성매매이든 잘못된 것이라고 가르친다. 우리는 이 해악을 끼치는 성적인 문제를 논하면서 그러한 잘못에 참여하는 자들은 모든 면에 있어서 거룩하고 순결하라는 하나님의 요구들을 이루는데 실패한다고 말해야 한다.

이 여인은 분명 조금의 주저함도 없이 자신의 남편을 속이고 바람을 피우는 여인이다. 사실 그녀는 그녀의 사랑하는 사람들을 그녀의 남편과 함께 사랑을 나눠온 바로 그 침대로 데려온다. 그 남편은 사업상으로 여행 중에 다른 도시에서 다른 여인을 만나는 불량배일수도 있다. 그러나 성경은 사정에 관계없이 부부 간의 불신을 비난한다. 결혼 밖의 성관계는 명백하고 간단하게 말해 죄이다(잠 2:17 참조).

[7:20] 은 주머니를 가졌은즉 보름 날에나 집에 돌아오리라 하여

음녀는 재빨리 그녀의 남편으로부터 어떠한 위험도 없다고 그 젊은 남자를 확신시킨다. 그는 "먼 길을 갔고", "보름"까지는 집에 없을 것이다. 대부분의 번역들은 보름 날을 초승달이 뜰 때까지 혹은 보름달이 뜰 때까지로 이해하는데(각각은 2주 차이가 난다), 중요한 것은 그 젊은 남자가 그녀와 함께 그 저녁을 보내는 것을 두려워할 필요가 없다는 것을 말한다는 점이다.

[7:21] 여러 가지 고운 말로 유혹하며 입술의 호리는 말로 꾀므로
그는 지금 안달하고 있다. 그는 그녀의 부드러운 말에 유혹 당할 것이고 곧 나쁜 길로 인도될 것이다. 이야기는 끝을 향해 가고있다. 그 젊은이가 아직 그녀의 집에 있지 않다 해도 이 시점에서 그는 더 이상 그녀의 초대에 저항할 수 없다.

[7:22] 젊은이가 곧 그를 따랐으니 소가 도수장으로 가는 것 같고 미련한 자가 벌을 받으려고 쇠사슬에 매이러 가는 것과 같도다
22절에서 도수장으로 가는 소의 이미지는 음녀에게 굴하는 그 남자의 지혜없는 성품에 대한 사실적인 표현이다.

[7:23] 필경은 화살이 그 간을 뚫게 되리라 새가 빨리 그물로 들어가되 그의 생명을 잃어버릴 줄을 알지 못함과 같으니라
도수장으로 가는 소에 더해서 그 젊은 남자는 "그물 안의 새"에 비유된다. 그 이미지들은 순진함, 망각, 희생에 대한 무지함에 초점이 맞추어져 있다. 그 젊은 남자가 자신이 죄에 관계하고 있다는 것에 대해서 어떠한 양심을 갖고 있었다고 할지라도, 그는 분명히 이런 행위의 결과들이 죽음이라는 것을 망각한 것처럼 보인다. 그 여인이 부유하고, 존경받을 만하고, 교양있게 보일 수도 있겠지만, 그녀의 분명한 제안들에도 불구하고 그 젊은 남자는 요셉이 보디발의 아내에게 취한 행동을 따라야 했다(요셉은 뒤로 돌아서 도망쳤다!). 그러나 이 구절은 그가 생명을

잃어버릴 줄 알지 못했다고 말한다.

[7:24] 이제 아들들아 내 말을 듣고 내 입의 말에 주의하라

24절은 아들들을 향한 언급으로 시작하는데 이 이야기의 교훈은 그 표현상 잠언 5:7과 거의 유사하다. 세부사항은 이미 충분히 주어졌다. 상상력이 나머지를 대신할 수 있다. 지금 그 교훈자는 주의력을 요구한다. 그는 막 그의 주장을 관철하려 한다.

[7:25] 네 마음이 음녀의 길로 치우치지 말며 그 길에 미혹되지 말지어다

그 아버지의 충고는 간단하다. 이런 여인에게 가까이 가지 말라! 만약 문제가 생길 수 있는 곳을 피한다면, 쉽게 위험에 처하지 않을 것이다.

[7:26] 대저 그가 많은 사람을 상하여 엎드러지게 하였나니 그에게 죽은 자가 허다하니라

저자는 지금 한 여인에 대한 경고 그 이상의 것을 말한다. 즉, 그는 지금 모든 간음의 결과에 대해서 말하고 있다. 얼마나 많은 사람들이 도적질한 것(잠 9:17)을 먹으라는 유혹에 의해 파괴되어져 왔는가? 이 죄는 단순히 노력을 물거품으로 만들거나 누군가를 낮은 위치로 내리는 수준이 아니다. 이 죄는 많은 사람을 죽였다!

[7:27] 그의 집은 스올의 길이라 사망의 방으로 내려가느니라

간음은 사망의 방으로 가는 지름길이다. 그것은 분노한 남편, 성병으로 인한 고통, 이중적인 삶을 사는 것에서 오는 스트레스의 작용 등으로 인한 것이다. 영적, 정신적, 육체적 건강은 믿음과 상호신뢰 관계 속에서 또한 변함없이 결혼서약에 충실한 사람들에 의해서 더욱 영위된다. 궁극적으로 선택은 생명과 사망 사이에 있다. 그리고 항상 성경은 우리에게 생명을 선택하라고 강조한다(신 30:19 참조).

8. 지혜 예찬 (8:1-36)

8장은 잠언의 다른 모든 장들과는 다르다. 여기에서 지혜는 사람처럼 말한다. 아버지가 그의 아들을 훈계하거나 그의 제자들을 지도하는 현인에 관계되는 것은 아니지만 지혜는 스스로 이 세상에 호소하고 있다. 거의 모든 절이 "나", "나의", "나에게"를 포함한다.

지혜는 문법적으로 여성이다. 히브리어는 단지 남성, 여성 이렇게 두 개의 성을 가지고 있다. 그래서 문법적으로 말하자면 "그것은…이다"가 언어적으로 존재하지 않는다. 일반적으로 정의, 악의, 사랑, 진리, 법과 같은 개념들은 여성이다. 지혜도 그 범주에 있으며 이 장 안에서 "그녀"로 등장한다.

지혜는 사랑받고 존경받고 결혼한 의인화된 여성이다. 잠언은 음녀 및 미련 여인과 지혜 여인 간의 많은 재미있는 비교들을 포함한다. 그녀들은 남자들이 자신들을 따르도록 설득하기 위해서 네거리에 서 있다. 그녀들 모두 약속을 하고 보수를 준다.

몇몇 학자들은 지혜의 의인화와 우주적인 서술(특히 22-23절)에 관하여 정성어린 설명들을 제공해 준다. 그러나 어떤 이론도 확정적이진 않다. 확실한 것은 지혜가 신성의 하나 혹은 신, 심지어 신의 아내라는 주장 등은 잘못이다. 다른 종교에는 신들 간의 결혼이나 신들의 가족이 있을 수 있을지 모르겠지만 구약성경 내 어디에서도 그러한 것에 대한 암시는 없다.

일부 사람들은 지혜와 예수를 동등시 하기 위해 22, 30절 등을 요한

복음 1:1이나 히브리서 1:2과 비교해왔다. 나는 개인적으로 여기서 말하는 지혜란 하나님의 속성들 중 하나에 대한 묘사라고 생각한다. 지혜는 하나님으로부터 분리될 수 없다. 왜냐하면 지혜는 그의 일부분이기 때문이다. 의로움, 거룩함, 정의로움, 사랑(고전 13장)과 같은 것도 의인화될 수 있다. 8장 전체는 지혜가 얼마나 중요하고 어디에서 그녀를 찾을 수 있는지 우리에게 반복해서 이야기하는 일종의 찬가이다.

[8:1] 지혜가 부르지 아니하느냐 명철이 소리를 높이지 아니하느냐
이 새로운 장에 "내 아들"이라는 표현은 없다. 이 절은 주제의 변화를 위해 지혜의 초청을 묘사하는 잠언 1:20을 인용하는 듯 하다. 그녀는 작은 목소리로 혹은 은밀하게 제안하는 것이 아니라 과감하고 확고하게 공표를 한다. 때때로 지혜는 찾기 힘들지만(잠 2:4), 여기에서는 오히려 그녀를 놓치기가 힘들다. 우리는 분명한 존재를 힘들게 찾지 않아도 된다(롬 10:8 참조).

[8:2-3] 그가 길 가의 높은 곳과 네거리에 서며 성문 곁과 문 어귀와 여러 출입하는 문에서 불러 이르되
지혜는 스스로 높은 곳, 네거리, 여러 문들 등, 공공장소에 머무른다. 이런 의미에서 그녀는 음녀와 비슷하다(잠 7:12). 그러나 그 둘의 목적은 거리가 멀다. 음녀는 남자들을 만나 그들을 무너뜨리기 위해서 공공장소들을 다닌다. 지혜의 "높여진 목소리"와는 대조적으로 그 악한 여인은 먹이를 숨어 기다리며 살금살금 다니고 아첨의 말과 헛된 약속들을 그들의 귀에 속삭인다.
길과 거리가 2, 3절에서 등장하는데 "길"은 사람들이 걷는 장소들 이상의 것을 의미한다. 종종 그 단어는 삶의 방식, 행동의 과정 혹은 일련의 행위들을 의미한다(시 119:105). 네거리는 당신이 새로운 방향을 취할 수 있는 곳, 푯말을 따를 수 있는 곳, 심지어 혼동하거나 길을 잃을 수도 있는 결정의 장소를 의미한다. 이곳이 지혜가 가장 필요한 장소이고 그래서 여기가 바로 지혜가 머무르는 장소이다.

[8:4] 사람들아 내가 너희를 부르며 내가 인자들에게 소리를 높이노라

지혜의 호소는 보편적이어서 그녀의 높여진 목소리는 모든 인류에게로 뻗어간다. 어느 누구도 그녀 없이는 살 수 없다. 기꺼이 그녀는 그녀 자신을 모두에게 조건없이 제공한다. 4절에서 지혜는 말하기 시작하는데 이 연설은 이 장 끝까지 계속될 것이다.

[8:5] 어리석은 자들아 너희는 명철할지니라 미련한 자들아 너희는 마음이 밝을지니라 너희는 들을지어다

5절은 균형이 잘 잡힌 절이다. 전반부와 후반부에 있는 동사가 같고, 두 부분 모두에 각각 어리석은 사람을 위한 말과 지혜를 위한 말이 들어있다. 이러한 네 개의 단어들 중 세 개는 자주 사용되지만 전반부에서 지혜에 해당하는 단어인 "명철"이라는 단어는 보기 드문 것이다. 그것은 잠언 1:4과 8:12에서 나타난다(또한 출 21:14; 수 9:4). 여기에서 이 단어의 제한된 사용은 지혜의 적용을 다루는 것 같다. 즉, 지혜의 남용은 사기, 술책이나 교활함의 형태를 취한다. 여기서 이 명철이라는 단어는 이것의 동사 형태처럼(잠 15:5; 19:25) 긍정적이다.

[8:6] 내가 가장 선한 것을 말하리라 내 입술을 열어 정직을 내리라

지혜는 그녀의 말이 가장 훌륭하고 정직하다고 말한다. 그 첫 번째 형용사인 "선한"이라는 단어는 지도자의 어떤 본성을 의미하는 명사이다. 그 단어는 "…전에" 혹은 "…앞에"를 의미하는 전치사와 연관되

어 있다. 그래서 그 지도자는 사람들 앞에서는 사람이다. 지혜는 아마도 당신 앞에서 자신의 말이 정직하다고 말하고 있는 것일 수 있다. 그리고 그 말은 이중적인 의미나 숨겨진 의미들을 가지고 있지 않은 것을 의미한다. 한편, "정직"이라는 형용사도 이 절에서 사용되었다. 다시금 지혜는 중복적인 의미나 솔직하지 않은 단어들을 부정한다. 사탄과 그의 부하들의 약속들과는 얼마나 다르겠는가!

[8:7] 내 입은 진리를 말하며 내 입술은 악을 미워하느니라

입을 가리키는 보기드문 단어가 7절에서 사용되고 있다. 이 단어는 잠언 5:3에서 사용된 것과 같은 것인데, 거기서 그 단어는 음녀의 기름같이 부드러운 입맞춤을 묘사했지만, 지혜의 입은 그것과 같지 않다. 그녀가 말하는 것은 사실이다. 거짓은 그녀에게 있어 가증스럽다.

[8:8] 내 입의 말은 다 의로운즉 그 가운데에 굽은 것과 패역한 것이 없나니

6, 7절과 같이 8절에서도 지혜는 남다른 방식으로 말한다는 것을 강조한다. 그녀가 말하는 것은 믿을 만하다. 그녀는 어떤 사람도 나쁜 길로 이끌지 않을 것이다. 당신은 그녀가 당신을 정직한 길 위에 올려놓을 것에 대해 믿을 수 있다. 제2차 세계대전 동안 영국의 동쪽지역 마을에서는 그 시민들이 그들의 적을 혼동시키기 위해서 모든 길의 표시들을 잘못된 방향으로 바꿀 계획을 준비함으로써 침략에 대비한 적이 있다. 그러나 지혜는 그러한 행위를 하지 않을 것이다.

[8:9] 이는 다 총명 있는 자가 밝히 아는 바요 지식 얻은 자가 정직하게 여기는 바니라

어떤 것들은 배우기가 매우 어렵다. 그러나 그것들을 아는 사람들에게는 간단하다. 중국어는 우리가 배우기 불가능하게 보일런지 모르지만 중국의 어린아이들은 그것을 쉽게 배운다. 이와 같이 지혜로운 사람들은 선천적으로 옳은 것을 행하지만 지혜롭지 못한 사람들은 그녀의 "길"을 낯설고 어렵게 바라본다. 고린도전서 1:18-25은 복음을 이해하는데 도움을 주기도 하며 동시에 이 진리에 대한 주석이기도 하다.

[8:10] 너희가 은을 받지 말고 나의 훈계를 받으며 정금보다 지식을 얻으라

지혜의 서론적인 진술은 10절로 끝이 난다. 지혜는 자신이 주는 것을 은이나 정금과 비교하라고 하며 세상적 부는 치워버리고 돈으로 살 수 없는 것을 추구하라고 권고한다. 두 개의 다른 구절들도(잠 3:14; 8:19) 이와 동일하게 주장하고 있다. 또한 시편 19:10은 더욱 생생하게 하나님의 말씀과 금의 가치를 연결시키고 있다.

은과 정금과 지혜는 여러 면에서 비슷하다. 모두가 흔하지 않고, 사람이 만든 것이 아니고, 귀중하고 아름다우며 기능적이다. 그것들은 쉽게 얻을 수 없다. 그 가치는 영구하며 전 세계에서 그 가치를 인정받는다. 그것들은 파괴되지 않는다. 그러나 지혜는 우리에게 어떤 은이나 금보다도 그녀의 훈계와 지식을 선택하라고 강조한다.

[8:11] 대저 지혜는 진주보다 나으므로 원하는 모든 것을 이에 비교할 수 없음이니라

또 다른 귀중한 보석인 "진주"의 사용은 10절과 11절을 연결시켜준다. 부를 얻기 위해 고되게 일하고 오랜 시간을 쏟으며 고민했던 날들, 심지어 불법을 저지르는 일들을 돌이켜 볼때, 그때에야 비로소 사람들은 이 구절들에서 지혜가 주는 가치를 깨달을 것이다.

[8:12] 나 지혜는 명철로 주소를 삼으며 지식과 근신을 찾아 얻나니

12절은 우리를 이 장의 핵심에 데려온다. 지혜는 1인칭 단수로 대담하게 말한다. 얼마나 많은 절들이 "나"(I)로 시작되는지 주목하여 보라! 지혜와 관련된 네 개의 단어가 이 절을 지배하고 있다. "지혜", "명철", "지식", "근신". 이러한 목록은 1장의 처음 여섯 개의 절들을 제외하고 처음 등장하는 것이다.

[8:13] 여호와를 경외하는 것은 악을 미워하는 것이라 나는 교만과 거만과 악한 행실과 패역한 입을 미워하느니라

잠언에서는 자주 긍정적인 생각들과 부정적인 생각들이 병치된다. 선한 자들과 악한 자들에 관한 내용은 붙어있다(예를 들면, 6, 7절). 13절에서 지혜는 무엇이 옳은 것이며 무엇이 진리인지 선택할 수 있는 여러 가지 것들을 나열한다. 하나님을 경외하는 것에 대한 핵심과 지혜를 배우는 것에 대한 것은 앞서 언급되었고(잠 1:7), 지금 우리는 무엇이 지혜가 아닌지를 듣고있다. 여기에서의 동사는 단순히 "…이 아니다"보다 더 강한 어조를 띈다. 지혜는 악, 교만, 패역 등을 "미워한다".

[8:14] 내게는 계략과 참 지식이 있으며 나는 명철이라 내게 능력이 있으므로

14절의 전반부와 후반부는 본질적으로 동일한 것을 이야기한다. 지혜는 해야 할 것을 알고 있을 뿐만 아니라 이러한 계획들을 실행할 방편들도 가지고 있다. 해야 할 것을 "앎"은 대체적으로 문제는 아니다. 옳은 것을 "행함"이 우리를 걸려 넘어지게 한다. 우리는 매우 자주 바울과 같은 동일한 딜레마 안에서 우리 자신을 발견한다(롬 7:15-20). 지혜는 여기서 하나님의 대리인으로서 항상 그녀는 우리가 그의 뜻을 실행할 수 있도록 도와주고, 우리가 구별된 삶을 살아가게 할 수 있는 힘을 가지고 있다고 확신시킨다. 그녀는 능력과 이해, 모두를 제공한다.

[8:15-16] 나로 말미암아 왕들이 치리하며 방백들이 공의를 세우며 나로 말미암아 재상과 존귀한 자 곧 모든 의로운 재판관들이 다스리느니라

왕들과 정부에 대해 설명하는 15, 16절과 같은 절들은 많은 잠언들이 솔로몬의 궁정으로부터 나왔다고 하는 견해를 뒷받침해 준다. 적지 않은 잠언들이 노동계층을 다루고 있다 하더라도 보다 더 많은 잠언들은 상위계층의 부와 권력을 반영하고 있다. 시골의 삶과는 대조되는 도시의 삶은 더 많이 반영되며, 특히 앞선 장들은 더욱 그러한 모습들을 보여준다.[9] 15, 16절은 지도자들을 가리키는 단어들을 제시한다. "왕들", "방백들", "재상", "존귀한 자" 이렇게 넷인데, 핵심은 그들은 지혜롭기 때문에 잘 다스릴 자들이라는 것이다. 정치적인 통찰력과 국제적인 정치적 수완은 지혜에 의존한다. 지혜로운 통치자를 가진 민족은 복이 있다.

[8:17] 나를 사랑하는 자들이 나의 사랑을 입으며 나를 간절히 찾는 자가 나를 만날 것이니라

예수는 요한복음 14:21에서 이 절을 인용한 것일 수 있다. 하나님 혹은 지혜는 자신을 사랑하는 자들을 사랑할 뿐만 아니라 심지어 원수되었을 때에도 사랑을 베푸신다. 로마서 5:11은 이것을 간단명료하게 표현한다. "그뿐 아니라 이제 우리로 화목하게 하신 우리 주 예수 그리스도로 말미암아 하나님 안에서 또한 즐거워하느니라". 이 절의 후반부는 마치 이 장의 도입절들을 반박하는 것 같다. 우리는 거기서 모든 사람의 지혜를 추구했다고 들었다. 오늘날 모든 사람들은 지혜를 추구해야

---

[9] 일부 사본들은 16절의 "의로운"을 "땅의"로 읽는다.

만 한다. 그러나 사람들은 이러한 명백한 사실을 보지 못한다. 지혜는 적극적으로 추구되어야만 한다. 그녀는 발견되기 어려운 존재가 아니다. 그녀를 계속 피하지 않는다면 그녀를 놓치지 않을 것이다.

[8:18-19] 부귀가 내게 있고 장구한 재물과 의도 그러하니라, 네 열매는 금이나 정금보다 나으며 내 소득은 천은보다 나으니라

10, 11절은 지혜와 부를 비교한 반면, 여기서 지혜는 우리가 지혜를 발견했을 때 부, 명성, 번영, 성공, 금과 은을 가질 거라고 말한다. 부를 가리키는 용어 또한 잠언에서 전형적인 것으로, 구약에서 26번 등장하는데, 그 중 18번이 잠언에 나타난다.

[8:20] 나는 의로운 길로 행하며 공평한 길 가운데로 다니나니

20절은 다소 일반적인 것으로 만약 지혜와 함께 하고 싶다면 지혜가 걷는 장소를 걸어야 한다는 것을 알려준다.

[8:21] 이는 나를 사랑하는 자로 재물을 얻어서 그 곳간에 채우게 하려함이니라

21절은 18, 19절의 반복으로 "나를 사랑하는 자"는 또한 17절에서 발견된다. 21절에서 우리가 기억해야 할 것은 잠언은 일반적인 이야기를 하지만 동시에 구약의 경제 관념을 반영하기도 한다는 점이다. 구약은 가축 떼, 곡식, 의복, 자녀들이 얼마나 많은 지로 성공을 가늠했다. 지혜로운 사람이 부해지고 어리석은 사람이 가난해지는 것은 일반적인 것이다. 여기서 기억할 것은 저자는 그의 일반적인 규칙을 부정하는 예외들이나 예들은 생성하지 않는다는 것이다. 그러나 만약 당신이 부자가 아니고 현명하지 않다 해서 그 일반적인 규칙에 스스로를 제외시켜선 안 된다.

[8:22-23] 여호와께서 그 조화의 시작 곧 태초에 일하시기 전에 나를 가지셨으며, 만세전부터, 상고부터, 땅이 생기기 전부터 내가 세움을 입었나니

지혜의 보상들에 대한 부분은 끝이 나고 22, 23절에서 창조에 있어서 지혜의 역할에 대한 주제가 시작된다. 이 부분에서 지혜는 우리에게 굉장히 고대적인 인상을 준다. 하나님이 그 자신의 속성을 창조했다는 개념은 낯설다. 그러나 우리는 이러한 시적인 자료를 너무 문자적으로 해석하려 해서는 안 된다. 여기서 우리가 배우는 것은 지혜는 영원하다는 것 그리고 하나님은 지혜를 필요로 했다는 것이다. 즉, 하나님이 세계를 창조하는 데 지혜가 필요했기에, 그녀를 처음으로 창조했다. 창세기 1장에서 언제, 어떻게, 왜, 어디서 지혜가 창조되었는지 언급되지는 않지만 누가 그녀를 만들었는지는 알 수 있다. 그 답은 "하나님"이다. 22절에서 "태초"라는 용어는 창세기 1:1에서 사용된 것과 같은 것이다. 23절의 동사 "세우다"는 평범한 동사이지만 특별하게 사용되었다. 시편 2:6은 그 동사의 사용과 평행을 이룬다. 핵심은 이것이다. 지혜는 그 무엇이 창조되기 이전에 이미 영광스러운 위치에 세우심을 입었다.

[8:24-26] 아직 바다가 생기지 아니하였고 큰 샘들이 있기 전에 내가 이미 났으며, 산이 세우심을 입기전에, 언덕이 생기기 전에 내가 이미 났으니, 하나님이 아직 땅도, 들도, 세상 진토의 근원도 짓지 아니하셨을 때에라

창세기 1장은 땅이 드러나기 전 지구는 물로 뒤덮여 있었다고 전해준다. 지혜는 심지어 그 물보다도 먼저 존재했다. 창조의 순서에 대응하는 이 절들에서 각 관련 요소들 간의 순서를 주목하라.

땅(잠 8:23)과 첫째 날(창 1:1-5)

바다샘(잠 8:24)과 둘째 날(창 1:6-8)

산, 언덕(잠 8:25-26)과 셋째 날(창 1:9-13)

[8:27-29] 그가 하늘을 지으시며 궁창으로 해면에 두르실 때에 내가 거기에 있었고, 그가 위로 구름 하늘을 견고하게 하시며 바다의 샘들을 힘 있게 하시며, 바다의 한계를 정하여 물로 명령을 거스리지 못하게 하시며 또 땅의 기초를 정하실 때에

바다보다 먼저 난 지혜의 창조는 27-29절에 반복된다. "해면의"라는 표현에서 보이는 해, 즉 바다(the deep)를 가리키는 용어는 여기에서 한 번 이상 나타나는데, 이는 창세기 1:2, 7:11, 8:2에서 모세가 사용했던 것과 같은 의미이다. 이 단락의 구조는 교차대구로 22-24절의 개념들이 여기서 반대순서로 반복된다(땅:23, 해면:24, 언덕들:25-29, 땅:29).

[8:30] 내가 그 곁에 있어서 창조자가 되어 날마다 그 기뻐하신바가 되었으며 항상 그 앞에서 즐거워하였으며

불행하게도 30절에서 가장 중요한 단어, "창조자"의 의미는 불명확하다. 지혜는 난쟁이나 어린아이로써 신을 돕기로 했나? 상당한 잉크가 이 질문에 쏟아졌다. 왜냐하면 이 단어의 어근은 너무나도 잘 알려진 것이기 때문이다. 히브리서에서 어원적인 관계를 가진 몇몇의 단어들이 쓰여졌다. 나는 부사로써 그 단어를 읽는 것을 좋아하는데, 즉 "내가 그 곁에 항상 있어서"로 읽는 것이다. 지혜는 창조 때에도 있었다. 그러나 이 절의 핵심은 하나님과 지혜가 조화를 이루는 관계라는 것이다. 다시 말하자면, 이것은 하나님이 세상을 만들때 하나님은 지혜로웠다는 문장의 시적 표현이다.

[8:31] 사람이 거처할 땅에서 즐거워하며 인자들을 기뻐하였었느니라
창조의 절정은 여섯 번째 날로 하나님은 아담과 하와를 창조했을 때이다. 그 이후의 사건들은, 불일치, 어리석음, 죄로 이어진다. 30절에서 기쁨을 가리키는 단어가 여기서도 사용되었다.

[8:32] 아들들아 이제 내게 들으라 내 도를 지키는 자가 복이 있느니라
핵심은 이것이다. 만들어진 세상만을 바라보던 사람이 지혜를 가질 수 있다면 그는 다시 지혜를 통해 근본적인 행복으로 나아갈 수 있을 것이다. 32절은 이 장의 마무리 짓기 위한 것으로 "들으라"는 말로 결론의 문을 연다.

[8:33] 훈계를 들어서 지혜를 얻으라 그것을 버리지 말라
33절은 세 개의 명령을 포함한다. "들으라"(32절에서도 내려진 명령), "(지혜를) 얻으라"(이것은 잠언 전체에 퍼져있는 명령이기도하다), "버리지 말라"이다. 마지막 동사는 특이하지만 4:15에 사용되었다. 우리는 지혜의 충고로 조심하라는 어떤 용어들을 듣는다.

[8:34] 누구든지 네게 들으며 날마다 내 문 곁에서 기다리며 문설주 옆에서 기다리는 자는 복이 있나니
34절을 보면, 선행하는 절들로부터 개념들을 가져와 그것들을 합하여 하나로 이미지화 하는 방식이 놀라울 정도이다. 핵심 단어들은 "복"(30, 31, 32절), "들음"(32, 33절), "날마다"(30절) 등이다. 그려진 그림은 지혜의 발치에 젊은 남자가 앉아서 지혜의 충고를 듣고 있는 모습이다. 그는 지혜 집의 문으로 와서 근거리에 앉아 지혜가 삶과 하나님에 관하여 말하는 것을 듣는다. 문설주는 신명기 6:9의 "또 네 집 문설주와 바깥문에 기록할지니라"라는 말씀에 있는 것이며, 이는 하나님의 명령을

쓰는 것을 우리에게 상기시켜주고 있다. 어떤 기독교인들은 현관문 앞에 물고기의 상징들을 걸거나 기독교적인 인사말들 혹은 성경적인 표어들을 건다. 이것은 신명기나 잠언이 말하는 것에 대해 정확한 것은 아니지만, 적어도 우리가 누구인지 그리고 우리가 왜 여기에 있는지를 되새겨준다.

[8:35] 대저 나를 얻는 자는 생명을 얻고 여호와께 은총을 얻을 것임이라

장수의 테마는 35절에서 반복되는데(잠 3:22의 주석을 보라), 여호와의 은총의 개념은 여기에서 처음 등장한다(잠 11:1, 20, 27; 12:2, 22; 15:8; 18:22). 요한복음은 이 절의 요점을 반복하는데, 즉 생명이란 하나님께 속한 사람에게 있다는 것이다(요 3:15, 16, 36; 4:14, 36; 5:24, 40; 6:40, 47, 54; 8:12; 10:28; 12:25, 50; 17:2, 3; 20:31).

[8:36] 그러나 나를 잃는 자는 자기의 영혼을 해치는 자라 무릇 나를 미워하는 자는 사망을 사랑하느니라

어느 한 편에는 지혜와 삶을 사랑하는 사람이 있고, 또 다른 한 편에는 그것들을 피하는 사람이 있다. 선택은 간단하다. 8장은 두 갈래 길의 선택이라는 웅장한 테마로 끝맺는다. 삶인가, 죽음인가? 경건인가, 죄인가?

9. 두 가지 선택들 : 지혜와 어리석음 (9:1-18)

9장은 마치 8장의 상류 사회와 10장 이하의 일반 사회 간의 연결점과 같다. 또한 9장은 독자들을 앞의 어렵고 딱딱한 가르침에서 간결하

고 독립적인 10-29장의 가르침들로 조심스레 이동시켜준다. 지혜는 이 장에서도 의인화되어 등장하지만 그 역할은 다소 감소한듯 하다.

[9:1] 지혜가 그 집을 짓고 일곱 기둥을 다듬고

잠언 연구자들은 1절의 "일곱"에 숨겨진 의미를 찾고 그것을 통해 그 장 전체의 개요를 찾으려 했고, 심지어 그와 관련된 고대 세계의 암시들을 제안하기도 했다.[10]

내가 생각하기에 일곱은 완전을 의미하며, 따라서 지혜의 집은 견고하고 완전하다는 뜻일 것이다(마 7:24-25 참조).

[9:2] 짐승을 잡으며 포도주를 혼합하여 상을 갖추고

지혜는 집과 기타 무엇인가 많은 것들을 갖추었다. 우리는 지금 지혜가 계획하고 있는 향연에 관하여 읽는다. 지혜가 준비한 짐승과 포도주 및 상에 갖춘 모든 것들은 가정의 풍요로움을 반영한다. 이 이미지는 마태복음 22:1과 누가복음 14:16의 예수의 잔치 비유와 유사하다.

[9:3] 그 여종을 보내어 성중 높은 곳에서 불러 이르기를

지혜는 지혜의 방문을 나타내고 소식들을 퍼지게 하기 위해 지혜의 종들을 보낸다. 그들은 많은 사람들을 불러 모을 수 있는 공적인 장소로(마치 그 여주인처럼) 간다. 그리고 구약적인 케리그마를 선포한다.

---

10 예를 들어, *Studies in Israelite Po-etry and Wisdom*, Washington, Catholic Biblical Association, 1971, pp. 27-45를 개정 및 재판한 것으로 보이는 Patrick W. Skehan, "Wisdom's House" in *Catholic Biblical Quarterly*, 29 (1967) pp. 162-180을 보라. 잠언 전체를 세 그룹별로 45가지 칼럼들로 보여주는 것은 정말 굉장한 시도이다. 예를 들어, 중간 그룹은 각각 25절로 이루어진 15개의 기둥들인 것이다. 이 모든 것들은 솔로몬 성전의 기둥들과 연관되어 있다.

[9:4-5] 무릇 어리석은 자는 이리로 돌이키라 또 지혜 없는 자에게 이르기를 너는 와서 내 식물을 먹으며 내 혼합한 포도주를 마시고

메시지는 어리석은 자와 지혜 없는 자 둘 다를 포함한 전 인류를 향한 것이다. 메시지는 간단하다. "와서, 먹고, 마셔라". 이것은 선행 조건 즉, 예복이나 입장료를 요구하지 않는다. 이것은 신약성경의 모든 배고프고 목마른 자를 위한 잔치와 같다. 잠언 역시 모두에게 유용한 책이다. 이것은 단지 하나의 특별한 사회계층을 위한 것을 의미하지 않는다. 이 절은, 필요로 하는 자 모두는 이 부유한 식물을 취하도록 권고한다.

[9:6] 어리석음을 버리고 생명을 얻으라 명철의 길을 행하라 하느니라

6절은 다시 우리에게 명철의 길을 행하기 위해서 "어리석음을 버리라"고 촉구한다. 어리석은 자들은 지혜의 길을 버리라고 권고한다. 왜냐하면 여호와께 가는 것은 종종 큰 결단이 필요하기 때문이다. 그러나 선택은 가치가 있다. 그 선택은 생명을 약속한다.

[9:7] 거만한 자를 징계하는 자는 도리어 능욕을 받고 악인을 책망하는 자는 도리어 흠을 잡히느니라

7절은 어리석음을 바로잡기 위해 "거만" 이라는 테마를 든다. 지혜 있는 자는 책망을 받아들인다. 충고는 꾸짖고 책망하는 사람 뿐만 아니라 그것이 필요한 사람, 둘 다에 관련되어 있다.

또한 이것은 악인을 책망하는 위험을 강조한다. 만약 누군가가 도로에서 교통법규를 어겼을 때, 경적을 울린다면 그들은 가만히 있겠는가? 그러한 사람을 바로잡기 위한 시도는 올바른 것인가? 한편, 우리가 책망받을 때 어떻게 할 것인가? 우리는 그것을 받아들이는가? 누군가가 우리를 비난할 때 우리는 보복적 혹은 방어적이 되지 않는가?

[9:8] 거만한 자를 책망하지 말라 그가 너를 미워할까 두려우니라 지혜 있는 자를 책망하라 그가 너를 사랑하리라

만약 당신이 거만한 자에 의해 미움을 받기 원한다면, 거만하다는 사실을 그에게 말하라. 한편, 지혜 있는 자는 책망을 사랑한다. 히브리서 12:7-11은 이 점을 반복한다. 훈계를 받아들이는 자들은 나중에 그것에 감사할 것이다.

[9:9] 지혜 있는 자에게 교훈을 더하라 그가 더욱 지혜로와질 것이요 의로운 사람을 가르치라 그의 학식이 더하리라

7절은 거만한 자에 대해 다루었고, 8절은 거만한 자와 지혜 있는 자, 9절은 단지 지혜 있는 자만에 대해 다룬다. 즉, 3행 정도는 거만한 자에 대해 다루고 3행 정도는 지혜 있는 자를 다루는 것이다.

사람들은 나이가 들면서 그들이 젊었을 때 갔던 방향으로 정착하는 경우가 있다. 나쁜 행동을 했던 아이들은 범죄자로써 인생을 끝내는 경우가 많고, 대체적으로 훈계를 받고 자란 아이들은 자신을 돌아볼 줄 아는 어른이 된다. 그래서 잠언은 습관 속에서 비판을 받아들이라고 말한다. "마음의 정결을 사모하는 자의 입술에는 덕이 있으므로 임금이 그의 친구가 되느니라"(잠 22:11).

[9:10-11] 여호와를 경외하는 것이 지혜의 근본이요 거룩하신 자를 아는 것이 명철이니라, 나 지혜로 말미암아 네 날이 많아질 것이요 네 생명의 해가 더하리라

10-12절은 전형적인 지혜 명령이다. 10절은 잠언의 전체 주제를 반복한다(잠 1:7; 시 111:10). 그리고 "거룩하신 자"는 이사야가 자주 사용하는 모티브이다(약 30회). 거룩하신 자는 잠언에선 이곳과 30:3에서만 발견된다.

[9:12] 네가 만일 지혜로우면 그 지혜가 네게 유익할 것이나 네가 만일 거만하면 너 홀로 해를 당하리라

12절은 번역이 어려우므로 의역의 방법으로 가장 잘 이해된다. 히브리어의 신비한 속성을 다 옮기긴 어렵지만, 뜻은 단순하다. "지혜로우면 유익하고 거만하면 해롭다".[11]

[9:13] 미련한 계집이 떠들며 어리석어서 아무 것도 알지 못하고

13절의 히브리어 역시 불명확한데, 단어들은 인식할 수 있지만 어떻게 곡용 및 활용되는지 또한 문장 안에서 어떻게 서로 연결되는 지 결정하기란 어렵다. 그러나 뒤따라오는 절과 잘 연결될 수 있는데, 이 단락에서 우리는 5-7장의 간통한 여자가 아닌 어리석은 여인의 그림을 가지고 있다. 그리고 17, 18절에서 이 여인의 특징들이 주어진다.

---

11 헬라어 역본과 시리아어 역본 모두 이 부분과 그리고 장(chapter)의 마지막에, 긴 확장부분을 가지고 있다. George M. Lamsa, *Holy Bible From Ancient Eastern Manuscripts* (Philadelphia: Holman, 1933)에 따르면, 첫 번째 확장 부분은 다음과 같다.

    지혜를 부정하는 사람은 헛되이 바람을 먹고 살아간다.
    그리고 공중의 새를 뒤쫓는다.
    왜냐하면 그들은 그의 포도원으로 가는 길을 잊어 버렸고
    그의 일의 경로를 잊어버렸기 때문이다.
    물 없이 광야에서 여행하는 것은,
    황폐한 땅을 목마르고 아무 것도 얻지 못한 채 여행하는 것과 같다.

두 번째 확장 부분은 다음과 같다.

    이제 일어나라. 그리고 그 장소들에 거하지 말라.
    그녀에게서 눈을 떼지 말라.
    낯선 물을 떠나라. 낯선 강을 건너라.
    낯선 물을 떠나라. 낯선 물을 마시지 말라 .
    그렇게 하면, 생명의 많은 날들과 년들이 너에게 더해질 것이다.

[9:14] 자기 집 문에 앉으며 성읍 높은 곳에 있는 자리에 앉아서

어리석은 여인은 분주한 시장과 그녀의 언덕 아래의 거리들로부터 종들을 소집한다. 그녀 또한 지혜와 같은 그녀 집의 문에 앉아서 저녁을 함께 나누기 위해 자기 길로 바로 가는 자들을 부른다.

[9:15] 자기 길을 바로 가는 행인들을 불러 이르되

우리는 그들의 매일 소일을 하고 있는 바쁜 사람들의 모습을 본다. 각자의 길로 가기 위한 이들을 붙잡기 위해 집 문에 앉아있는 그녀를 제외한 모두는 역동적이다. 지혜의 청중은 다수의 어리석은 이들로 구성된 것처럼 보이는 반면, 어리석은 여인의 청중은 이 사람들의 대부분이 가치 있는 것을 하는 것처럼 보인다.

[9:16] 무릇 어리석은 자는 이리로 돌이키라 또 지혜 없는 자에게 이르기를

16절은 4절과 동일하다. 지혜처럼 어리석음도 초청을 한다. 그녀는 "어리석은 자"에게 오라고 손짓한다. 곧 그녀의 손님이 될자들은 앞서 지혜의 초청을 들었던 자들이다.

[9:17] 도적질한 물이 달고 몰래먹는 떡이 맛이 있다 하는도다

17절에서 어리석은 여인이 어떤 격언 같은 듯한 것을 말하는데, 그것은 오래 전부터 전승되어 온 것이다. 우리는 다음 장에서 이렇게 시작하는 구절들을 많이 보게 될 것이다. 모든 사람이 이 단순한 몇 마디의 사실과 연결될 수 있다. 우리는 매일의 식단(혹은 습관)에서 몰래 금지된 것들을 취했을 수도 있고 공개적으로는 저지르지 않은 어떤 죄를 통해 은밀한 쾌감을 느꼈을지도 모른다. 그러나 어리석은 여인이나 우리 모두 잊고 있는 것이 있다. 하나님의 눈을 피할 수 없다!

대부분의 사람들은 미련한 계집의 말이 불법적인 성관계에 관한 언급이라고 생각하는데, 이는 다음 절에 미루어 볼 때 가능성이 있다.

[9:18] 오직 그 어리석은 자는 죽은 자가 그의 곳에 있는 것과 그의 객들이 음부 깊은 곳에 있는 것을 알지 못하느니라

어리석은 여인의 집은 단순히 집이 아니라 거대한 음부이다. 만약 당신이 그곳에 들어간다면 당신은 그곳에서 살아 떠나지 못할 것이다. 어리석은 길을 택하는 것은 지혜가 줄 수 있는 선한 것들을 떠나 되돌아올 수 없는 곳으로 가는 것이다. 왜 살 수 있는데 음부로 가려하는가?

제2장

솔로몬의 잠언 (10:1-22:16)

1. 대조적인 잠언들 (10:1-15:33)

어떤 측면에서 잠언은 10장에서 시작한다고 볼 수 있다. 일부 사람들은 "솔로몬의 잠언"이라는 제목을 히스기야 시대의 사람(25:1)등과 같은 고대 필사자들에 의해 1-9장이 덧붙여져서 그 위치가 옮겨졌다고 생각한다. 처음 아홉 장들이 먼저 오느냐 혹은 다음 부분으로 오느냐는 사소한 것이다. 신약성경은 권위있게 잠언을 동일하게 두루 인용한다.

10장과 더불어 375개의 독립된 구절 목록들이 소위 전통적인 "잠언"이라는 용어의 정의에 더 잘 어울린다. 우리는 잠언 22:17에서 새로운 도입문을 만나기 전까지는 앞의 장들처럼, 시, 이미지화, 긴 진술 등의 종류를 만나지는 않을 것이다.

[10:1] 솔로몬의 잠언이라 지혜로운 아들은 아비로 기쁘게 하거니와 미련한 아들은 어미의 근심이니라

10장의 첫 구절은 전에 우리가 읽었던 것과 유사하다. 잠언 1:8의

부모의 훈계를 귀히 여기라는 충고와 같다. 당신은 당신의 부모님을 기쁘게 할 수도 근심케 할 수도 있다. 이 절을 통해 마치 어머니가 지혜로운 아들을 기뻐하지 않으며 아버지는 미련한 아들에 근심이 되지 않는다고 생각하지 말라. 당연히 그렇지 않다. 이것은 개별적으로 읽도록 의미하지 않고 아름다운 평행 구절로 이루어진 시이다(잠 15:20; 17:25과 비교).

[10:2] 불의의 재물은 무익하여도 의리는 죽음에서 건지느니라

대조적인 평행이 이 장의 특징이다. 한 절 내에서 대구를 이루는 그 가운데 "그러나"가 있을 때도 있고 없을 때도 있다. 그러나 한 절 내에서 후반부는 반드시 전반부와 대조를 이룬다. 이 구절이 바로 그러한 전형적인 대조적인 평행이다.

잠시잠깐 불의로 모은 재물은 만족이 될 수 있으나 결국에는 그것이 당신에게 파멸의 원인이 된다. 잠언은 최후 심판을 거의 말하지 않으며 주로 심판의 용어로 죽음 직전에 이르는 혹은 갑작스러운 죽음이라는 형벌을 말한다(잠 21:6). 부유한 대부분의 사람들은 행복이 반드시 재물의 풍부함으로부터 오는 것이라고 인정하지 않는다. 오히려 정직한 삶이 만족을 가져다 주고 밤에 편안히 잠을 이룰 수 있게 한다. 깨끗한 양심은 돈에 의해 팔리지 않는다.

[10:3] 여호와께서 의인의 영혼을 주리지 않게 하시나 악인의 소욕은 물리치시느니라

3절에서 잠언은 일반적인 일들을 우리에게 상기시켜 준다. 일반적인 법칙은 의인의 영혼은 굶주리지 않고 악인은 그들이 원하는 것을 얻지 못한다(시 34:9-10; 37:25을 보라)는 것이다. 의인은 열심히 일하나 그들의 소유물들을 멀리하게 하는 도박에 돈을 낭비하지 않는다. 그들은 돈을 신중히 다루며, 어리석게 물건을 사지도 혹은 무가치한 것을 구입하지도 않는다. 한편, 악인도 역시 행복을 원한다. 그들이 깨닫지 못하는 것은 행복은 훔친 재산과 다른 아내를 취하는 데서 오는 게 아니라는 것이다.

[10:4] 손을 게으르게 놀리는 자는 가난하게 되고 손이 부지런한 자는 부하게 되느니라

4절에서 "가난" 이라는 단어는 잠언에서 매번 나오는 단어이다. 이 단어는 성경에서 24번 나오는데, 그 중 16번은 잠언에 있다. 여기서의 일반적 원리는 근면하고 양심적인 일꾼은 결국 그의 노력이 인정받게 된다는 것이다. 여기서 말하는 것은 육체적인 노동뿐만 아니라 공부, 투자, 말하기, 쓰기 등 보상을 받기 위해 또한 현명하게 양심적으로 해야만 하는 모든 일들을 말한다.

[10:5] 여름에 거두는 자는 지혜로운 아들이나 추수 때에 자는 자는 부끄러움을 끼치는 아들이니라

추수 때에 시간을 지키는 것은 매우 중요하다. 지혜로운 아들은 수확을 위한 가장 좋은 시간을 결정하기 위해 그의 작물, 기후, 달력을 공부하는 반면, 추수 때에 자는 자는 최상의 시간들을 흘려보내는 것이다. 잠을 얼마나 중요하게 여기는지 그는 추수를 버리는 대가를 지불한다. 이 원리는 농사를 짓는 데만 적용되는 것이 아니라 기회가 있을 때, 즉 적절한 시기에 말하고 행동하기 위해 항상 준비되어야 함을 말한다.

[10:6] 의인의 머리에는 복이 임하거늘 악인의 입은 독을 머금었느니라

6절은 대조적인 평행이 아니라 종합적인 평행이다. 악인은 의인과

대조되지만, 동사와 목적어들이 서로 평행하는 것은 아니다. 이 절의 전반부는 2, 4, 7절을 우리에게 상기시키는 반면, 후반부는 11절의 후반부와 연결된다. "의인의 머리에는 복이 임한다"는 명백하다. 그러나 후반부는 미묘하다. 이것은 위선과 속임을 말하는 것이지만 NIV는 "악인의 입은 폭력을 머금고 있다"로 번역한다. 당신은 단순히 악인이 말하는 것을 믿어선 안 된다. 유혹하는 여자처럼 그의 약속들은 거짓이다. 그는 자신에게 이익이 된다면 진실과는 상관없이 무엇이라도 말한다.

[10:7] 의인을 기념할 때에는 칭찬하거니와 악인의 이름은 썩으리라

"썩으리라"는 동사는 악인의 운명을 묘사한 것이다. "악인", "의인", "칭찬"과 같은 단어들은 앞절과 연결된다. 이 절은 당시 유대교의 관념을 나타내는데, 즉 사람들은 죽은 뒤에도 그의 생애에 대한 타인들의 기억 속에서 살아있다는 것이다. 우리는 의인과 악인, 둘 다 기억하며, 특히 하나님의 기억속에 있는 의인은 특별한 위치를 차지한다.

[10:8] 마음이 지혜로운 자는 명령을 받거니와 입이 미련한 자는 패망하리라

8절에서 말하길 지혜로운 자는 명령을 잘 수용한다. 게다가 명령을 받아들이면서 권위를 인정하며 규칙의 필요성을 인식한다. 명령에 해당하는 히브리어는 모세오경의 부수적인 율법들에 대한 암시를 주며, 또한 지혜로운 자는 잘 실천하는 자라고 주장한다. 잠언의 "패망하리라"는 것은 잠언에서도 드물게 나타난다. 이것은 오직 문맥이 비슷한 호세아 4:14에서 1번 더 나타난다. 8절은 정확한 대조적인 평행을 이루고 있지는 않다.

[10:9] 바른길로 행하는 자는 걸음이 평안하려니와 굽은 길로 행하는 자는 드러나리라

9절에 나타나는 의인의 안전은 잠언의 또 다른 테마이다. 우리는 이것을 처음 잠언 3:23에서 보았고 18:10, 28:18에서도 볼 것이다. 아마도 이 주제의 가장 확장된 언급은 이사야 33:15-16일 것이다. "드러나리라"의 또 다른 번역인 "알려지리라"(known, KJV)는 유용한 도움을 준다. 그것은 9절이 의미하는 것과 정확하게 일치한다. 성경의 여러 곳에서 악인은 영원히 숨을 수 없다는 것을 분명하게 한다. 빠르던 늦던 그들의 모든 행위는 밝혀질 것이다(딤전 5:25).

[10:10] 눈짓하는 자는 근심을 끼치고 입이 미련한 자는 패망하느니라

"눈짓하는"은 잠언 6:13-14를 연상하게 한다. 이는 앞절과 연결되어 있으며 서로에게 진실을 말하지 않는다는 의미를 담고 있다. 히브리어 원문을 보면 이 절 후반부는 10:8의 후반부와 같은데, 이는 아마도 각각의 전반부의 그 마지막 문자들의 유사성에 기인한 필사상의 오류인 것 같다(즉, 유사문미에 의한 중복오사). 주전 200년에 만들어진 헬라어 역본(그리고 RSV)은 이 구절의 후반부를 "담대하게 꾸짖는 자가 화평케 한다"로 번역한다. 문맥상 이것이 더 잘 어울리는 듯하다.

때때로 진실을 말하는 것은 담력이 필요하다. 당신은 진실을 말하는 그 대가로 우정, 돈, 혹은 죄짓는 자들이 위협으로 인해 안전까지도 지불하게 될지 모르지만, 이는 하나님이 보시기에 그리고 예수가 말했던 것처럼, "화평케 하는 자"로 축복 받는 것이다.

[10:11] 의인의 입은 생명의 샘이라도 악인의 입은 독을 머금었느니라

11절 후반부는 6절 후반부와 똑같다. 이는 6절보다 여기 11절과 더 잘 어울린다 "생명의 샘"의 비유는 예수와 사마리아 여인 간의 우물가 대화(요 4:10이하)를 연상시킨다. "내가 주는 물을 마시는 자는 영원히 목마르지 아니하리니 내가 주는 물은 그 속에서 영생하도록 솟아나는 샘물이 되리라"(요 4:14; 7:38 참조). 누가복음 6:45도 동일한 원리로 사람은 "마음에 가득한 것을 입으로 말함이니라"라고 한다.

[10:12] 미움은 다툼을 일으켜도 사랑은 모든 허물을 가리느니라

12절의 전반부는 설명이 거의 필요 없다. 우리 모두는 증오와 불신이 지배하는 곳에 또한 갈등, 투쟁, 전쟁 등이 끊이지 않는 곳에 적의를 품는 자, 한편으로는 상해를 입는 자가 있음을 잘 알고 있다.

후반부는 신약성경의 저자들이 많이 좋아했던 것 같다. 야고보서(약 5:20)와 베드로전서에(벧전 4:8) 후반부가 인용되었다. 고린도전서 13장, 즉 사랑장은 또한 "모든 허물을 덮는 사랑"을 확장하여 다루고 있다.

11절의 "머금다"라는 동사가 여기서는 "가리다"로 사용되었다. 이 두 절에 같은 동사가 나타난 이유가 있다. 악인과 의인은 다른 이유에서 모두 죄를 숨기거나 간과한다. 악인은 자신의 죄를 숨기고 속인다. 의로운 사람은 다른 이의 죄를 간과한다. 이것이 바로 용서이다. 최고의 용서가 최소한의 거짓으로 이루어진다면, 최고의 거짓은 최소한의 용서로 이루어진다. 당신이 다른 이의 단점을 드러내는데에 부지런한가? 그것은 당신 자신의 결점을 가늠하는 척도가 될 수 있을 것이다.

[10:13] 명철한 자의 입술에는 지혜가 있어도 지혜 없는 자의 등을 위하여는 채찍이 있느니라

13절은 체벌을 최초로 다루는 일명 "채찍" 단락이다(잠 13:24; 18:6;

19:29; 22:15; 23:13-14; 26:3; 29:15. 한편, 자녀 교육에 관해서는 13:24의 주석을 보라).

비록 돌로 쳐죽이는 것도 또한 극한 처벌의 형태로서 사용되었지만, 일반적으로 모세오경의 율법은 벌금과 추방을 담고 있다. 히브리인들의 생명 존중과 신체 절단 금기는 일맥상통하는 것이다. 그러나 블레셋 사람들과 바벨론 사람들은 눈을 뺐고(삿 16:21; 왕하 25:7) 죽은 자의 몸을 전시했다(삼상 31:9-10). 가나안인들은 엄지 손가락과 발가락을 잘랐고(삿 1:7) 암몬인들은 임신한 여인의 배를 갈랐다(암 1:13). 이와 대조적으로, 이스라엘은 심지어 적의 사체일찌라도 인간의 몸을 존중하라는 가르침을 받았다(수 10:26-27; 삼하 18:17).

매질과 같은 신체적 처벌은 권장되었고 실제상황에 적용되는 것이었다. 이 형태의 처벌은 상처들을 남기지 않았고, (수족을) 절단시키는 것이 아니였다. 불행스럽게도 오늘날 우리는 범죄자들 뿐만 아니라 가정에서도 자녀들 체벌의 영역에서도 이 충고는 사라졌다.

[10:14] 지혜로운 자는 지식을 간직하거니와 미련한 자의 입은 멸망에 가까우니라

14절의 전반부는 교육의 강화를 위하여 인용할만한 좋은 증거본문이다. 지혜로운 사람들은 책이 삶을 돕는다는 것과 생명은 제한되어있기에 그가 최상의 길을 선택하도록 돕는 지식이 필요하다는 것을 알고 있다. 이 절의 후반부는 잠언에서만 자주 반복되는 단어를 소개한다. "멸망"에 해당하는 히브리어는 잠언에서 7번, 잠언 외의 성경에서 4번 언급된다.

[10:15] 부자의 재물은 그의 견고한 성이요 가난한 자의 궁핍은 그의 멸망이니라

잠언 15절은 예견이라기보다는 단순한 사실에 대한 진술이다. 많은

잠언들이 이와 비슷한데, 그것들은 충고로 보기 힘들며 오히려 그들이 처해있는 애처로운 상태에 대한 서술들이다. 이 절에 상응하는 현대의 표현이 바로 "부익부 빈익빈"일 것이다. 잠언 22:7은 다음과 같이 말한다. "부자는 가난한 자를 주관하고 빚진 자는 채주의 종이 되느니라".

[10:16] 의인의 수고는 생명에 이르고 악인의 소득은 죄에 이르느니라

16절은 "뿌린대로 거둠"을 가리킨다. 의인은 장수하며 평범 그 이상 풍성한 삶을 누린다. 그러나 죄인에게는 형벌만 있을 뿐이며, 그들의 모든 수고들로부터 쭉정이만 거두게 될 것이다!

[10:17] 훈계를 지키는 자는 생명의 길로 행하여도 징계를 버리는 자는 그릇 가느니라

17절의 "훈계를 지킴"에 대한 주제는 9:10-12에서도 반복된다. 징계를 듣는 것은 도움이 된다. 다른 이의 비판을 거부하는 것은 자신을 미련하게 할 것이다. 이는 자신을 비천하게 할 수도 있고, 자아에 상처를 입고, 또 실천하기도 어려운 일이지만, 그것을 받아들이는 사람은 생명의 길로 행할 수 있을 것이다.

유년시절의 징계에 대한 저항은 자존심과 교만을 극복할수 없는 성인을 만든다. 친구로서의 비판에 귀를 기울이라. 그리고 잠언 27:6을 기억하라. "친구의 아픈 책망은 충직으로 말미암는 것이나 원수의 잦은 입맞춤은 거짓에서 난 것이니라".

[10:18] 미움을 감추는 자는 거짓된 입술을 가진 자요 중상하는 자는 미련한 자니라

18절에서는 칭찬 받는 자는 없고 모두 정죄를 당한다. 이 행위들의 연계성은 둘 다 잘못된 것이라는 것 외에는 없는 것 같다.

이 절의 전반부는 "미움을 표현해야 한다"를 말하는 것이 아니다(특별히 거짓으로 문제를 일으키는 사람에게는 더욱 아니다!). 명심하라. 미워함과 속임은 둘 다 잘못된 것이고 둘 다 피해야 할 것들이다.

"중상하는 자"를 책망하는 주제는, 같은 히브리어로 나오지는 않지만, 잠언에서 6번 나타난다(잠 16:28; 18:8; 20:19; 26:20, 22). "중상"은 누군가가 말하고 싶지 않은 내용을 이웃에게 옮기는 것이라고 정의내려질 수 있다. 말한 것이 사실이라도 그것은 가혹하고 불필요한 것일 수 있다.

[10:19] 말이 많으면 허물을 면하기 어려우나 그 입술을 제어하는 자는 지혜가 있느니라

18-21절은 "올바른 말"이라는 주제로 느슨하게 연결되어있다. 18절은 속임과 험담에 대해 경고하고 있고, 이 절은 수다 및 절제와 관련된 권고이다. 우리는 "많은 말들"의 죄를 짓는 사람들을 알고, 우리가 말해선 안 되는 것들을 또한 우리가 얘기했던 순간들을 기억할 수 있다. 야고보서 3장은 자유로운 혀의 위험에 대한 긴 논설이다. 만약 우리가 어떻게 혀를 제어할 수 있는지를 배울 수 있다면 그것은 우리의 삶을 어떻게 제어할 수 있는지를 배우는 것과 같다.

[10:20] 의인의 혀는 순은과 같거니와 악인의 마음은 가치가 적으니라

20절은 대조적인 것들이 서로 짝을 이루는 좋은 예이다. "순은"과 "가치가 적음"은 "의인"과 "악인"처럼 서로 반대가 된다. 또한 짝을 이루는 것이 바로 "혀"와 "마음"이다. 의인의 혀는 순은과 같아서 귀하고 아름답고 가치가 있다.

[10:21] 의인의 입술은 여러 사람을 교육하나 미련한 자는 지식이 없어 죽느니라

"올바른 말"과 관련된 그 나머지 네 절들은 또 다른 대조를 보여준다. 의인의 지혜로운 말들은 많은 사람들에게 유익을 주지만, 어리석은 말들은 많은 사람들을 죽음으로 이끈다. 예를 들면, 복음에 대한 설교를 생각해 보라. 그 말들은 의인의 "가장 훌륭한" 말이라 불릴 것이다. 복음을 믿는 것과 대조적인 것은 거짓들을 믿는 것이다. 성경에 기록된 첫 번째 거짓말은 뱀이 하와를 속이기 위해 지어낸 것이다. 뱀이 말한 것을 그녀가 믿었기 때문에 그녀의 모든 자손은 죽게 되었다.

[10:22] 여호와께서 주시는 복은 사람을 부하게 하고 근심을 겸하여 주지 아니하시느니라

22절의 전반부의 의미는 분명하지만, 후반부의 의미는 조금 모호하다. "근심"은 "고된 노동"으로도 번역될 수 있고 그것은 동사의 주어도 될 수도 있고 목적어도 될 수 있다. 구문론적으로 이 문장은 명확하게 되기 어렵다. 전통적인 번역은 "만약 하나님이 너를 부유하게 만든다면, 더 이상 너의 수고가 그 부를 더할 수 있는 것이 아니다"라는 결정론적 함축(determinism implying)의 고리를 가지고 있다. "근심을 겸하여 주지 아니하시느니라"는 또 다른 번역은 하나님의 선물은 재물 뿐만 아니라 행복도 포함한다는 것을 함축하고 있다. 이 절은 부는 정직과 근면과 지혜로운 투자의 결과라고 말한 많은 잠언들과 모순되는 것처럼 여겨지기 때문에 설명하기가 어렵다. 이 차이들을 조화시킬 가장 좋은 방법은 이 절의 사람은 바로 지혜롭고 의로운 사람이라고 이야기하는 것이다. 하나님은 지혜롭고 선한 사람들에게 부가 속한다고 정하셨기 때문에 이 사람은 하나님으로 인해 부하게 된 것이다.

한편, 또 다른 설명은 하나님 앞에서 우리의 죄인된 상태를 설명하는 것이다. 우리는 그저 그의 진노만 받기에 합당할 뿐 부나 축복을 받는다는 것은 가당치 않다. 따라서 하나님으로부터 받는 모든 좋은 것들은 오직 그의 인자로 인한 것이다.

[10:23] 미련한 자는 행악으로 낙을 삼는 것 같이 명철한 자는 지혜로 낙을 삼느니라

"행악으로 낙을 삼는" 미련한 자는 에스겔의 "처녀 이스라엘"이라는 부분에서 음란하게 행동하는 부도덕성을 질타하는 여러 언급들과 관련이 있다(겔 16, 23장). 행악은 역겨움, 외설, 부도덕 등과 유사하다. 구약성경에서 이 단어는 12번 이상 나타나는데, 모두 성적인 문제와 연관된다. 사사기 20:6은 부정한 성관계와 성적 타락이 미련한 자들의 기쁨이라는 가장 충격적인 실례이다. 이러한 미련한 사람은 포르노 사업을 오늘날도 계속하고 있고 텔레비전과 영화스크린을 통해 폭력적이고 외설적 프로그램을 고무시키고 있다.

대조적으로 의인의 기쁨은 지루해보이지만 그것은 지혜에 대한 우리의 정의가 너무나 좁기 때문이다. 지혜는 건전한 것 총체를 말한다. 즉, 바울의 말을 빌리자면 지혜는 "무엇에든지 참되며 무엇에든지 경건하며 무엇에든지 옳으며 무엇에든지 정결하며 무엇에든지 사랑 받을 만하며 무엇에든지 칭찬 받을 만한"(빌 4:8)것들을 의미한다.

[10:24] 악인에게는 그의 두려워하는 것이 임하거니와 의인은 그 원하는 것이 이루어지느니라

욥은 욥기 3:25에의 고백에서처럼 "두려워하는 그것"이 임하고 "무서워할 것"이 자신의 몸에 미쳤기에 그의 친구들은 옳고 자신은 틀렸다고 생각했다. 그러나 우리는 욥이 잠언 10:24의 규칙의 예외라는 사실을 잘 알고 있다. 의인들은 그들이 원하는 것을 얻지만 악인은 그들이 두려워하는 것을 얻는다. 공포로부터의 자유는 큰 축복이다. 하지만 우리는 그것을 빼앗기기 전까진 감사하지 않는다.

[10:25] 회오리 바람이 지나가면 악인은 없어져도 의인은 영원한 기초 같으니라

잠언에서 회오리 바람이라는 표현이 여기에서 두 번째 사용되었다(잠 1:27 참조). 이는 갑작스러움과 가혹함과 함께 찾아오는 것을 가리키며 악인을 치는 재난을 강조하는 다른 절들을(잠 6:15; 24:22; 29:1) 상기시켜준다. 이 불확실한 미래에 대한 대조는 의인의 안전성을 지지해준다.

[10:26] 게으른 자는 그 부리는 사람에게 마치 이에 초같고 눈에 연기 같으니라

26절은 세 부분으로 구성되어 있으며 30장의 숫자 잠언과 유사하다. 셋 중 둘은 그 의미를 알게하고 세 번째 것은 강조를 위한 것이다. 연기가 눈을 아프게 하고 초가 이를 상하게 하고 게으른 일꾼은 고용주의 골치거리이다. 처음 둘을 무시한다면 세 번째 의미는 찾기 어렵다.

[10:27] 여호와를 경외하면 장수하느니라 그러나 악인의 수명은 짧아지느니라

27절은 여호와를 경외하는 자의 장수와 악인의 단명이라는 친숙한 두 개의 테마를 대조시키고 있다. 이것은 또한 "여호와 경외" 구절이기도 하다. "여호와 경외" 구절은 1:7; 8:13; 9:10; 14:26, 27; 15:33; 19:23; 22:4에도 나타난다.

[10:28] 의인의 소망은 즐거움을 이루어도 악인의 소망은 끊어지느니라

28절은 의인과 악인의 단순한 대조이다. 의인은 즐거움을 소망하고, 또 그 소망을 이루는 반면, 악인의 소망은 어떤 것도 이루어지지 않는다(잠 11:7 참조).

[10:29] 여호와의 도가 정직한 자에게는 산성이요 행악하는 자에게는 멸망이니라

29절에는 혼합된 은유가 나타난다. 여호와의 도는 곧 산성이다. 의미는 분명하다. 하나님의 길을 걷는 사람들은 안전한 곳으로 인도하는 길을 따른다. 반대로 악인은 패망으로 인도하는 길을 따른다.

[10:30] 의인은 영영히 이동되지 아니하여도 악인은 땅에 거하지 못하게 되느니라

30절은 의인의 미래는 안전하다고 말하는 반면, 악인은 그 땅에 거하지 못한다고 말한다. 또한 잠언 2:22은 하나님이 악인을 영원히 참으시지 않으신다고 말한다. 결국은 그들을 뿌리채 뽑아져 살고 있던 땅에서 밖으로 내던져질 것이다.

[10:31] 의인의 입은 지혜를 내어도 패역한 혀는 베임을 당할 것이다

31절의 전반부와 후반부는 완전한 대조는 아니다. "의인의 입술"과 "악인의 입"은 충분히 대조로 볼 수 있지만 동사들은 평행하지 않는다 ("의인이 지혜를 말하기에 악인은 말을 그친다"가 되어야 제대로 평행한다고 볼 수 있다).

[10:32] 의인의 입술은 기쁘게 할 것을 알거늘 악인의 입은 패역을 말하느니라

32절은 "올바른 말"과 "의인과 악인의 운명"을 다루는 마지막 절이다. 의인은 합당하고 기쁜 말을 하며 신중하게 하지만(19, 20절) 악인은 그와 정반대로 말을 많이 하며 가치없고 거짓되며 타인에게 상처를 주는 말을 한다. 그러므로 상처를 받고 싶지 않다면 악인의 말을 듣지 말며, 말로써 타인에게 상처를 주고 있다면 말한 것이 어리석은 것인지, 아니면 지혜로운 것인지 자문해야 한다.

[11:1] 속이는 저울은 여호와께서 미워하셔도 공평한 추는 그가 기뻐하시느니라

10-29장에서 대부분의 절들이 뚜렷한 끊어짐으로 구분되지 않고 있다. 11장이 여기서 시작하는 이유를 아무도 알지 못한다. 다만 각 장이 대략적으로 같은 수의 절들을 포함하고 있어서 누구나 몇 가지 종류의 규칙을 사용하여 그 장들을 나눌수 있다.

1절은, 하나님은 상업활동 가운데 정직을 요하는 방법으로 무게와 측량수치를 비유로 말씀하시는 잠언의 네 개의 절들 중 첫 번째 것이다 (잠 16:11; 20:10, 23 참조). 이 교훈은 법률적 언어라기 보다 시적 언어로써 레위기 19:35, 36의 법을 반영한 것이다. 매매 가운데 속임이 있는 것은 시장이 존속한 것 만큼 명백히 오래된 일이다.

장사꾼들은 "안할 이유가 무엇인가?" 라고 말할 수 있다. 아모스는 작은 에바(측정단위)를 만들고 큰 세겔(소비자의 값)을 만드는 사마리아의 상인을 혹독하게 비난했다(암 8:5). 상인들은 국가 표준에 따른 돌무게를 갖고 있었으나 또한 대부분이 겉보기에는 똑같지만 무게는 다른 돌무게 측정기구도 갖고 있었다.

오늘날 우리 시대도 고대 이스라엘의 돌무게가 달랐던 것만큼 부정직한 사람들, 예를 들면, 손가락으로 저울을 누른다든지, 정교한 포장기술로 사람들을 속이는 상인들이 있다.

[11:2] 교만이 오면 욕도 오거니와 겸손한 자에게는 지혜가 있느니라
2절은 두 부분을 주목할 필요가 있다. 처음 나오는 네 개의 히브리어 단어들 중 동사는 동일하다(개역개정은 이미 동일하게 "오다"로 번역하고 있다-역주). 수치를 피하려면 교만해서는 안 된다.
이 절의 후반부는 겸손에 대한 단어를 포함하는데 오직 이곳과 미가 6:8에서 찾을 수 있다. "겸손하게 네 하나님과 행하는 것이 아니냐". 여기서 우리에게 겸손과 지혜는 같다는 것을 보여준다.

[11:3] 정직한 자의 성실은 자기를 인도하거니와 사악한 자의 패역은 자기를 망하게하느니라
3절의 "사악한" 으로 번역된 히브리어 명사는 이곳과 15:4에서 나타난다. 또한 동사 형태로도 잠언에서 4번 나타난다(잠 13:6; 19:3; 21:12; 22:12). 그 외에도 구약에서는 3번 더 나타난다. 정직과 부정직, 모두 그 대가가 뒤따른다. 불의는 망하며 정직이 존경받는 자연의 이치의 어떤 역동성이 이 절에 함축되어 있다. 이 절은 또한 만약 선하다면, 언젠가 동일하게 선한 대접을 받을 것이라고 가르치고 있다. 반대로 만약 부정직하다면, 다른 사람들에게 속임을 당할 것이다. 상호신용은 아름다운 것이나 상호불신은 끔찍한 것이다.

[11:4] 재물은 진노하시는 날에 무익하나 공의는 죽음에서 건지느니라
이 절은 10:2과 흡사하며 실제로 후반부는 동일하다. 솔로몬이 내세에 대해 믿었는지 알수는 없다. 이 절은 영생을 염두에 둔 것 같지는

않다. 단지 이는 악인은 단명하는 반면, 의인은 장수한다는, 즉 앞서 말했던 것이 반복되는 것이다.

잠언에서 점점 긴장이 고조되고 있다. 부가 열심과 정직한 일에 대한 보상이지만, 다른 한편으로 부는 죽음에 있어서는 무익하다. 이와 같은 긴장은 관대함과 인색함, 절약과 낭비, 주는 것과 축적하는 것 사이에도 또한 야기되고 있다. 한편, 이 절은 "수의에는 주머니가 없다"라는 랍비들의 격언을 상기시켜 준다.

[11:5] 완전한 자의 공의는 자기의 길을 곧게하려니와 악한 자는 자기의 악으로 말미암아 넘어지리라

5절의 진리는 몇 번이고 언급된 것이지만 매번 조금씩 다르게 등장한다. 대체적으로 이 진리를 나타내기 위해 사용된 어휘들은 정직, 공의, 악, 멸망 등이다. 예를 들면, 어떤 절은 "의인의 정직"을 또 다른 절은 "정직한 사람의 공의"를 말한다.

5절의 묘사된 "곧게 함"은, 팔레스타인이 얼마나 돌이 많고 언덕이 많은지 생각할 때, 참으로 생생한 것이 된다.

[11:6] 정직한 자의 공의는 자기를 건지려니와 사악한 자는 자기의 악에 잡히리라

6절과 3절, 둘 다 결국 공의가 성공할 것을 말하고 있다. 즉, 오늘날 흔히 말하듯이 "정직은 최선의 정책"이라는 것이다. 또한 랍비들은 "만약 네가 언제나 진실만을 말한다면 너는 네가 무엇을 말했는지 기억하지 않아도 된다"고 말한다. 거짓은 결국엔 드러날 것이다.

[11:7] 악인은 죽을 때에 그 소망이 끊어지나니 불의의 소망이 없어지느니라

4절과 7절은 유사하지만 4절은 대조적인 평행이고 7절은 동의어적 평행이다. 두 번의 "소망"은 각각 짝을 이루며, "악인"과 "불의"가 짝을, "끊어짐"과 "없어짐"이 또한 짝을 이룬다. "소망"은 흔한 단어가 아니며, 잠언에서 세 번(잠 10:28; 11:7; 13:12), 그 외의 성경의 다른 곳에서 세 번 정도 더 나온다. 이 절에서 우리는 어떤 신학을 투영하여 읽는 유혹에 빠지기 쉽다. 즉, 죄인이 죽음 앞에서 거듭나는 것이 우리의 소망이라는 신학이다. 하지만 단지 여기서는 악인은 장수를 소망하여도 그렇지 못할 것이라는 것을 말하고 있다.

[11:8] 의인은 환난에서 구원을 얻고 악인은 와서 그를 대신하느니라

단순히 "대신한다"는 옛 번역(KJV)은 사실 의미가 모호하다. 오늘날의 현대적인 번역이 이해를 돕는데, NIV는 "의인은 환난에서 구원을 얻고 악인이 대신 그 환난을 당한다"로 번역한다. 핵심은 3, 5, 7절에서처럼 명확하다. 악은 내게 악을 가져다 주고 선은 내게 선을 가져다 준다.

[11:9] 악인은 입으로 그의 이웃을 망하게 하여도 의인은 그의 지식으로 말미암아 구원을 얻느니라

9절의 대부분의 단어들은 선행하는 절들과 유사하지만, 다른 테마인 "올바른 말"은 지금부터 소개된다. 우리가 한 말이 (누군가를) 망하게 하거나 혹은 구원할 수 있다. 10장은 혀의 많은 쓰임에 대하여 말한다(6, 8, 11, 19, 20, 21, 31, 32절). 그러나 9절은 일반적으로 다른 것들만큼 아주 명확하지는 않다. 쓸모없는 잡담, 부패한 입, 그럴듯한 말들, 근거가 부족한 타인에 관한 말들은 사람들을 망하게 하지만, 지혜로운 자의 말은 순결하고 평판이 좋고, 사려깊고, 진실하다.

[11:10] 의인이 형통하면 성읍이 즐거워하고 악인이 패망하면 기뻐 외치느니라

10절의 대조는 정직한 사람의 번영과 악인의 죽음이다. 성읍은 여기에서 의인화 되었고, 기뻐 외칠만한 능력이 주어졌다. 일반적으로 악인들은 서로를 믿지 않으며, 그들 자신과 같은 사람들을 좋아하지 않는다. 그러므로 많은 악인들이 한 도시에 살고 있을 지라도, 그들은 자신들과 같은 악인들이 아니라 오히려 의인들과 함께하기를 좋아한다. 심지어 악인이 망하고 있을때에 그들은 즐거워한다. 하지만 번성한 삶을 사는 의인의 선한 운명은 더욱 번영하게 된다.

[11:11] 성읍은 정직한 자의 축복을 인하여 진흥하고 악한 자의 입으로 말미암아 무너지느니라

11절은 성읍 뿐만 아니라 가족이나 국가에 대해서도 적용될 수 있다. 의인들은 그들에게 속한 기구를 개선하고 유지시키도록 일해야만 한다. 그들의 현재는 하나님이 그들의 노력에 축복하셨기 때문에 가정, 학교, 경제활동 및 세계를 발전시킬 수 있다. 악한 자들의 말과 행동이 위와 같은 것들을 해롭게 하기에 선한 자들 없이는 세계는 나빠지고 악화될 것이다. 악인을 이기기 위해서는 선한 자들이 움직여야만 한다(잠 29:8 참조).

[11:12] 지혜 없는 자는 그 이웃을 멸시하나 명철한 자는 잠잠하느니라

"올바른 말"이란 주제는 12절에서 계속된다. 사람들의 등 뒤에서 불평하고 함부로 말하는 행위는 오래된 것이다. 여기서는 그러한 분열을

일으키는 불건전한 언행들에 대해 훈계하고 있다. 이는 우리에게 "좋은 말을 할 수 없다면 침묵하라"는 격언을 상기시켜 준다.

[11:13] 두루 다니며 한담하는 자는 남의 비밀을 누설하나 마음이 신실한 자는 그런 것을 숨기느니라

13절은 "올바른 말"이란 주제로는 마지막 절이다. 우리 모두는 비밀을 지키지 못하는 사람들을 알고 있다. 타인에게 말하는 것을 참지 못해서 시시한 이야기도 계속 사람들에게 옮기는 이들이 있다. 한편, 단서만 모이면 충분히 어떤 것을 알아낼 수 있는 자들에게 비밀을 누설하며 거의 정답을 알려주며 빈정거리는 자들도 있다. 둘 다 경고를 받아야 한다. 현명한 자는 입을 지킴으로 신뢰를 얻는다.

[11:14] 지략 없으면 백성이 망하여도 지략이 많으면 평안을 누리느니라

14절은 우리에게 잘 알려져 있으며 29:18과 유사하다. 29:18에서 언급되는 이들은 묵시가 없어서 망했지만, 여기서는 지략의 부족으로 패하게 된다(잠 15:22, 20:18, 24:6을 보라).

14절에서는 지략의 부족으로 인한 나라의 망함과 많은 지략으로 인한 나라의 "확실한 승리"를 대조하고 있다. 우리는 여기서 먼저 군사적 조언을 생각해 볼 수 있지만(대부분의 많은 다른 절이 이 주제를 이야기하는 것과 마찬가지로), 하지만 여기서 그것은 좀 더 함축적이다. 대학, 결혼, 직업, 수술, 창업 등에 있어서 우리들은 정말 중요한 일을 하기 전에 충분한 조언을 들어야 한다. 만일 우리가 올바른 조언을 거부하고 단순한 감정에 의해서 어떤 결정을 내린다면 분명 후회하게 될 것이다.

[11:15] 타인을 위하여 보증이 되는 자는 손해를 당하여도 보증이 되기를 싫어하는 자는 평안하니라

잠언 6:1-5은 당신이 모르는 사람의 빚을 위해서 보증서지 말라는 경고를 주었다. 15절은 잠언 17:18; 22:26과 더불어 보증에 관한 경고를 반복한다. 비록 이것이 보증서는 것에 대한 회계상의 책임을 묻는것이라 해도, 이 충고는 무자비하고 잔인한 것 같다. 하지만 우리는 오늘날의 신용조사와 징수절차를 생각해볼 필요가 있다. 잠언이 기록될 당시, 도시에 살고 있는 모든 사람은 서로 알고 있었다. 이웃을 위해서 보증서는데 망설임이 거의 없었다. 그러나 이방인, 곧 무책임한 차용인은 당신이 피해야 할 인물로, 그는 언제 야반도주할지 모르는 그런 자였다. 만일 당신이 그를 위해서 보증 서명을 승인한다면 아마도 그것은 당신이 그 대신 돈을 물어야 한다는 것을 인정하는 것이다.

[11:16] 유덕한 여자는 존영을 얻고 근면한 남자는 재물을 얻느니라

16절의 헬라어 역본은 히브리어 원문과 다른 해석을 한다. 히브리어 본문을 번역한 대부분의 성경은 위와 같이 해석한다(KJV, RSV, NASB, NIV). 하지만 헬라어 번역(그리고 JB, NEB, TEV)은 다음과 같다.

> 유덕한 여자는 그녀의 남편에게 존영을 가져오고
> 정의로워 수치를 미워하는 여자는 존귀하게 될 것이다
> 게으른 자에게는 재물이 부족하고
> 근면한 남자는 부를 쌓을 것이다

헬라어 번역자들은 더 나은 히브리어 텍스트를 가지고 있었나? 그들이 가지고 있는 것을 잘못 읽었는가? 아니면 원래의 평행들이 확장되어야 할만큼 그들의 맘에 들지 않았나?

16절은 좋지 않은 평행이 아니다. 그러나 학자들은 이것이 대조적인 평행인지 아닌지, 또한 대조라고 해도 무엇이 대조되는 것인지 확신하지 못한다. 위의 긴 형태의 본문은 유덕한 여인에 대한 존경과 "근면한 남자"가 부를 가져야 한다는 쉬운 대조를 만들어 준다. 그것은 또한 상냥한 여인과 "근면한" 여인을 구별한다. "근면한"은 실제로 "공격적인"이란 뜻을 가진 경멸적인 뉘앙스를 가지는 히브리어이다. 명백히 은혜는 정의의 결핍과 반대이고, 명예는 불명예와 반대이다. 잠언 10-29장 어느 부분과도 연결되어 있지 않고 처음 부분과도 큰 관계가 없는 긴 형태의 본문의 두 번째 짝을 이루는 부분(게으른 자에게는 재물이 부족하고 근면한 남자는 부를 쌓을 것이다)은 선행하는 절과 뒤따르는 절과 관계가 있다. 긴 형태의 본문의 두 번째 부분에 있는 대조는 게으름과 근면, 가난과 부를 대조시킨다. 짧은 형태의 히브리어 본문은 유덕과 "근면한" (즉 공격적인)과 대조를 이룬다. 즉, 짧은 형태의 히브리어 본문은 존영과 부 모두 가질만한 것이나 그 얻는 수단의 양극단임을 보여준다.

[11:17] 인자한 자는 자기의 영혼을 이롭게 하고 잔인한 자는 자기의 몸을 해롭게 하느니라

17절의 "인자한"은 잠언 3:3에서 논의한 히브리어이다. 누구든지 믿음 가고, 의지할 만하며, 신뢰할 수 있고, 사랑 받을 만하고, 온유한 자가 되면 결과적으로 그 자신에게 유익하다. 어떤 사람이 믿음을 유지하고 그의 의무를 다 수행한다면 그는 다른 사람으로부터 부로써 보답 받을 것이다. "인자한"이라는 용어는 잠언 5:9; 12:10; 17:11에도 나타난다. 게다가 "인자한"이라는 용어는 성경 전체에서 잠언을 제외하고는 단 4번 밖에 나오지 않는 단어이다. 인자함과 마찬가지로 잔인함은 그 대가로 잔인한 결과를 얻게 될 것이다.

[11:18] 악인의 삯은 허무하되 공의를 뿌린 자의 상은 확실하니라

18절은 정직은 반드시 보상을 받고 악은 종국에는 드러난다는 것을 가르친다. "허무"를 가리키는 단어와 "삯"을 가리키는 단어는 히브리어에서 그 소리가 유사하다(중간 철자만 다르고 둘다 세켈로 발음된다-역주). 이것은 언어유희이다. 히브리어에서 흔한 이 언어유희는 우리가 하듯 말장난과는 사뭇 달리 성경에서는 진지하게 다루어져야 한다. 안타깝게도 이러한 언어유희들은 번역상 나타내는 것은 거의 불가능하다.

[11:19] 공의를 굳게 지키는 자는 생명에 이르고 악을 따르는 자는 사망에 이르느니라

19절의 테마 역시 유사하다. 즉, 의인은 살 것이며 악인은 죽을 것이다. 우리는 "악을 따르는"이라는 단어를 과도하게 읽어선 안 되는데, 이것은 완전히 그리스도 밖에 있어서 도저히 죄에 대한 권고를 듣지 못하는 자들을 언급하는 것이 아니다.

[11:20] 마음이 굽은 자는 여호와께 미움을 받아도 행위가 온전한 자는 그의 기뻐하심을 받느니라

20절의 대부분의 단어들이 전형적인 잠언의 단어들이다. "미움을 받는다"는 단어는 잠언에서만 20번 정도 나타나는데, 이는 에스겔을 제외하고는 성경을 통틀어 어느 책보다도 많이 나타나는 것이다. "악"을 가리키기 위한 단어의 11번의 사용 중 7번이 잠언에 나타난다. "마음"은 거의 90번 가까이 나타난다. "기뻐하심"에 해당하는 단어는 잠언에서 14번, "행위"에 해당하는 단어는 잠언에서 75번 나타난다.

[11:21] 악인은 피차 손을 잡을지라도 벌을 면하지 못할 것이나 의인의 자손은 구원을 얻으리라

선행하는 앞의 세 절과 이 21절은 악인은 죽을 것이지만 의인은 살 것이라고 말하고 있다. 이 절을 포함하여 대부분은 번역되지 않는 히브리 관용구가 있는데, 그것이 여기에 있는 "손을 잡을지라도"이다. 이것은 아마도 "동해보복"에 관련된 율법을 언급하는 것일 수 있다(출 21:24; 레 24:20; 신 19:21) 하나님은 잘못을 간과하지 않으시며 고백하지 않은 죄를 용서하지 않으신다. 그는 결국에는 마지막 한 범죄까지도 그 대가를 요구하실 것이다.

[11:22] 아름다운 여인이 삼가지 아니하는 것은 마치 돼지 코에 금 고리 같으니라

22절의 언어는 매우 자세하다. 묘사되고 있는 장면 그 자체만으로도 그 비유를 잘 전달하고 있다. 돼지 코에 걸린 금 고리를 상상해보라! 왜 그러한 아름다운 장식물이 거기에 있어야 하는가? 이 비유는 함부로 행동하지 않는 여인이 아름다움을 보여준다. 오늘날 주목받고 있는 많은 사람들이 있다. 이 절은 그들을 묘사하는 듯하다. "최하급 재료로 최고급 지갑을 만들겠느냐"는 현대의 격언은 이 절과 일맥상통한다.

[11:23] 의인의 소원은 오직 선하나 악인의 소망은 진노를 이루느니라

악한 자들은 자신들의 목적이 무엇인지 밝히지 않지만 분명 그것들은 사람들을 분노하게 한다. 한편, 의로운 사람은 오로지 선을 이루기를 원한다. 이 절에 대한 또 다른 해석 가능성은 악인이 소원을 이루지 못하면 그 스스로 분노한다는 것이다. 이 절은 이해하기 쉬운 절은 아니다. 헬라어 번역가들 역시 이를 매우 어려워했다.

[11:24] 흩어 구제하여도 더욱 부하게 되는 일이 있나니 과도히 아껴도 가난하게 될 뿐이니라

부익부 빈익빈은 24절의 핵심이다. 일반적으로 돈을 더욱 얻기 위해서는 돈이 필요하다. 전 세계에 걸쳐있는 가난한 사람은 그들 스스로를 자유롭게 할 수 없는, 끝없는 빈곤 증후군(syndrome of poverty)이라는 덫에 빠져있다. 그러나 단순히 가진 것을 저축하는 것만으로는 충분하지 않다. 경제 전문가들은 돈을 어떤 가치 있는 것에 투자해야만 한다고 충고한다. 24절은 인플레이션을 대비하기 위해서 투자하라는 말이 아니다. 오히려 하나님은 자비로운 자에게 복을 주시나 인색한 자를 물리치신다. 이 구절은 다음 절로 이어진다.

[11:25] 구제를 좋아하는 자는 풍족하여질 것이요 남을 윤택하게 하는 자는 자기도 윤택하여지리라

이 절은 바로 "나누어주라"는 말이다. 고린도후서 9:6에는 이 원리가 확장되어 나타난다. "이것이 곧 적게 심는 자는 적게 거두고 많이 심는 자는 많이 거둔다 하는 말이로다".

[11:26] 곡식을 내놓지 아니하는 자는 백성에게 저주를 받을 것이나 파는 자는 그의 머리에 복이 임하리라

26절은 실천적 구절이다. 즉, 부를 어떻게 다루어야 하는지 가르쳐주는 매우 현실적인 충고이다. 투자에 있어서 "절약 경영"(frugal management)은 친절의 차원을 포함해야만 한다. 우리 대부분은 단순히 보다 더 높은 곳을 향해 노력한다. 그러나 보다 더 많이 가진 자들은 타인의 필요를 위해서 무엇을 해야 하는지 또 그들에게 필요한 것은 무엇인지 알 필요가 있다.

이 절은 부유한 자에게 그의 재산을 그저 나누어주라고 요청하는 것

이 아니다. 오히려 탐욕적인 자, 주린 자의 배고픔과 목마른 자의 바싹 마른 입술을 무시하고 그들에게 아무것도 허락한 적이 없는 자에 대한 고발이다. 부의 축적은 하나님 지혜의 적용을 통해서 만이 치유될 수 있는 심각한 영적인 문제를 초래한다.

[11:27] 선을 간절히 구하는 자는 은총을 얻으려니와 악을 더듬어 찾는 자에게는 악이 임하리라

27절은 17절과 23절의 반복이다. 뿌린대로 거둘 것이며 준 것은 도로 받을 것이다.

[11:28] 자기의 재물을 의지하는 자는 패망하려니와 의인은 푸른 잎사귀 같아서 번성하리라

4절과 7절은 우리들에게 부는 영원하지 않다는 것을 가르쳐준다. 중요한 것은 부에 대한 우리의 자비로운 태도이다. 부는 봄날의 푸른 잎사귀와 같고 가을날의 떨어지는 낙엽과 같다. 이는 덧없는 만족을 묘사한다(욥 14:2, 시 1:3-4, 90:5-6, 103:15-16, 사 40:6-7, 약 1:10-11, 벧전 1:24-25). 예수는 부의 이러한 속성을 어리석은 부자 비유를 통해서 말씀하신 바 있다(눅 12:16-21). 우리는 하늘에 보물을 쌓아두어야 한다(마 6:19-20). 예수는 우리들에게 축적된 부는 도둑맞거나 좀먹을 수 있음을 경고한다.

[11:29] 자기 집을 해롭게 하는 자의 소득은 바람이라 미련한 자는 마음이 지혜로운 자의 종이 되리라

29절의 후반부는 다소 어색하다. 전반부와 후반부의 관계성이 모호하다. 전반부에 대한 전통적인 해석은 위와 같다. 즉, 자신의 집에 작은 풍파라도 불러일으킨다면, 그 결과는 곧 폭풍이 될 것이다. 이것은

뿌린대로 거둠의 원리이다. 작은 씨앗을 심어도 거둘 곡식은 풍성하다. 삶의 한 구석에 작은 문제를 심어보라. 곧 혹은 먼 훗날 폭풍이 삶을 파괴할 것이다. 문제를 만드는 사람에게 속한 근심거리는 그의 나머지 가족들에게 향하게 된다(잠 15:27 참조). 이 절의 후반부는 잠언 22:7을 상기시켜 준다. 그 절은 빚진 자가 채주의 종 됨을 보여준다.

[11:30] 의인의 열매는 생명 나무라 지혜로운 자는 사람을 얻느니라

이 절의 전반부에 있는 히브리 관용구, 생명 나무는 성경에 나타나는 다른 나무들의 빛 안에서 해석할 수 있는 은유이다. 에덴동산에는 선과 악을 알게 하는 나무와 생명 나무가 등장한다. 한편, 시편 1편과 예레미야 17:8에 보면 선한 사람을 상징하는 물가(혹은 시냇가)에 심겨진 나무가 등장하며, 요한계시록 2:7; 22:2, 4에도 생명 나무가 등장한다.

이 절의 후반부는 번역에 따라 다르다. KJV은 "사람을 이기는 자는 지혜롭다"라고 되어 있으며 NAB는 "폭력은 생명을 빼앗는다"고 되어 있다. 세 단어로 이루어진 히브리어가 어째서 이토록 다르게 번역될 수 있는가?

그 대답은 명백하다. "지혜"를 가리키는 히브리어가 "폭력"과 유사하기 때문이다. 헬라어 번역가들은 현대의 일부 성경 번역이 그러한 것처럼 그 단어를 "폭력"으로 보았다. 그러나 "지혜"를 우리가 생각하듯이 "사람을 이기는" 개인 전도로 생각해서는 안 된다. 여기에 사용된 동사는 "이긴다"는 뜻 외에도 "얻다", "취하다", "빼앗다"의 뜻도 있다. 이 절의 후반부에 대한 헬라어의 자유로운 번역은 "의로운 자는 생명을 주며 지혜로운 자는 생명을 얻는다"로 읽게 했다. 그렇게 했을 때, 두 부분은 동의어적 평행이 된다.

[11:31] 보라 의인이라도 이 세상에서 보응을 받겠거든 하물며 악인과 죄인이리요

베드로는 이 구절을 베드로전서 4:18에 인용했다. 아마도 베드로는 본래의 구절을 약간 손보았을 것이다.

잠언은 여기서 종말론적인 혹은 우주적인 용어로 말하는 것은 아니다. 바로 "지금 여기"를 말하고 있는 것이다. 의인은 일반적으로 살면서 보상을 받으며 죄인도 일반적으로 비참하게 될 것이다. 더 나아가서 신약은 우리들에게 잠언이 우리들에게 말한 바가 일반적 진리일 뿐만 아니라 다가올 내세에는 예외 없는 진리가 될 것임을 말해준다(막 10:30; 눅 18:29-30).

[12:1] 훈계를 좋아하는 자는 지식을 좋아하거니와 징계를 싫어하는 자는 짐승과 같으니라

"훈계를 받아들임"과 "징계를 싫어함"이라는 대조적인 테마가 다시 12:1에서 나타난다. 지혜로운 자는 비판을 수용할 뿐만 아니라 오히려 환영한다. 왜냐하면 그는 그렇게 하는 것이 자신을 더 낫게 만들어 줄 것을 알기 때문이다. 예를 들어, 광고 회사들은 그들의 상품을 시장에 최고의 것으로 말하기 위해 의견들을 수집한다. 운동선수나 예술가들은 많은 돈을 지불하여 그들을 개선시킬 수 있는 의견이나 방법들을 개진할 코치나 비평가들을 모신다. 기업가들은 어떠한가? 생산성을 높이기 위해 낭비벽이 무엇인지 보여주는 경영능률 전문가를 돈 주고 고용한다. 나 자신은 과연 비판을 환영하고 있는가?

[12:2] 선인은 여호와께 은총을 받으려니와 악을 꾀하는 자는 정죄하심을 받으리라

2절은 여호와가 직접적으로 언급되는데, 이는 그 이전에 마지막으로

여호와가 나온 이후 제법 간만에 등장한 것이다. 기본적으로 잠언은 세속적인 삶을 다루고 있다. 비록 하나님이 삶 속 모든 곳에 계시지만 시편의 예배시나 이곳에서와 같이 직접 이름이 언급되지 않는다. 2절은 하나님은 의인에게는 상을 베푸시며 악인은 정죄한다는 진리를 반복한다. 전반부는 잠언 8:35의 후반부와 거의 동일하다.

[12:3] 사람이 악으로서 굳게 서지 못하거니와 의인의 뿌리는 움직이지 아니하느니라

3절은 두 개의 식물 이미지를 보여준다. 하나는 모래 혹은 거친 토양에 심겨진 악한 자를 보여준다. 그는 거친 날씨를 버티지 못할 것이다. 한편, 옮기려고 함에도 그를 보호하는 튼튼한 뿌리를 가진 의인이 있다. 3절은 우리들에게 반석 위에 집을 지은 자의 비유를 떠올려 준다 (눅 6:48-49).

[12:4] 어진 여인은 그 지아비의 면류관이나 욕을 끼치는 여인은 그 지아비의 뼈가 썩음 같게 하느니라

때때로 우리는 모든 성공한 사람의 뒤에는 그를 도운 아내가 있음을 말하곤 한다. 4절 역시 그렇게 말하고 있다. 또한 이 절은 비협조적인 아내를 가진 남자에게 무슨 일이 일어나는 지도 말하고 있다. 그녀의 남편에게 수치를 가져오는 여인은 남편의 몰락까지도 가져온다. 고대 히브리어에는 아마도 "뼈가 썩음", 즉 골암에 해당하는 단어가 없었을 것이다. 그러나 여기서 말하는 것은 분명 실제적인 육체의 질병이다. 여기서 말하는 것은 분명하다. 함께 일하는 남편과 아내는 성공할 것이다. 그러나 일할 때 서로 불화가 있다면 반드시 문제가 발생할 것이다. "욕을 끼치는 여인"은 "음녀"도 될 수 있고 "다투는 여인"이 될 수도 있다(잠 19:13; 21:9, 19; 25:24; 27:15 참조). 둘 중 어떤 여인이든지 남

편을 세우기보다는 그를 무너뜨릴 것이다.

[12:5] 의인의 생각은 정직하여도 악인의 도모는 속임이니라

오늘날 한심한 생각, 즉 자신의 것을 단속하지 않는 자 혹은 지키지 않는 자 그들의 것을 도둑질 하라고 내어주는 것이라는 생각이 있다. 이 생각에는 마치 범죄가 나쁜 것이 아니라 발각되는 것이 나쁜 것이라는 사고가 함축되어 있다. 이런 생각을 가진 사람은 훔칠 수만 있다면 무엇이라도 훔치고 그것을 당연하게 생각할 것이다. 정직한 사람은 이러한 생각을 믿지 않는다. 그들은 정직하다. 누가 보는 이가 없어도 아무리 훔칠 기회가 있더라도 그렇게 하지 않는다. 중요한 것은 그들의 의로운 재판관이 살아 있다는 것이다. 그들은 타인들도 정직하기를 기대하며 이 진리에 복종한다.

한편, 악인은 속임을 통해 살아간다. 진리를 말하는 것은 그들에게 의무가 아니다. 그들은 그들 자신을 위한 것이라면 무엇이든지 말한다.

[12:6] 악인의 말은 사람을 엿보아 피를 흘리자 하는 것이거니와 정직한 자의 입은 사람을 구원하느니라

우리는 살아가면서 기본적으로 두 종류의 사람에 관하여 배운다. 하나는 누군가를 돕는 사람, 또 다른 하나는 누군가에게 해를 끼치는 사람. 6절은 그들의 피해자를 습격하고 죽이기 위해 말을 사용하는 자들과 그들의 말을 무죄한 자를 보호하고 구하기 위해 사용하는 자들에 관해 묘사한다. 자신의 말을 돌아보라. 사람에게 도움을 주는가, 아니면 해를 입히는가? 6절은 우리들에게 가십거리를 말하는 날마다의 대화가 누군가를 죽일 수도 있지만 격려는 누군가에게는 희망을 줄 수도 있음을 상기시켜 준다.

[12:7] 악인은 엎드러져서 소멸되려니와 의인의 집은 서 있으리라

히브리인들은 누군가의 삶은 그의 후손을 통해서 계속 존재할 수 있다고 믿었기에(기억 등을 통해서-역주), 가문을 형성하고 재산을 관리할 아들을 갖는 것은 매우 중요했다. 아들을 낳지 못하는 자 혹은 아들을 잃은 자(욥처럼)는 하나님에 의해 저주를 받은 자로 여겨졌다.

[12:8] 사람은 그 지혜대로 칭찬을 받으려니와 마음이 굽은 자는 멸시를 받으리라

8절에 나타나는 두 개의 수동태 동사는 흔한 것이 아니다. 우리는 특별히 누가 칭찬 받고 누가 경멸받는지 말하지 않는다. 단지 일반적인 것만 말할 수 있다. 악한 자들도 선한 것이 무엇인지 인식은 한다. 이 절에서 "지혜"를 가리키는 단어는 흔한 것은 아니다(잠언에서 이 단어는 명사로는 6번, 동사로는 8번 나타난다). 이 단어는 적용적 지혜 혹은 습득한 선의 실천을 가리킨다. 잠언 10:5; 16:20에 이 용어가 사용되었다.

[12:9] 비천히 여김을 받을지라도 종을 부리는 자는 스스로 높은 체하고도 음식이 핍절한 자보다 나으니라

번역자는 이 절의 전반부의 단어 선택에 있어서 어려움을 겪는다. 일반인이 종을 부리는가? 그 자신은 종인가? 이 절에는 자격이 있지만 명예를 얻지 못한 자와 자신에 대해 자랑하지만 실제로는 그러한 자격이 없는 자 사이의 대조가 있다. 한 남자는 유급으로 고용되었고(이 사람은 자신이 타인을 고용할 수도 있다) 따라서 타인에게 채무도 없는 자이며, 또 다른 한 남자는 먹을 빵도 없어서 타인의 필요는 채워줄 수 없는 자이지만 스스로를 너무 대단하게 생각한다. 11절은 이 절과 좋은 비교가 된다.

[12:10] 의인은 자기의 가축의 생명을 돌보나 악인의 긍휼은 잔인이니라

10절은 동물에게 친절해야 하며 또한 가축 떼를 어떻게 돌보아야 하는 지에 대한 좋은 증거 본문으로 사용될 수 있다. 지혜와 공의는 함께 가기에, 선한 농부는 지혜로운 자라고 할 수 있다. 이와 대조적으로 악한 자는 지혜가 결핍된 농부로써 잘 먹은 가축들이 더 열심히 일하고 또한 시장에서 더 높은 가격으로 책정된다는 것을 보지를 못하기에 가난하게 된다. 그들은 심지어 그들의 가축에게도 잔인하게 행하며 그러한 행위가 자신의 소유에 해를 가져온다는 것을 알지 못한다.

[12:11] 자기의 토지를 경작하는 자는 먹을 것이 많거니와 방탕한 것을 따르는 자는 지혜가 없느니라

11절은 세 개의 평행을 이루는 구절을 만들며, 지혜로움, 열심히 일함, 친절한 농부의 이미지를 가져온다. 마지막 두 단어를 제외하고선 이 절은 잠언 28:19과 완전히 같다.

개신교인들은 소위 말하는 개신교 노동 윤리라는 것을 만들어 내지 않았다. 고대 이스라엘에서 열심히 일하는 것은 그 자체에 상을 주는 일종의 미덕이었다. 자신의 시간을 쓸데없고 무가치한 사업에 낭비하는 자는 그의 생명을 잃게 될 것이다.

[12:12] 악인은 불의의 이익을 탐하나 의인은 그 뿌리로 말미암아 결실하느니라

12절은 히브리어 본문에서는 다소 명확하지 않다. 그러나 이 절을 구성하는 일곱 개의 히브리어의 기본적인 뜻을 보면, "탐냄", "악인", "그물", "불", "뿌리", "의", "주다"이다. 마지막 단어는 헬라어로 번역되면서, "견고한"을 의미하는 것으로 바뀌었다. 흥미로운 것은 다음 절에 있

는 "그물"이라는 단어는 이 절의 단어와 일치한다(개역개정에는 이 "그물"에 해당하는 단어가 드러나지 않는다-역주).

이 절의 요지는 악인은 그들의 그물로 온갖 종류의 나쁜 것들을 거두며, 그 속에서 그들이 원하는 것을 찾으며 그들이 뿌린 것을 거두고자 한다. 이 절 후반부에 등장하는 "뿌리"라는 단어는 다른 어떤 단어와도 관계가 빈약하다. 기껏해야 우리는 뒤섞인 비유 하나를 가지고 있다고 할 수 있다.

[12:13] 악인은 입술의 허물로 말미암아 그물에 걸려도 의인은 환난에서 벗어나느니라

입술의 죄는 자기를 옭아매는 것이다. 당장에든 후일에든 전도서 10:20에서도 경고하듯이 어리석게 내뱉은 말들에 대해서 후회하게 될 것이다. 검사는 재판장과 배심원들 앞에서 범인의 이야기가 앞뒤가 맞지 않음을 증명해야만 한다. 검사는 혹독한 반대심문을 통해 기소당한 자의 증언에서 거짓을 폭로하고 그의 일관성 없음을 밝혀낸다. 랍비의 격언을 기억하라. "만약 네가 언제나 진실만을 말한다면 너는 네가 무엇을 말했는지 기억하지 않아도 된다."

[12:14] 사람은 입의 열매로 말미암아 복록에 족하며 그 손이 행하는 대로 자기가 받느니라

13, 14절은 말에 대한 것으로 연결되어 짝을 이룬다. 이 두 구절의 테마는 자신이 뿌린대로 거둠에 관하여 혹은 자신이 마땅히 받아야 할 것을 얻게 된다는 것을 말하고 있다. 저주이든 칭찬이든 그것들은 마치 직접 자신의 양 손으로 무엇인가 행한 것처럼 명예를 줄 수도 있고 수치를 가져올 수도 있다. 일반적으로 말을 적게 할수록 좋지만 현명하고 올바르게 말해야 할 때가 있다(잠 15:23 참조).

[12:15] 미련한 자는 자기 행위를 바른 줄로 여기나 지혜로운 자는 권고를 듣느니라

15절은 특별히 복잡한 과정 없이 그 자체로 종종 인용되는 구절이다. 우리는 자신을 부정확하게 바라보는 사람들을 알고 있다. 사실 누가 스스로를 다른 사람들이 그를 보는 것만큼 제대로 볼 수 있겠는가? 스스로에 대해서 지나치게 겸손하게 여기는 사람이 있는 반면, 교만한 사람들은 과장된 자아상을 지니고 있다. 사람의 마음을 다스리기보다는 좌절하게 만드는 것은 무엇인가? 무엇이 모든 권고에도 불구하고 악한 것을 선택하게 하는가? 우리는 그와 같은 사람은 아닌가? 우리는 경건한 사람들이 우리들에게 말하는 것을 잘못되었다고 생각하지는 않는가? 우리는 충고를 듣기는 하는가?

[12:16] 미련한 자는 당장 분노를 나타내거니와 슬기로운 자는 수욕을 참느니라

일부의 사람들은 신경 과민적이다. 매우 작은 비난 혹은 약간의 불쾌함이 그들을 분노로 이끈다. 16절에서 묘사된 그와 같은 사람들은 거의 함께 살아가기가 불가능하다. 불쾌함에 대한 그들의 극도의 반응은 본래의 분노보다 훨씬 더하다.

모욕들을 무시하기 위해서는 은혜가 필요하다. 내가 목격한 그리스도인의 자비의 최고의 실례들은 부당하고 까다로운 비판 속에서 살아가는 사람들이다. 다른 쪽 뺨을 돌려대는 능력은 하나님께로부터 온 선물이다.

[12:17] 진리를 말하는 자는 의를 나타내어도 거짓 증인은 속이는 말을 하느니라

17절의 전반부는 진리를 말하는 자와 의를 나타내는 자를 동일시한

다. 반면, 거짓 증인은 불의를 조장한다. 우리가 진리를 말할 때, 우리 각자는 법과 질서에 기여한다. 또한 우리가 진리를 말하지 못할 때 우리는 법과 질서를 격하시킨다. 이 구절의 진리란 법정 증언 외에 삶 속에서 일어나는 많은 상황들에 적용된다. 우리는 공적인 삶과 더불어 개인적인 삶 가운데, 수입세 납부와 지출 계산을 얼마나 정직하게 지키고 있는가?

우리의 행동은 다른 사람들을 위한 법과 질서에 도움을 주고 있는가, 아니면 격하시키고 있는가?

[12:18] 칼로 찌름 같이 함부로 말하는 자가 있거니와 지혜로운 자의 혀는 양약과 같으니라

우리 모두는 주저함 없이 살인을 정죄할 것이다. 그러나 매우 해로운 것을 유발하는 "말"에 대한 우리의 판단은 얼마나 엄격한가? 인격모독, 몸을 찌르는 칼과 같이 영혼을 찌르는 말에 대해 생각해 보라. 18절의 후반부는 좋은 말이 가져다 줄 수 있는 치유에 대해 강조한다. 말은 능력있는 도구로써 환부를 베어내며 치유하는 의사의 메스와 같다.

[12:19] 진실한 입술은 영원히 보존되거니와 거짓 혀는 잠시 동안만 있을 뿐이니라

우리는 때때로 19절의 진리를 포기한다. 우리는 실제로 진실이 거짓을 헤쳐 나갈 것이라고 믿지 못한다. 그러나 이것은 우리의 시각이 매우 제한되어 있기 때문이다.

> 악이 비록 성하여도
> 진리 더욱 강하다
> 진리 따라 살아갈 때
> 어려움도 당하리

이것은 제임스 러셀 로웰(James Russell Lowell)이 그의 찬송가 "어느 민족 누구에게나"(Once to Every Man and Nation)의 가사 중 일부이다. 하나님의 영원의 시각에서 보면 진리가 남고 거짓은 사라질 것이다. 최후에 모든 거짓의 아비와 그의 추종자들은 더 이상 존재하지 않을 것이다.

[12:20] 악을 꾀하는 자의 마음에는 속임이 있고 화평을 의논하는 자에게는 희락이 있느니라

20절은 악을 꾀하는 사람의 목적은 속이는 것이라고 말하는 것처럼 보인다. 희락은 선한 일을 행하는 자들에게 찾아온다. 여기에서 나타난 대조는 악인과 의인의 비교일 뿐만 아니라, 삶 속에서 그들의 목표하는 것들 사이에서 나타난다. 이 절 후반부의 중요한 단어는 "화평"(샬롬)이다. 이는 마태복음 5:9를 상기시켜 준다.

[12:21] 의인에게는 어떤 재앙도 임하지 아니하려니와 악인에게는 앙화가 가득하리라

이사야는 "악인에게는 평강이 없다"(사 48:22; 57:21)고 말한다. 말하자면 악인을 위해서는 평안이 예비되어 있지 않다는 것이다. 21절은 잘 알려진 말과 비슷한 내용이다. 하나님의 법에 계속적으로 일치되지 않는 삶은 계속적인 역경과 위기를 가져다 줄 것이다. 그러나 잠언의 교훈들에 일치된 삶은 행복과 성취를 가져올 것이다.

[12:22] 거짓 입술은 여호와께 미움을 받아도 진실하게 행하는 자는 그의 기뻐하심을 받느니라

22절의 대부분의 말씀은 앞의 장들에서 사용되어 왔다(잠 11:20의 "여호와께 미움을 받아도"와 잠 12:2의 "은총을 받으려니와", 잠 12:17, 19의 "거짓", 잠 12:13, 19의 "입술" 등). 이 구절은 이 단락에 있어서 하나님에 대하여

마지막으로 언급하고 있다.

[12:23] 슬기로운 자는 지식을 감추어도 미련한 자의 마음은 미련한 것을 전파하느니라

23절 말씀은 잠언 13:16; 15:2과 유사하다. 오늘날 우리는 말을 아껴야 하는 사람들이 대화를 주도하고, 대화에 기여할 만한 사람들이 침묵으로 일관하는 상황 속에 있다. 이 잠언은 말을 아껴 사용하는 지혜로운 사람들을 칭찬하며, "미련한 것을 전파하는" 사람들을 꾸짖는다.

[12:24] 부지런한 자의 손은 사람을 다스리게 되어도 게으른 자는 부림을 받느니라

부지런함과 게으름은 12:11에서 그러했듯 여기서도 대조된다(13:4 참조). 충분한 시간이 주어졌음에도 게으름을 피우는 사람들은 부지런한 사람의 종이 될 것이다. 부지런한 사람이란 "시간만 때우는 사람"이 아니라 "자발적인 사람"(a self-starter)을 일컫는다. 부지런한 사람은 기회가 찾아왔을 때 시간과 힘, 청중과 반응하는 재빠른 사람이며, 끈기가 있는 사람이다.

[12:25] 근심이 사람의 마음에 있으면 그것으로 번뇌하게 되나 선한 말은 그것을 즐겁게 하느니라

25절에 "근심" 혹은 "번뇌"는 구약성경에서 명사로서 오로지 3번, 동사로서 6번만 쓰이는 특이한 단어이다. 그 단어는 사람들의 마음의 평화와 육체적인 건강을 빼앗아가는 "슬픔", "두려움"을 의미하고 있다. 오늘날 의사들은 스트레스가 육체의 악영향을 준다는 평가하기 시작했다. 그 동일한 진리가 이 잠언에 있지 않은가! 근심은 육체와 감정을 짓누른다. 누군가의 용기를 북돋고 세우기 위해 친절하고 지혜롭게 사용된 말들은 얼마나 좋은가. 25절의 교훈은 1장의 도입절들에서 들었던 것들을 반복한다.

[12:26] 의인은 그 이웃의 인도자가 되나 악인의 소행은 자신을 미혹하느니라

26절은 의인의 선한 충고와 악인의 잘못된 충고를 대조한다. 악인은 스스로 길을 잃어버렸기 때문에, 누군가를 바른 길로 이끌 수 없다. 그러나 "나를 따라오지마! 나도 길을 잃었어!"라고 적힌 초보 운전자의 스티커와는 달리 악인은 그와 함께 다른 사람 역시 길을 잃게 만들어 버린다.

[12:27] 게으른 자는 그 잡을 것도 사냥하지 아니하나니 사람의 부귀는 부지런한 것이니라

27절의 첫 부분에서 사용된 동사는 성경에서 오로지 단 1번 사용되었기에 이해하기 어렵다. 헬라어 번역가들은 그들의 번역에 있어서 이 단어와 비슷하게 보이는 단어를 선택했다. 이 절의 후반부에 나타난 단어들 역시 혼동스러워 보인다. 여기에 나타난 대조는 게으른 사람과 부지런한 사람 사이에, 그리고 그들의 하는 일 사이에 대한 것처럼 보인다. 부지런한 사람이 풍부한 보상을 얻는데 반해, 게으른 사람은 아무 것도 없이 끝난다. 이 절은 우리에게 12:11, 24을 상기시켜 준다.

[12:28] 공의로운 길에 생명이 있나니 그 길에는 사망이 없느니라

28절에 대한 헬라어 번역은 히브리어에는 없는 그러나 올바른 대조를 제공한다. 맛소라 학자들은 어려움을 인식하여 후반부의 "없느니라"에 "-에는"이라는 단어를 덧붙였다. 따라서 "그 길에는 사망이 없느니라"로 읽을 수 있는 것이다. 이 절은 "삶"과 "죽음"을 대조하고 있는 반

면, "길"과 "길"을 평행시키고 있다. 이 번역에서 빠진 것은 "공의"에 대조될만한 한 쪽이다.

28절은 단지 삶의 두 길의 주제를 표현하고 있는 구절이다. 예수는 그와 같은 이미지를 어떻게 사용했는지 생각해보라(마 7:13-14).

[13:1] 지혜로운 아들은 아비의 훈계를 들으나 거만한 자는 꾸지람을 즐겨 듣지 아니하느니라

1절의 "꾸지람"이라는 단어는 잠언에서 3번 등장한다(잠 13:1, 8; 17:10). 잠언 외에서는 명사로써 20번 못 미치게 사용되며, 대부분 동사로서 사용된다. 잠언에서는 이 단어가 동사로써 사용되지 않는다.

이 구절의 언어는 특히 "아들"이라는 단어의 사용과 함께 잠언 1:1에서 들었던 내용을 상기시켜 준다.

[13:2] 사람은 입의 열매로 인하여 복록을 누리거니와 마음이 궤사한 자는 강포를 당하느니라

2절의 첫 부분은 12:14과 비슷하게 들린다. 이 절의 테마는 잠언의 가장 일반적인 주제 중 하나인 "뿌린대로 거둠"이다. 히브리어 원문에는 "입의 열매를 먹는 의로운 자"라는 복합적인 은유가 등장한다. 의로운 사람의 욕구는 선한 것들에 있다. 그 사람은 선한 것들을 얻을 것이다. 그러나 악인은 폭력을 갈망하기에 그는 그것을 얻게 된다.

[13:3] 입을 지키는 자는 자기의 생명을 보전하나 입술을 크게 벌리는 자에게는 멸망이 오느니라

2, 3절은 모두 "올바른 말"이라는 테마를 표현하고 있다(잠 12:6, 13, 14, 18, 19, 22 참조). 우리의 말은 우리가 실제로 한 것보다 더 많은 문제를 가져다 주곤 한다. 너무 성급하게 사겠다고 말해버려 터무니없이 비

싼 값을 지불하는 사람들을 생각해보라. 또한 비밀을 옮기고 다니기에 신뢰를 잃은 자들을 떠올려 보라. 야고보가 말의 능력에 관해 말했던 것을 생각해 보라(약 3:1-12). 다음의 아이들의 노래는 우리에게 이를 확실히 상기시켜 준다.

> 당신이 말하는 작은 입술을 조심하세요.
> 위에 계신 아버지께서 사랑으로 보고 계세요.
> 당신이 말하는 작은 입술을 조심하세요.

[13:4] 게으른 자는 마음으로 원하여도 얻지 못하나 부지런한 자의 마음은 풍족함을 얻느니라

게으름의 주제의 첫 번째 논의는 6:1-11에 나온다. 그리고 이 절에서 가장 가깝게는 12:24, 27에서 나온다. 그 원리는 간단하다. 만약 당신이 무언가를 원한다면 원하는 것을 위해 최선을 다할 것이다. 중요한 일들은 기꺼이 열심히 일하기 원하는 사람들에 의해 이루어진다. 그는 다른 것들을 얻기 위하여 어떤 것을 포기해야만 할지도 모른다. 그러나 그가 원하는 일을 하기 때문에 "마음의 풍족함"을 얻는다.

[13:5] 의인은 거짓말을 미워하나 악인은 행위가 흉악하여 부끄러운 데에 이르느니라

5절의 언어는 강하다. 정직한 사람은 단지 거짓말을 피할 뿐만 아니라 그것들을 미워한다. 악인은 불쌍히 여김을 받지 않는다. 그들은 실제로 흉악하다. 악인을 묘사하고 있는 동사는 모세가 나일 강을 부패시켰을 때(출 7:21), 거두지 않아 썩은 만나를 묘사할 때(출 16:20), 전도서에서 죽은 파리를 묘사할 때(전 10:1) 사용되었다. 그 악인이 그들의 가족과 공동체에 가져온 결과들은 모든 사람들을 악취가 나게 만드는 것이었다.

[13:6] 공의는 행실이 정직한 자를 보호하고 악은 죄인을 패망하게 하느니라

6절의 테마는 잠언 2:11; 4:6과 마찬가지로 보호자로서의 지혜이다. 잠언 18:10과 같이 진리 혹은 지혜를 요새와 망대로 상상해 보라. 지혜의 튼튼한 벽 뒤에 있는 당신은 안전하다. 그와 대조적으로 거짓말은 성급히 지어져 취약하고 균열과 구멍으로 가득하고 바람에 무너지기 쉬운 그러한 피난처와 같다.

"패망"을 가리키는 단어는 잠언에서 거의 독점적으로 사용되는 단어들 중 하나이다. 구약성경에서 그 단어가 쓰인 9번 중 6번이 잠언에 나타난다.

[13:7] 스스로 부한 체하여도 아무 것도 없는 자가 있고 스스로 가난한 체하여도 재물이 많은 자가 있느니라

7절은 단순한 서술로써 비난도, 용서도 없다. 그것은 단지 부유하거나 가난한 자가 나쁘다는 것처럼 말하고 있지 않다. 하지만 사람들이 실제로는 아니지만 그러한 체 하는 자들에 대해 경고하는 듯하다. 본 구절의 가능한 해석은 일부 부유한 사람들이 거짓된 겸손 혹은 동정을 위한 노력 때문에 가난한 체 한다는 것이다.

다른 한편으로, 가난한 자들이 열등감을 느끼는 것을 원치 않기 때문에 부유한 척 한다는 것이다. 중고가게에서 물건을 파는 부유한 사람들도 있고, 형편에 맞지 않는 큰 차를 운전하는 가난한 사람들도 있다.

이 구절의 의미를 다르게 해석해본다면 세상적인 것들에 부유한 사람들이 사회적, 인격적, 영적 감각에 있어서는 가난한 반면, 경제적으로 가난한 다른 사람들은 행복, 안전, 친구관계, 하나님을 향한 믿음으로 가득한 삶을 살고 있다고도 해석할 수 있다.

[13:8] 사람의 재물이 자기 생명의 속전일 수 있으나 가난한 자는 협박을 받을 일이 없느니라

8절에 상응하는 현대의 격언은 "가난한 사람들은 어떤 도둑도 두렵지 않다"이다. 만약 당신이 어떤 것도 가지고 있지 않다면, 당신은 도둑 맞을 어떤 것도 가지고 있지 않을 것이다. 또 가진 것에 큰 가치가 없다면 화재 보험에 돈을 쓰지 않아도 될 것이다. 심지어 부는 (일반적으로 범죄자들이 몸값을 받기 위해서는 부자를 납치한다는 점에서) 불행이 될 수 있다.

[13:9] 의인의 빛은 환하게 빛나고 악인의 등불은 꺼지느니라

등불의 이미지는 성경 전체에서 나타난다(시 119:105; 마 5:14-16 참조). 악인들이 꺼진 등불을 가지고 있을 것이라는 경고는 욥기 18:5-6, 21:17 및 잠언 20:20, 24:20에서 발견된다. 그러한 경고들은 우리에게 마태복음 25:1-13에 등불을 가진 열 처녀 비유를 상기시켜 준다. 이 구절은 악인이 고통을 겪고 너무 이른 죽음을 맞이할 것이지만, 의인은 장수하며 만족스러운 삶을 살 것이라고 가르쳐 준다.

[13:10] 교만에서는 다툼만 일어날 뿐이라 권면을 듣는 자는 지혜가 있느니라

10절에서 언급된 "다툼"은 문제의 다양한 측면을 나타내는 드문 단어이다(잠 17:19; 사 58:4 참조). "교만"은 굉장한 자부심을 의미할 수도 있고 혹은 자신만의 자신감 넘치는 생각을 의미할 수도 있다. 자기 생각으로만 가득 찬 의견은 문제를 일으키지 않을 수 없다. 특히 그것은 다른 사람의 강한 의견과 충돌한다. 다른 한편으로 지혜로운 사람은 새로운 생각에 열려 있다. 그들은 다른 이들의 충고를 환영하며, 새로운 정보의 빛 속에서 그들의 마음을 변화시킬 준비를 한다.

[13:11] 망령되이 얻은 재물은 줄어가고 손으로 모은 것은 늘어가느니라

11절에 상응하는 현대의 격언은 "쉽게 벌면, 쉽게 쓴다"이다. 이 절은 빠르게 부유해져서 쉽게 모든 것을 잃어버린 사람과 천천히 재산을 모아서 천천히 늘려가는 사람 간의 대조이다. 일부 사람들은 주식으로 큰 돈을 얻거나 잃는다. 또 어떤 사람들은 카지노에서 도박으로 돈을 모으거나 잃는다. 큰 돈을 써보지 않았는데 갑자기 재산을 상속받은 사람들은 그것들을 빨리 써버린다. 돈 관리는 조금씩 모으고 지혜롭게 사용하면서 획득되는 기술이다.

이 구절에 "망령되이 얻다"라는 동사의 번역은 어렵다. 그것의 헬라어 번역은 20:21의 전반부와 비슷하다("속히 잡은"). 그러나 히브리어는 실제로 불법적으로 얻은 부를 암시하기 위해 "망령되이"라는 단어를 사용한다(잠 10:2; 21:6; 28:20, 22와 비교). 이 구절은 사기꾼들에 대한 경고이며 정직하고 검약한 사람들에 대한 축복의 약속이다.

[13:12] 소망이 더디 이루어지면 그것이 마음을 상하게 하거니와 소원이 이루어지는 것은 곧 생명 나무니라

12절은 경고 혹은 충고가 없는 단순한 선언적 진술이다. 희망은 아름답다. 그러나 그 희망이 성취되지 않았다면, 그것은 곧 슬픔으로 변할 것이다. 소원이 이루어지면 곧 "생명 나무"이다. 이 구절에서 적용된 교훈은 우리에게 다른 사람들의 희망과 소원(특히 어린아이들의!)을 조심스럽게 다루라고 가르쳐주고 있다. 우리는 우리의 약속들을 지켜야만 한다. 우리가 할 수 있는 모든 것들을 하는 것은 희망을 다른 사람들 속에서 번영하게 만든다. 반면, 우리가 할 수 있는 것들을 피하는 것은 슬픔의 뿌리들을 생산하는 것이다.

[13:13] 말씀을 멸시하는 자는 자기에게 패망을 이루고 계명을 두려워하는 자는 상을 받느니라

1절과 10절은 이미 충고를 받아들이는 것에 대해 말씀하고 있다. 13절은 이와 같은 교훈을 반복하고 있다. "말씀", "계명"이라는 단어들은 "토라", 즉 잠언 1:8; 6:23에서 나타난 "법"과 같은 종교적인 도구임을 암시된다. 13절은 성경을 주의 깊게 읽는 중요성에 대한 좋은 증빙 구절이다. 성경을 존경하는 자는 "보상 받을 것"인 반면, 그것을 경멸하는 자는 "대가를 치를 것이다".

[13:14] 지혜 있는 자의 교훈은 생명의 샘이니 사망의 그물에서 벗어나게 하느니라

두 대조되는 이미지, 즉 생명의 샘과 사망의 그물이 14절에서 사용되었다. 지혜는 자양분이 되고 또 보호할 것이다. 그 샘으로부터 마시는 것은 당신을 황량한 삶의 공격에서 생존케 도와주고, 또 (죽음의 덫을 피하도록 도우면서) 그곳에서의 어려움들을 경계하게 한다.

[13:15] 선한 지혜는 은혜를 베푸나 사악한 자의 길은 험하니라

"사악한 자의 길은 험하니라"는 자주 인용된다. "험하다"는 단어는 "가기 어렵다"는 의미로 사용된 것이 아니다. 여기서 "험하다"란 의미는 악인들의 무감각한 행동을 가리키며 "강함" 혹은 "단단함"을 의미한다. 일부의 번역가들은 위법자들의 길을 묘사하기 위해 "황폐"와 같은 단어들을 사용한다. 즉, 타인의 지혜로운 교훈에 무감각하게 떠나 악한 길에 서 있는 사람은 황폐의 길에 서 있는 것이다.

[13:16] 무릇 슬기로운 자는 지식으로 행하거니와 미련한 자는 자기의 미련한 것을 나타내느니라

　이 구절의 전반부와 후반부는 정확하게 대조되는 것이 아니다. "슬기로운"이 "미련한"과, "지식으로 행함"과 "미련한 것을 나타냄"은 대조를 이루지만 "행하다"와 "나타내다"는 서로 반대되는 것이 아니다. 잠언 12:23은 이와 비슷한 구절이나 더 좋은 대조를 갖고있다.

[13:17] 악한 사자는 재앙에 빠져도 충성된 사신은 양약이 되느니라

　17절의 사자는 고용인과 같다. 모든 사업가들은 신뢰할만하고 부지런하고 또 지적인 사람을 고용하길 원한다. 사업가들은 무슨 일이 있어도 갈등을 만들고, 재앙(손해)을 유발시키고 하루일당에 대한 하루 업무를 산출하는데 실패하는 사람들을 고용하지 않기를 원한다. 신뢰할 수 있는 사람은 일에 대해 양약이 되므로 정말 가치가 있다.

[13:18] 훈계를 저버리는 자에게는 궁핍과 수욕이 이르거니와 경계를 받는 자는 존영을 받느니라

　18절은 훈계를 받아들이고 저버리는 것에 대한 테마를 반복한다. 구약 시대 사람들은 오늘날의 사람들과 많은 점에서 같았다. 훈계를 결코 기꺼이 받아들이지 않았다. 그 시대에 규율을 무시하는 것은 오늘날 법을 업신여길 때처럼 "궁핍과 수욕"으로 보답을 받았다. 우리의 삶에 교훈을 적용시키기 전까지 우리는 얼마나 많이 동일한 교훈을 들었는가?

[13:19] 소원을 성취하면 마음에 달아도 미련한 자는 악에서 떠나기를 싫어하느니라

　19절은 16절처럼 서로 연관되지 않는 듯한 전반부와 후반부로 구성되어 있다. 19절의 전반부는 12절과 비슷하지만, 후반부는 18절과 비슷

하다. 아마도 18, 19절은 분리되어있지 않았을 것이다. 좋은 훈계를 받아들인 18절에서의 지혜로운 사람은 또한 그의 영혼의 달콤한 소원을 성취하고자 하는 갈망이 있다. 반면, 규율을 무시하고 악으로부터 떠나기를 싫어하는 미련한 자는 실패와 수치와 실망을 스스로 얻는다.

[13:20] 지혜로운 자와 동행하면 지혜를 얻고 미련한 자와 사귀면 해를 받느니라

20절은 간결하고 짧은 절이다. 히브리어로는 발음을 딱딱 맞춘 경쾌한 구절이다. 지혜가 반복되는 것은 분명하다. 그러나 "동행하다" 라는 단어에 한 발음만 더 하면 "해를 받는다"가 되는 사실을 히브리어를 읽는 사람에게만 분명하게 드러날 것이다.

유유상종, 부전자전이라는 두 개의 현대의 격언들은 20절과 비슷하게 들린다. 사람은 함께 시간을 보내는 사람을 닮는다. 인간 관계를 살펴보라. 시청하는 TV프로그램과 읽는 책을 점검해 보라. 읽고 보는 그 대상처럼 되고 싶은가? 친구 중에 닮고 싶은 이가 있는가?

[13:21] 재앙은 죄인을 따르고 선한 보응은 의인에게 이르느니라

21절의 첫 부분은 15절의 교훈("사악한 자의 길은 험하니라")을 반복한다. 이 세상에서 악한 사람들은 상당한 "악운"을 가진것 처럼 보이지만, 실상은 "재앙은 죄인을 따른다"는 사실이다. 욥의 친구들은 잘못 생각하여 이 진리를 욥에게 적용했다(이는 범하기 쉬운 잘못이다!). 하지만 일반적으로 죄인들은 그들이 잘못 행동함으로써 그들의 문제들을 야기시킨다.

[13:22] 선인은 그 산업을 자자손손에게 끼쳐도 죄인의 재물은 의인을 위하여 쌓이느니라

22절은 온유한 자는 결국 땅을 기업으로 받는다는 의미의 우주적 정의에 대해 말한다(마 5:5). 기타 잠언들도 의인은 부유하게 될 것이고, 사악한 자는 가난할 것이라고 가르친다. 이것은 그러한 진리의 표현 중 하나일 뿐이다. 하나님의 축복은 그를 기쁘게 하는 자에게 있다. 하나님은 반드시 그들을 장수케 하며 자녀들로 하여금 열심히 일한 것을 상속받게 하실 것이다. 사악한 자는 자손의 부족으로 혹은 그들 자신의 미련함으로 인해 그들이 가진 것을 상실할 것이다. 이러한 맥락 속에서 달란트 비유를 생각해보라(마 25:14-30, 특히 26, 28절).

[13:23] 가난한 자는 밭을 경작함으로 양식이 많아지거니와 불의로 말미암아 가산을 탕진하는 자가 있느니라

23절에 있는 히브리어 원문은 어렵다. 문자 그대로 읽으면, "경작하는 가난한 자에게 많은 음식이 있으나 불의와 더불어 사라진다"이다. "경작함"이라는 단어는 많이 어려운데, 잠언 21:4에 나타나며, 사실 "등불"로도 읽을 수 있다.

23절은 음식의 분배에 초점을 맞추는 것처럼 보인다. 가난한 사람들은 많은 것을 생산해내기 위해 수고하고 땀을 흘릴지 모르지만 그것이 적절히 분배되지 않는다면 그 모든 것이 무익할 수 있다. 그것은 쓸모없는 것 같고 농장재산의 불공평한 분배인 것 같아 보이는데 부적당한 보상은 현대에서 문제시되는 만큼 고대에도 그러했다.

[13:24] 매를 아끼는 자는 그의 자식을 미워함이라 자식을 사랑하는 자는 근실히 징계하느니라

24절은 "매를 아끼면 자녀를 망친다"의 기초를 놓는 구절이며, 이와

동일한 테마를 가진 여러 잠언들 중 첫 번째이다(잠 19:18; 22:15; 23:13-14; 29:15-17).

성경은 명확하게 아이들에 대한 체벌을 권고한다. 예를 들면 손바닥으로 엉덩이를 찰싹 때리는 것은 아이들을 훈련시키기 위해 충분히 돌보고 있다는, 아이들에 대한 부모의 사랑의 증거이다. 부모에게 있어 아이들을 충분히 돌보지 않거나 무시해서 비난받는 것보다 체벌로 비난받는 것이 더 좋다. 이 구절에서 "매"는 단지 이야기 속의 상징이 아니다. 잠언 속에서 이와 평행하는 구절들은 "매"의 문자 그대로의 의미를 지지한다.

[13:25] 의인은 포식하여도 악인의 배는 주리느니라

13장은 의인의 포식과 악인의 굶주림으로 마무리 된다. 포식은 의인의 삶과, 굶주림은 악인의 삶과 딱 들어 맞는다. 풍족하게 먹고 장수하며 행복을 누리고 소망을 이루는 삶이 있는 반면, 급사, 실망, 절망, 굶주림에 허덕이는 삶도 있다.

[14:1] 지혜로운 여인은 자기 집을 세우되 미련한 자는 손으로 그것을 허느니라

잠언 14:1은 집을 건설하거나 세우는 책임감을 가진 여인에 대한 것으로 바뀐다. 히브리어에서는 집(건물)이나 가정을 가리키는 단어가 같다. 여기서는 "가정"이 더 선호된다. 이 구절은 집을 건축하는 석공이나 목수의 일을 말하는 것이 아니라 바로 "가정"을 세우는 것을 말한다. 지혜로운 여인은 가족 서로가 함께 결합하고 가족이 살 행복하고 편안한 장소를 창조하기 위해 날마다 일을 한다(잠언의 마지막 22개의 절들은 가정을 세우은 현숙한 여인의 모습을 전개한다). 반면, 미련한 여인은 지혜로운 여인이 설립해놓았던 모든 것은 그녀 손으로 헐고자 한다.

[14:2] 정직하게 행하는 자는 여호와를 경외하여도 패역하게 행하는 자는 여호와를 경멸하느니라

2절은 "여호와 경외" 구절과는 약간 다르다. "여호와 경외"에 대한 언급이 이 절의 맨 처음 부분이 아니라 두 번째 부분에 나오기 때문이다. 정직하게 행하는 것은 하나님에 대한 순종의 표시인 반면, 패역한 길을 따르는 것은 하나님에 대한 불순종의 표시이다. 이러한 맥락에서 요한복음 14:15을 생각해 보라.

[14:3] 미련한 자는 교만하여 입으로 매를 자청하고 지혜로운 자의 입술은 자기를 보전하느니라

3절은 지혜로운 자의 말과 미련한 자의 말을 대조한다. 지혜로운 자의 말이 어떻게 그를 보호하는가? 그것은 거짓된 고발, 중상, 잘못된 상담, 불경건한 충고 가운데 있는 어리석은 자의 거만한 말로부터 보호해 준다. 우리가 배운 지혜는 어리석은 모든 말에서 우리를 지켜줄 것이다.

[14:4] 소가 없으면 구유는 깨끗하려니와 소의 힘으로 얻는 것이 많으니라

4절의 의미는 불확실하다. "외양간이 깨끗하다"가 될 수도 있고 "구유가 빈다"가 될 수도 있다. 두 가지 가능한 해석이 있다. 첫째, "소가 있다면 외양간이 가득하겠지만 소가 없다면 외양간이 빌 것이다". 둘째, "많은 소가 많은 농작물을 만든다. 그러나 소가 없다면 농작물도 적을 것이다". 일부 "깨끗한 구유"라는 번역은 작물 혹은 곡물이 없어 빈 외양간을 의미할 수 있으며, 심지어 "깨끗한" 이유가 먹이고 돌보아야 하는 동물이 없는 것까지도 의미할 수 있다. 두 해석 중 어느 것이든지 얻을 수 있는 교훈은 어떤 것에든지 투자해야 한다는 것이다. 당신은 동물을 사서 끌고 와야 하고 돌봐야 하고 깨끗하게 해줘야 하고 그 동

물에게 책임감을 가져야 한다. 왜냐하면 그 동물들은 많은 토지를 경작하고, 실질적인 수확을 거둬들이는데 중요하기 때문이다. 이 교훈의 더 넓은 적용은 지혜는 더 많은 교육을 시키는 것이든지, 더 많은 기계를 사는 것이든지 혹은 더 많은 경작용 동물에 투자하든지 일생동안 노력하며 준비하는 것임을 시사한다.

[14:5] 신실한 증인은 거짓말을 아니하여도 거짓증인은 거짓말을 뱉느니라

5절은 "신실한 증인은 결코 거짓말을 하지 않는다"로 읽을 수 있다. 이 구절은 히브리어의 반복적인 성격을 잘 드러낸다. 거짓말은 진실과 거짓의 혼합물이다. 진실한 증인이 제공하는 것은 오직 진실만 포함한다. 우리의 법정은 모든 증인이 진실, 완전한 진실, 진실 외에 아무 것도 아님을 말하도록 서서 맹세하게 만들지만, 신뢰할 수 없는 증인은 때때로 진실을 말할 수 있고 또 진실이 아닌 많은 것을 제공할 수도 있다.

[14:6] 거만한 자는 지혜를 구하여도 얻지 못하거니와 명철한 자는 지식얻기가 쉬우니라

잠언 8:9은 지혜로운 사람은 거만한 자와 달리 지혜와 화합한다고 가르쳤다. 거만한 자는 영적인 근시안으로 인해 해를 입는다. 그들은 자아상이 너무 커서 실제로 그들 앞에 있는 것이 무엇인지 보는 것에 실패한다. 그들의 마음은 그들이 이미 옳다고 결정한 것을 제외한 모든 것에 대해 닫혀져 있다. 그들은 지혜를 구해도 헛되다. 왜냐하면 그들은 올바른 위치에서 바라보지 않으며 보물을 발견해도 그것을 인식하지 못하기 때문이다.

[14:7] 너는 미련한 자의 앞을 떠나라 그 입술에 지식있음을 보지 못함이니라

잠언 13:20은 앞서 잠언 14:7의 주제를 소개했다. 미련한 자들과 교제하며 얻는 것이 아무 것도 없는데 왜 그들과 함께 시간을 낭비하는가? 그들과 함께 머무르지 말라. 그들과의 교우관계는 단지 고통을 야기시킨다.

[14:8] 슬기로운 자의 지혜는 자기의 길을 아는 것이라도 미련한 자의 어리석음은 속이는 것이니라

최고의 기만은 여기서 말하는 것처럼 자기기만이다. 미련한 사람은 자신이 모든 것을 안다고 생각한다. 그것은 그를 재앙으로 인도할 잘못된 확신이다. 반면, 지혜로운 자는 자신이 하는 것에 대해 자기 반성적이다. 삶은 우리에게 많은 관계 속에서 많은 결정을 하게 한다. 우리는 많은 결정을 해야 한다. 우리는 각 환경이나 모든 기회에서 최선으로 나아가기 위해서 주님이 주신 지혜가 필요하다.

[14:9] 미련한 자는 죄를 심상히 여겨도 정직한 자 중에는 은혜가 있느니라

9절은 그것의 해석이 다소 불확실하기 때문에 이해하기 어렵다. "죄"(sin)란 단어는 또한 "희생제사"를 의미하기도 한다. 미련한 자들이 심상히 여기는 것은 맞지만 그것이 희생제사인가, 아니면 죄인가? 우리는 확신할 수 없다. 잠언은 이스라엘 종교의 형식절차에 관한 많은 가르침을 포함하진 않는다.

이 절에서의 다른 문제는 "중에는"이 "이해하다"로도 번역될 수 있다는 것이다. 이 단어의 히브리어 통사론은 꽤 특이하지만 문자 그대로의 해석은 다음과 같다. "미련한 자는 죄를 심상히 여겨도 정직한 사람들

은 받아들이는 자세를 가진다". 정직한 사람들이 하나님과 함께 책임감 있는 삶을 받아들이는 반면, 부주의하게 죄에 관여한 미련한 자들과의 차이가 여기 있다.

[14:10] 마음의 고통은 자기가 알고 마음의 즐거움은 타인이 참여하지 못하느니라

10절은 아무도 진실로 다른 누군가에게 "나는 당신이 어떻게 느끼는지 알아요" 혹은 "나는 당신이 경험하고 있는 것을 알아요"라고 말할 수 없음을 이야기한다. 실제로 고통을 당하거나 기쁨을 누리는 사람만이 그들의 경험에 대해서 깊이있게 말할 수 있다. 우리는 동정하기 위해 혹은 이해하기 위해 노력은 할 수 있을지 모르지만 전적으로 타인의 기쁨이나 고통에 참여할 수는 없다. 모든 사람의 마음에는 자기만의 고유한 짐이 혹은 자기만의 특별한 기쁨이 있다. 사실상 아주 개인적인 어떤 경험은 죽음이다. 아무도 심지어 가족까지도, 그 경험에 완전히 관여할 수 없다.

[14:11] 악한 자의 집은 망하겠고 정직한 자의 장막은 흥하리라

잠언 12:7도 이 절의 교훈을 담고 있다(물론 잠 12:7의 "집"을 "가정"으로 읽어야 하겠지만). 여기서는 "가정"의 뜻을 담고 있는 "집"(건물)으로 읽어야 한다. 건설하는데 어리석은 방법을 쓰거나 디자인하는데 나쁜 원칙을 사용한 악한 자는 그의 집을 무너지게끔 하고 있는 것이다. 만일 그가 가정을 이루고 아이를 키우는 데 있어 나쁜 방법과 원칙을 사용한다면 그는 또한 파멸을 초래하고 있는 것이다.

정직한 자의 가정은 그들의 부모에게 명예를 가져다 줄 올바르게 행동하는 자녀를 양육할 것이다. 그런 아이들은 셀 수 없이 많고(사회에서 은총과 부의 징표) 장수할 것이다. 또한 그들의 노동은 많은 것들을 일구어 내며 그로 인해 번영하게 될 것이다. "가정을 사세요" 라고 광고하는 부동산 중개업자들은 일종의 허위광고를 하는 셈이다. 그들이 판매용으로 제공하는 것은 단지 집(건물) 뿐이다. 가정은 목수나 석공에 의해 지어질 수 없고 단지 신앙심 깊은 부모들에 의해 이루어진다.

[14:12] 어떤 길은 사람이 보기에 바르나 필경은 사망의 길이니라
12절에 나오는 옳은 것처럼 보이는 길은 우리에게 정말 편하기 때문에, 옳게 보이는 길에 대해 신중할 것을 가르쳐준다. 멸망으로 인도하는 넓은 길은 우리 앞에 있는 반면, 영원한 삶으로 인도하는 좁은 길은 찾기 힘들다. 주류를 버리고, 지옥으로 가는 길에서 떠나는데는 노력이 필요하다(잠 3:5; 7:27; 16:25 참조).

[14:13] 웃을 때에도 마음에 슬픔이 있고 즐거움의 끝에도 근심이 있느니라
13절의 표현은 단지 잠언 10:1, 17:21, 시편 119:28에서 아주 드물게 사용된 "그러나 그것의 끝"과 "슬픔" 혹은 "비탄"을 나타내는 히브리어 속에서 연결된다. 또한 전도서의 한 구절처럼 들리기도 한다(전 2:2). 저자는 여기서 모든 인간의 궁극적인 운명에 대해 간접적으로 말한다(눅 6:25). 모든 삶은 죽음으로 끝난다. 그 확실성은 모든 감정, 경험, 계획을 그늘지게 한다. 기쁨과 슬픔 중에 우리 삶에서 더 영속적인 감정은 슬픔이다.

[14:14] 마음이 굽은 자는 자기 행위로 보응이 가득하겠고 선한 사람도 자기의 행위로 그러하리라
14절의 후반부가 다소 불명확하다 할지라도 그것의 의미는 1:31, 12:14을 포함하여 "뿌린대로 거둠"을 가르치는 다른 구절과 일치한다.

[14:15] 어리석은 자는 온갖 말을 믿으나 슬기로운 자는 자기의 행동을 삼가느니라

훌륭한 믿음이라도 잘못된 것에 대한(혹은 잘못된 사람에 대한) 믿음은 영원한 재앙이 될 수 있다. 아무 생각없이 "믿음을 가져"라고 말하는 사람은 신중하지 못한 사람이다. 믿음은 올바른 것(혹은 올바른 사람)에 대한 것이어야 한다. 15절은 분별없이 아무것이나 다 믿는 어리석은 자들을 말한다. 반면, 슬기로운 사람들은 행동을 삼간다.

[14:16] 지혜로운 자는 두려워하여 악을 떠나나 어리석은 자는 방자하여 스스로 믿느니라

16절에 있는 단어가 15절과 다르다할지라도 두 절은 같은 주제, 즉 잘못된 믿음과 주 안에서의 확신을 나타낸다. 알렉산더 포프(Alexander Pope)의 말이 여기서 떠오른다. "어리석은 자들은 천사도 가기 두려워하는 곳으로 돌진한다". 용기와 모험적인 정신은 때때로 칭찬할만하지만 무모함과 불필요한 모험을 구별하는 경계는 가느다랗기에 주의해야 한다.

[14:17] 노하기를 속히 하는 자는 어리석은 일을 행하고 악한 계교를 꾀하는 자는 미움을 받느니라

17절의 전반부의 의미는 분명하지만 후반부는 다소 모호하다. 후반부의 형용사 "꾀하는"은 계획을 세우는 지혜로운 사람을 가리키는 것이 아니다. 그 단어는 잠언 1:4, 2:11, 3:21에서는 긍정적인 의미로, 잠언 12:2, 24:8, 시편 37:7에서는 부정적인 의미로도 사용되었다. 부정적으로 "꾀하는"을 사용하는 것은 여기서 더 의미 있게 만드는 것처럼 보인다. 하지만 이것은 이 절이 대조되지 않게 만든다(10-15장의 절들이 가장 그러하다). TEV 성경에 있는 구절, "현명한 자는 평온 가운데 머무른다"

는 헬라어 번역에서 온 것으로, 우리가 알고있는 히브리어 원문과는 완전히 다른 것이다.

전반부의 의미는 명확하다. 성급함, 어리석음, 노하기를 속히함 등은 늘 엮여있다는 것이다(잠 14:29 참조).

[14:18] 어리석은 자는 어리석음으로 기업을 삼아도 슬기로운 자는 지식으로 면류관을 삼느니라

18절은 뿌린대로 거두고 각자의 행위의 열매를 얻는다는 것을 다시 일깨워준다. 이 절의 삶의 결과는 "어리석음으로 삼는 기업" 혹은 "지식으로 인한 면류관"이다. 무지한 아들이 가족의 어리석음을 물려받도록 노력하는 아버지를 상상해보라. 이는 말도 안 되는 일이며, 여기서도 비유로 사용된 표현이지만, 실제 이런 일은 일어나고 있다! 반면, 슬기로운 아들은 지식의 면류관을 얻게 되고 자자손손 전해진다.

[14:19] 악인은 선인 앞에 엎드리고 불의한 자는 의인의 문에 엎드리느니라

19절은 "지금 여기"의 관점보다는 종말론적으로 이해하기가 더 쉽다. 악인이 선인에게 엎드리는가? 우리는 그 반대의 일을 더 자주 본다. 사악한 자들은 정의로운 자를 짓밟는다. 강도들과 강간범인들은 사회를 위협한다. 모든 세상에서 악은 진실이 단두대 위에서 흔들리는 동안 그 왕좌 위에서 안전하다. 잠언은 일반적으로 종말을 다루지는 않지만 이 절은 분명 종말론적이다(빌 2:10 참조).

[14:20] 가난한 자는 이웃에게 미움을 받게 되나 부요한 자는 친구가 많으니라

20절은 탐욕은 베풂보다 더 크다는 불행한 사실을 보여준다. 사람들은 가난한 친구보다 부유한 친구를 더 많이 갖기를 열망한다. 이 간단한 관찰에는 비난도 용서도 없지만 우리로 하여금 다음과 같은 질문을 하게한다. 우리는 가난한 이웃들을 피하는가? 우리는 부유한 자들이 주목해주길 원하는가? 사람들은 우리가 돈이 많기 때문에 우리의 주목을 원하는가? 우정을 돈으로 살 수 있는 것인가?

[14:21] 이웃을 업신여기는 자는 죄를 범하는 자요 빈곤한 자를 불쌍히 여기는 자는 복이 있는 자니라

20, 21절은 서로 관련이 있다. 20절은 단지 관찰일 뿐인 반면, 21절은 그것으로부터 얻을 수 있는 교훈이다. 예수는 종종 부유한 자들 및 빈곤한 자들과 어느 정도로 관계를 맺을 것인가를 자신의 행동으로 증명함으로써 부유한 자와 빈곤한 자에 대해 언급했다. 간혹 예수는 빈곤한 자의 편에서 돕는 부유한 자들을 피함으로써 극단으로 가는 것처럼 보인다(눅 6:20-26을 보라).

[14:22] 악을 도모하는 자는 잘못 가는 것이 아니냐 선을 도모하는 자에게는 인자와 진리가 있으리라

우리가 잠언 3:3에서 논했던 "인자"와 "진리"라는 두 단어는 여기에서 보다 풍성한 의미를 지닌다. 여기서 "도모하다"를 가리키는 히브리어는 실상 그것이 "경작하다" 혹은 "생각해내다"는 의미이므로 흥미롭다. 현대의 "생각하느라 주름잡힌 이마"라는 표현은 이 단어의 개념과 훌륭하게 연결된다. 그리고 이 단어는 선 또는 악을 선동하거나 그것에 착수하는 것과 같은 육체적인 행동뿐만 아니라 선 또는 악을 도모하거나 생각하는 정신적인 행동까지도 함축한다.

[14:23] 모든 수고에는 이익이 있어도 입술의 말은 궁핍을 이룰 뿐이니라

"궁핍"이란 단어가 사용되었는데, 이는 저자가 20절의 "가난"과 21절의 "빈곤"에 이어 일부로 여기에 배치한 것으로 보인다. 오늘날 서구의 부와 세계의 기근 간의 고조에 달한 논쟁에서는 게으르지 않는 사람들을 비난하려는 반면, 탐욕스런 부유한 자들에 대해서는 비난하려 하지 않는 경향이 많이 있다. 가난의 원인이 게으름 외에도 있는 것처럼 부의 원인 또한 지혜와 성실 외에도 또 다른 원인들이 있다. 23절에서의 "궁핍"(잠언에서 명사로 8번, 다른 곳에서 5번 그리고 잠언에서 형용사로 13번, 다른 곳에서 6번 사용됨)은 나태 혹은 경솔에서 오는 종류의 궁핍인 반면, 20, 21절에서의 궁핍은 가혹한 환경에서 갇히고 압박 당해서 오는 것이다. 잠언은 각각 다른 교훈을 위해 각각 다른 단어들을 사용한다. 가난한 자들에 대한 더 많은 조사는 다음을 고찰해보라.

① 빈궁하거나 고독한 가난한 사람들: 13:8, 23; 17:5; 18:23; 19:1, 7, 22; 22:2, 7; 28:3, 6, 27; 29:13; 31:20.
② 압박 당하는 가난한 사람들: 3:34; 15:15; 22:22; 30:14; 31:5, 9.
③ 게으른 가난한 사람들: 6:11; 11:24; 21:5, 17; 22:16; 24:34; 28:22.

[14:24] 지혜로운 자의 재물은 그의 면류관이고 미련한 자의 소유는 다만 미련한 것이니라

24절의 "미련"이란 말의 세 번 반복은 의미를 더욱 모호하게 만든다 (개역개정의 "소유"는 본래 "미련"이다-역주). 지혜로움에 대한 보상으로서 면류관의 은유를 사용하고 다른 한편으로는 미련한 자들의 어리석은 행동은 미련함을 거두는 것을 암시한다.

[14:25] 진실한 증인은 사람의 생명을 구원하여도 거짓말을 뱉는 사람은 속이느니라

25절은 잠언 14:5에 내용을 조금 더 덧붙인 구절같다. 신실한 증인은 진실만을 말할 뿐만 아니라 그의 증언은 또한 생명을 구한다. 문자 그대로 그는 죽음의 형벌로부터 결백한 사람을 구하거나(왕상 21:10) 상징적으로 신약의 관점에서 볼 때 예수 그리스도에 대한 인간의 운명과 필요의 진실된 증언은 누군가의 영혼을 영원히 구할 수 있다. 이러한 해석은 솔로몬의 생각 이상의 것일 수 있지만 성령이 잠언을 품고 있기에 성령의 의도를 넘어서는 것은 아니다.

[14:26-27] 여호와를 경외하는 자에게는 견고한 의뢰가 있나니 그 자녀들에게 피난처가 있으리라 여호와를 경외하는 것은 생명의 샘이니 사망의 그늘에서 벗어나게 하느니라

26, 27절은 둘 다 "여호와 경외" 구절이다. 26절에서는 여호와 경외는 견고한 의뢰(즉 확신)와 안전을 가져온다는 것을, 27절에서는 여호와 경외는 해방과 생명을 가지고 온다는 것을 나타낸다.

여기서 가장 기본적인 수준의 의미는 문자적 의미이다. 실제로 사람의 육체적인 안전, 보호 혹은 심지어 장수는 여호와를 경외함으로써 보증된다. 게다가 다른 뜻도 있다. 만약 사도 바울과 베드로가 이 절을 인용했었다면 그들은 영적인 삶에 그것을 적용시켰을 것이 분명하다. 여호와 경외는 또한 당신의 영원한 안전, 영원한 보호, 영원한 생명을 보증한다. 이는 문자적 의미보다 무한히 더 중요한 약속이다.

[14:28] 백성이 많은 것은 왕의 영광이요 백성이 적은 것은 주권자의 패망이니라

학생이 없는 교사는 백성이 없는 왕과 같다. 그들의 직함은 가치가

없다. 그들의 직함이 가치가 없기 때문에 그들의 힘과 영향도 마찬가지이다. 아무도 그들을 존경하지도 두려워하지도 않는다. 잠언은 세속적인 공허와 무의미한 허식을 일깨워주는 사실에 대한 간단한 진술이다. 나라 없는 왕처럼 되지 않게 주의하라.

[14:29] 노하기를 더디 하는 자는 크게 명철하여도 마음이 조급한 자는 어리석음을 나타내느니라

분노 혹은 인내에 대해 말하는 여러 절들은(잠 14:17; 15:18; 16:32; 19:11) 셈족의 관용어, 즉 길거나 짧은 코(혹은 숨)라는 표현을 포함한다. 29절에서 지혜로운 사람은 또한 긴 코를 가지고 있는(즉 인내심이 있는) 반면, 어리석은 자의 호흡은 짧다. 사람은 삶의 굴곡에 잘 대응하기 위해 노하기를 더디해야 한다. "노함"이라는 단어는 또한 금속의 유연한 정도를 의미하기도 한다. 만약 당신이 삶의 반응에 스스로를 구부리고 낮춘다면 지혜로운 사람이고, 그렇지 않고 뻣뻣하고 단호하게 있는다면 당신은 고통받게 되고 어리석은 자가 될 것이다.

[14:30] 평온한 마음은 육신의 생명이니 마음이 조급한 자는 어리석음을 나타내느니라

30절은 정신적 상태에 대한 고대의 조언이다. 건강한 마음은 건강한 육체를 만드는 반면, 질투와 같은 올바르지 못한 마음은 사실상 육체적 질병을 불러일으킨다. 만약 우리가 우리의 감정적인 문제들을 해결하기 위해 더욱 노력한다면 그것들은 사라질 것이다.

[14:31] 가난한 사람을 학대하는 자는 그를 지으신 이를 멸시하는 자요 궁핍한 사람을 불쌍히 여기는 자는 주를 공경하는 자니라

31절은 가난을 가리키기 위해 두 개의 단어를 사용한다(잠 14:20, 21,

23 참조). 23절에서 쓰인 단어와는 달리, 31절에서의 단어는 가난 때문에 해결될 수 없는 고통을 받는 사람들에 대해 언급한다. 그들은 그들의 처지 때문에 비난받을 수 없으며, 그리하여 그들을 멸시하는 사람들은 사실상 하나님에 대적하는 죄를 짓는 것이다. 첫 번째 단어 "가난"은 잠언 10:15; 19:4; 21:13; 22:9, 16, 22; 28:3, 8, 11, 15; 29:7, 14에 사용되었고, 두 번째 단어 "궁핍"은 잠언 30:14; 31:9, 20에서 사용되었다.

이 절의 가르침은, 예수가 마태복음 25:45에서 하신 말씀을 상기시켜 준다. "이 지극히 작은 자 하나에게 하지 아니한 것이 곧 내게 하지 아니한 것이니라". 랍비들은, 하나님이 가난한 자들을 창조하신 것은, "부자들로 하여금 그들에게 자선을 베풀게 하기 위해서이다"라고 말했다.

[14:32] 악인은 그의 환난에 엎드러져도 의인은 그의 죽음에도 소망이 있느니라

히브리어에서 죽음을 가리키는 단어는 "모트"이고 안전을 가리키는 단어는 "톰"이다. 히브리어 본문은 "죽음"이라고 읽지만 헬라어 번역은 이를 "완전"이라고 읽는다. 만약에 "완전"이 맞다면 이 절에서 여섯 개의 주요 단어 사이에 훌륭한 대조적인 평행이 존재한다. 즉, 악인 대 의인, 엎드러짐 대 소망, 환난(문자적으로는 "악"-역주) 대 완전. 반면, 만약 "죽음"이라면 그것에 소유 대명사가 첨부되어 반드시 악인에 대한 것이 되어야 한다. 만약 그렇다면 다음과 같다. "의인은 악인의 죽음에 소망이 있느니라". 이는 의인은 악인이 죽었을 때 악으로부터 구원받는다는 의미이거나 혹은 악인의 죽음은 의인이 악으로부터 해방되게 한다는 의미이다. 32절은 "뿌린대로 거둠"의 가르침을 나타낸다.

[14:33] 지혜는 명철한 자의 마음에 머물거니와 미련한 자의 속에 있는 것은 나타나느니라

33절의 헬라어 번역(TEV에서 채택되고, NIV에서 각주 처리됨)은 히브리어 원문보다 더 나은 읽기를 제공한다. 헬라어에서의 좋은 대조는 지혜는 총명한 자들에게 나타나나 어리석은 자들의 마음에 알려지지 않는다고 되어있다. 그러나 히브리어 본문은 지혜는 스스로 총명한 자들에게 뿐만 아니라 어리석은 자들에게도 알려진다고 되어 있다(개역개정의 번역은 미련한 자의 속에 있는 것이 무엇인지 알 수 없다-역주).

[14:34] 공의는 나라를 영화롭게 하고 죄는 백성을 욕되게 하느니라

34절은 또 다른 유명한 절이다. 후반부의 "죄"라는 번역은 일상적인 것이 아니다. 이 히브리어는 보통 "자비"나 "성실"로 번역된다. 그러나 여기에서 그 단어는 그것의 아람어적 의미를 수반한다(잠 25:10; 레 20:17 을 보라). "나라"를 가리키는 히브리어는 정부나 정치적인 실재 그 이상의 것을 암시한다. 이 단어는 또한 지역이나 민족에 관계없이 모든 개인이나 집단들을 언급한다. 공의는 어떠한 사람도 높이는 반면, 죄는 그들에게 불명예이다.

[14:35] 슬기롭게 행하는 신하는 왕에게 은총을 입고 욕을 끼치는 신하는 그의 진노를 당하느니라

35절은 두개의 범주를 포함한다. 즉, 고용주-고용인 관계와 노동에 대한 적절한 임금. 일을 열심히 함으로써 그의 주인을 기쁘게 하는 자는 현명하다. 그의 "왕"이나 고용주는 그러한 자를 기뻐하여 그의 수고에 따른 보상을 할 것이다. 그러나 수고하지 않은 자는 그의 주인에게 욕을 끼쳐 그를 진노케 하여 일자리를 잃을 것이다.

[15:1] 유순한 대답은 분노를 쉬게하여도 과격한 말은 노를 격동하느니라

잠언 15:1, 2, 4은 모두 말에 대해 언급한다. 1절은 유명하다. 잠언은 자기 통제를 제안한다. 논쟁은 한 사람의 대답에 따라 심해질 수도 있고 진정될 수도 있다(15:28을 보라).

[15:2] 지혜있는 자의 혀는 지식을 선히 베풀고 미련한 자의 입은 미련한 것을 쏟느니라

잠언 12:23; 13:16은 말할 것이 없을때조차도 말하는 어리석은 자를 묘사하고 있다. 반면, 지혜로운 자는 더 말할 것이 있을때에 더 적게 말한다. 우리들 대부분은 입을 다물고 있기가 어렵다. 우리는 모든 주제에 대해 의견을 제안하거나 개인적인 보기를 줘야만할 것 같이 느낀다. 우리는 그러한 유혹을 뿌리치고 말하기 보다는 듣도록 해야 한다. "미련한 것을 쏟는" 행동은 미련한 자를 더욱 미련하게 만든다. 이럴 때 우리는 지혜자의 침묵으로 그가 가진 의견은 놓치고 오히려 어리석은 자의 말만 듣게 된다.

[15:3] 여호와의 눈은 어디서든지 악인과 선인을 감찰하시느니라

3절은 하나님의 전지전능 교리에 대한 훌륭한 증거본문이다. 우리의 하나님은 선과 악 그리고 모든 것을 보고 알고 계신다. 만약 당신이 선하다면 당신은 이 사실에 위안을 받을 것이다. 그러나 만약 당신이 악하다면 반드시 이 사실에 위험을 느낄 것이다. 여호와의 눈은 항상 어디든지 감찰하신다.

[15:4] 온순한 혀는 곧 생명 나무이지만 패역한 혀는 마음을 상하게 하느니라

4절의 "패역한 혀"는 구약(여기와 NIV나 TEV의 11:3에서 "부정직"과 "이중성"으로 번역되는)에서 단지 2번 나타나는 드문 용어이다. "상하게 한다"라는 동사는 잠언에서 4번 그리고 다른 곳에서 3번 나타난다. 이 구절은 타인을 치료하거나 상처주는 혀의 영향력에 대한 생생한 묘사이다. 성경은 아첨 혹은 부정직을 권하지 않는다. 오히려 우리가 말하는 것은 언제나 잔인하지 않아야 하고 친절해야 함을 이 구절은 말한다.

[15:5] 아비의 훈계를 업신여기는 자는 미련한 자요 경계를 받는 자는 슬기를 얻을 자니라

5절은 성숙한 아들에게 전하는 아버지의 훈계(잠 1:8과 비교)를 포함하는 앞선 장들의 잠언들을 생각나게 한다. 여기서 잠언은 일반적인 원리를 말하고 있다. 즉, 아버지는 연장자이며 그렇기에 현명하다는 것이다. 그가 그의 아들에게 말해야 하는 것은 가치있는 훈계이다. 오직 미련한 자만이 그것을 무시한다. 물론 여기에는 예외도 있으나, 대부분의 경우에 부모의 훈계를 따르는 것은 좋은 생각이다.

[15:6] 의인의 집에는 많은 보물이 있어도 악인의 소득은 고통이 되느니라

6절은 두 개의 가능한 해석을 제안한다. 첫 번째 해석은 지혜로운 의인은 또한 돈에 날카로운 투자자라는 것이다. 어려운 시기에도 그들은 가난으로 빠지지 않는다. 그들은 주의깊게 그들의 재산을 분배해서 경제의 일일파동(daily-fluctuation)에 영향받지 않는다. 반면, 미련한 악인은 지혜로운 돈 관리자가 아니다. 그들은 자주 그들의 모든 돈을 위험한 사업에 투자하며 사업이 망하면 그들이 투자한 모든 것을 잃는다.

두 번째 해석은 악인에게 상시시켜 줄 목적을 가진 것으로, 하나님은 모든 것들을 고르게 하시는, 즉 부정하게 얻은 부를 재분배하고, 죄인의 예기치않게 얻은 값비싼 부의 획득을 빼앗는 방법을 갖고 계시다. 어느 한 랍비의 설교는 다음과 같이 말한다. "거지에게 열려지지 않는 문은 의사에게 열려질 것이다". 쉽게 말해서, 만약 주님께 드리지 않으면 그 것은 결국 질병이나 재난으로 의사에게 치료비를 지불할 일이 생길 것 이라는 뜻이다.

[15:7] 지혜로운 자의 입술은 지식을 전파하여도 미련한 자의 마음은 정함이 없느니라

지혜로운 자들은 지식을 전파한다. 미련한 자들은 다른 것, 횃불이나 화살(잠 26:18) 혹은 미련한 것(잠 15:2)을 쏟아놓는다.

[15:8] 악인의 제사는 여호와께서 미워하셔도 정직한 자의 기도는 그가 기뻐하시느니라

이는 하나님께 제사를 드리는 악인의 위선에 대한 강력한 고발로, 구약의 사무엘상 15:22; 시편 40:6-8(히 10:5-7에서 인용됨), 시편 51:16-17; 잠언 21:3; 이사야 1:11-17; 예레미야 7:22-23; 아모스 5:21-24; 미가 6:6-8과 같은 구절들을 생각나게 한다. 그러나 우리들 대부분은 우리의 마음보다는 옷을 찢는 것이 더 쉽다는 것을 발견한다. 내적으로 의로운 존재가 되는 것이 무엇이 의로운 것인지 논하는 것과는 비교도 안 되게 어려운 것이다. 기도할 때 의로운 말들을 쏟아놓는 것이 우리가 기도한 대로 평생을 사는 것보다 간단하다. 하나님은 업신여김을 받지 않으신다. 하나님은 악인의 제사는 받지 않을 것이나, 의인의 기도는 기뻐하신다(시 19:14을 보라).

[15:9] 악인의 길은 여호와께서 미워하셔도 공의를 따라가는 자는 그가 사랑하시느니라

9절에서 하나님은 죄를 미워하신 것이지 죄인은 아니라는 것에 주의하라. 우리에게는 그것을 분리하는 것이 너무나 어렵다. 몇몇의 시편은 심지어 다윗조차도 그의 적들을 향한 극도의 분노를 나타낸다(시 139:21-22 참조). 그는 악인들과 그들의 행위를 거의 분리시키지 않는다. 그러나 9절은 하나님은 악인 자체가 아니라 "악인의 길을 미워하신다"고 말한다.

[15:10] 도를 배반하는 자는 엄한 징계를 받을 것이요 견책을 싫어하는 자는 죽을 것이니라

10절은 대조적인 평행들이 아닌 세 개의 연속되는 절들 중 첫 번째이다. 이 세 개의 절들의 후반부는 전반부의 의미를 확대시킨다.

10절은 도를 배반하는 자 그리고 견책을 싫어하는 자에게 처벌, 심지어 죽음까지도 약속한다. 죄를 짓는 것도 충분히 나쁜 것이지만 죄를 시인하지 않는 것은 용서 받을 수 없는 일이다. 이는 결국 하나님이 예수를 통해 제공하신 용서를 거절하는 것에 이르고, 결국 영원한 벌을 받게된다. 우리 모두는 죄인이다. 그러나 우리는 예수를 통해서 회개하여 용서를 받았기에 다시 같은 죄를 범하지 않도록 싸워야 한다.

[15:11] 스올과 아바돈도 여호와의 앞에 드러나거든 하물며 사람의 마음이리요

11절은 또 다른 "하물며"(how much more) 형식의 잠언이다(잠 11:31; 19:7; 21:27참조). 이 절의 교훈은 3절의 것과 같다. 하나님의 눈은 어디에든지 있다. 만약 그가 죽음과 파괴의 가장 어두운 곳인 스올과 아바돈(계 9:11과 비교)속을 볼 수 있다면, 분명히 또한 인간의 마음 속도 볼 수 있다.

[15:12] 거만한 자는 면책받기를 좋아하지 아니하며 지혜있는 자에게로 가지도 아니하느니라

12절의 두 동사는 모두 미련한 자가 하지 않는 것을 표현한다. 그는 잘못을 고치지 않으며 지혜로운 자에게 의견을 묻지도 않는다. 정신적인 성숙의 가장 정확한 지표는 비평을 기꺼이 받아들이느냐 하는 것에 있다. 예를 들면, 실력없는 운동선수, 예술가, 학생은 비평받기를 싫어한다. 비평을 받아들이고 그것에 따라 행동하는 사람들은 성공한 사람이고 훌륭한 사람이며 승리자들이다. 우리는 다른 사람이 우리에게 아주 작은 충고라도 주면 얼마나 싫어하는가! 우리는 얼마나 자주 다음과 같은 생각들로 그것을 합리화 하는가! "그는 자기가 무슨 말을 하는지도 모른다. 만약 그녀가 그렇게 현명하다면 왜 그녀는 더 낫게 행동하지 않는가"?

[15:13] 마음의 즐거움은 얼굴을 빛나게 하여도 마음의 근심은 심령을 상하게 하느니라

13절은 얼굴은 감정을 드러낸다고 말한다. 얼굴 표정에 대한 민감성은 목사, 교사, 상담가 등에 의해 추구될 만한 가치가 있다. 어떤 사람이 무슨 말을 하던지간에, 그의 내면에 있는 것이 자신의 얼굴에 나타날 것이다.

[15:14] 명철한 자의 마음은 지식을 요구하고 미련한 자의 입은 미련한 것을 즐기느니라

우리는 14절의 주제를 12절에서 들었다. 지혜로운 자는 지식을 구하나 어리석은 자는 어리석음에 만족한다. 잠언은 일반적인 원리를 말하고 있음을 잊지말라. 어떤 사람도 쉽게 두 개의 범주로 분리될 수 없다. 그러나 일반적으로 지혜를 구하는 자는 안전함, 평범함, 제한된 전망으로 인해 지혜를 포기하는 자들보다 더 부유하게 된다.

[15:15] 고난받는 자는 그 날이 다 험악하나 마음이 즐거운 자는 항상 잔치하느니라

15절은 가난한 자와 행복한 자를 대조하는 것이 아니라, 가난하여 불행한 자와 가난하여도 행복한 자를 말하는 것이다(고난받는 자는 가난한 자로도 번역될 수 있다-역주). 가난해도 행복할 수 있다. 차이는 삶에 대한 태도에 의해 결정된다. 실제로, 나의 오래된 친구가 한 말을 빌리자면, "부는 불편함을 조금 더 편리함으로 바꾸어 줄 뿐"이다. 그러나 부가 행복을 가져다 주는 것은 아니다.

이 절은 실제의 대조가 아니다. 비록 "험악한 날들"이 "잔치하는 삶"과 반대된다고 해도, "가난"이 "즐거움"의 반대가 아니다. 이 절의 전반부와 후반부는 각각 사실이긴 하나, 후반부는 전반부의 필연적 결론이 아니다.

[15:16] 가산이 적어도 여호와를 경외하는 것이 크게 부하고 번뇌하는 것보다 나으니라

15절은 부분적으로 16절에 의해 설명되며, 많은 "보다 나은"(better than)잠언들의 첫번째이다(잠 15:17; 16:8, 19, 32; 17:1; 19:1, 22; 21:9, 19; 25:7, 24; 27:5, 10; 28:6과 비교). 또한 이 절은 "여호와 경외" 구절이기도 하다(잠 1:7 참조).

잠언은 가난이 나쁜 것이 아니라고 가르친다. 만약 가난해도 여호와 경외와 가난이 결부되면 오히려 그 가난은 좋은 것이다. 반대로 부가 문제를 수반한다면 그것은 축복이라 할 수 없다. "번뇌"를 가리키는 히브리어는 여기서 폭동, 대이변, 재앙의 의미를 포함하며, 다른 본문에서보다 더 강한 어조로 사용된다.

[15:17] 채소를 먹으며 서로 사랑하는 것이 살진 소를 먹으며 서로 미워하는 것보다 나으니라

가장 좋은 고기는 부자의 식탁에서 오르는 반면, 채소는 가난한 자들에게 일상적인 음식이다. 메뉴는 당연한 것이라고 잠언은 말한다. 중요한 것은 당신이 누구와 함께 먹느냐이다. 당신이 사랑하거나 싫어하는 사람들이던지 혹은 당신을 사랑하거나 싫어하는 사람들이던지의 문제가 중요하다. 당연히 가장 좋은 것은 좋은 음식과 그것을 함께 나눌 좋은 친구들을 갖는 것이다(잠 17:1과 비교).

[15:18] 분을 쉽게 내는 자는 다툼을 일으켜도 노하기를 더디하는 자는 시비를 그치게 하느니라

18절은 인내 혹은 성급함에 대해 말하고 있다(잠 14:17, 29; 16:32; 19:11; 29:22과 비교). "다툼"을 가리키는 단어는 거의 잠언에서 독점적인 단어이다(18번 중 15번). 분을 쉽게 내는 자는 급한 성미를 가졌고, 쉽게 화내고, 싸우지 않고 못견딘다. 한편, 노하기를 더디하는 자는 참을성 있고, 인내심이 강하고, 평온함을 지닌다. 긴장을 풀어주는 자가 긴장을 더하는 자보다 낫다.

[15:19] 게으른 자의 길은 가시 울타리 같으나 정직한 자의 길은 대로니라

"가시 울타리"는 게으른 자들이 직면하게 될 문제들을 묘사한다. 성경에는 이 단어들이 단지 2번 밖에 나오지 않기 때문에 그것들의 정확한 뜻은 확실하지 않다. 그러나 우리는 19절이 뿌린대로 거둔다는 것을 가르친다고는 말할 수 있다. 이와 같이 특별한 경우, 적절한 길을 떠남으로써 처음부터 자신의 일을 제대로 하지 않는 게으른 자들은 계속해서 일하는데 있어서 어려움을 발견한다. 즉, 가시 울타리가 그의 길을

방해한다. 대조적으로 정직한 자는 열심히 일함으로써 준비를 잘 해왔다. 그가 여행하는 길에서 그는 좋은 시간을 보낼수 있다. 그 길에는 장애가 없을 뿐만 아니라, 그 길은 바로 "대로"이다.

[15:20] 지혜로운 아들은 아비를 즐겁게 하여도 미련한 자는 어미를 업신여기느니라

즐겁게 함과 업신여김이 정확하게 대조되는 것은 아니지만 20절의 교훈은 명확하다. 지혜로운 아들은 그의 부모에게 기쁨을 주는 반면, 미련한 아들은 그렇지 않다. 이 절은 지혜로운 아들은 오직 그의 아버지를 즐겁게 하고 미련한 아들은 그의 어머니를 경멸한다고 가르치지 않는다. 잠언은 여기서 강조하기 위해 시적 언어를 사용했을 뿐이다. 시적 언어가 아니라 문자적 의미로 기록되었다면 다음과 같을 것이다. "지혜로운 아들은 그의 부모를 기쁘게 하나 미련한 아들은 그들을 경멸한다". 잠언 10:1은 이 절과 매우 유사하나 더 나은 평행 구조를 갖는다.

[15:21] 무지한 자는 미련한 것을 즐겨하여도 명철한 자는 그 길을 바르게 하느니라

21절은 잠언 10:23과 유사하다. 길을 계획할 때 많은 시간과 노력을 들이면, 나중에 길을 여행할 때 훨씬 수월할 것이다. 지혜로운 자는 그의 집이나 혹은 그의 과업의 공부를 위해 단단한 기초를 세우기 위해서 열심히 일할때 자신을 위해 힘쓴다. 그러한 자의 인생은 "명철한 자의 바르게 된 길"과 같을 것이다.

[15:22] 의논이 없으면 경영이 무너지고 지략이 많으면 경영이 성립하느니라

잠언 11:14은 중요한 일을 하기 전에 많은 의견들을 구할 것을 충고

했다. 여기서 22절은 같은 충고를 제안한다. 많은 계획들이 실패한 것은 "의논의 부족"때문이다. 많은 조언자들은 일의 계획을 성공적으로 이끌어줄 것이다.

[15:23] 사람은 그 입의 대답으로 말미암아 기쁨을 얻나니 때에 맞는 말이 얼마나 아름다운고

지혜자들의 때에 맞는 말은 가치있다. 이것을 표현하는 23절과 함께 하는 절들은 잠언 23:16; 25:11이다. 여기에서 잠언은 두 가지 중요한 것을 강조한다. 올바른 말과 올바른 때는 중요하다. 올바른 말이라도 적절치 않을 때는 말하지 않는 것이 더 나을 수 있다. 남편이 죽은 후 미망인에게 동정심을 표현하는 것은 적절하지 않은 때이다. 그녀를 배려하긴 커녕, 시기적절하지 못한 말을 하는 것은 감정적인 상처를 줄 것이다.

반면, 알맞은 때의 잘못된 말은 또한 비참할 수 있다. 당신이 뭔가를 말해야만 하지만 적당한 말을 찾지 못한 적은 없는가? 혹은 당신이 말해야만 할 때, 부적절한 말이라도 아무말도 하지 않는 것보다 더 나을 수도 있다. 알맞은 때에 정확히 맞는 말을 할 수 있는 것이 얼마나 기쁜 일인가!

[15:24] 지혜로운 자는 위로 향한 생명 길로 말미암음으로 그 아래에 있는 스올을 떠나게 되느니라

24절은 히브리어에서 약간 불완전한 듯 보이나, 대부분의 현대 번역가들은 잠언의 반대되는 요소들은 깔끔하게 소개한다. 위로 향하는 것은 아래로 향하는 것과, 생명은 죽음(스올)과 비교된다. 우리는 삶의 두 길 사이에서의 선택이라는 친숙한 주제로 돌아간다. 하나는 생명을 향하여 위로 가는 반면, 다른 하나는 스올로 내려간다.

[15:25] 여호와는 교만한 자의 집을 허시며 과부의 지계를 정하시느니라

25절에서의 "헐다"를 가리키는 단어는 드문 단어로써(잠언에서 2번, 다른 곳에서 2번) 그 뜻은 "뿌리뽑다"이다. 후반부의 "정하다"(본래의 의미는 "보호하다", 혹은 "세우다")와 잘 대조된다. 히브리어로 "집"은 일반적으로 가정, 가족, 가정의 조화를 뜻한다(잠 14:11의 주석 참조). 과부의 재산은 또한 22:28, 23:10에서 지계석으로 나타난다. 가난하고 아버지가 없는 사람처럼, 미망인은 교활하고 잔인한 자의 독설에 특별히 상처입기 쉽다. 그래서 하나님은 그들의 권리와 재산을 보호할 것을 스스로 약속하셨다.

[15:26] 악한 꾀는 여호와께서 미워하시나 선한 말은 정결하니라

26절에서의 하나님을 기쁘시게 하는 생각이 16:24에서는 꿀송이에 비유된다. 하나님은 나쁜 것을 싫어하시고 좋은 것을 사랑하신다. 하나님은 모든 것을 볼 수 있는 것처럼 들을 수도 있는데, 말로 드러나지 않는다고 해서 우리의 가장 깊은 곳의 생각을 읽을 수 없겠는가?

[15:27] 이익을 탐하는 자는 자기 집을 해롭게 하나 뇌물을 싫어하는 자는 살게 되느니라

아버지가 탐욕과 부정직으로 산다면 아이들은 반드시 어려운 시절을 보내게 된다. 아이들이 죄없다 할지라도 악인은 문제를 그들의 가족에게 가져온다.

전반부와 후반부의 관계는 모호하다. 뇌물을 받는 것은 모두에게 힘든 결과를 가져올 수 있는 부정직한 것이다. 뇌물의 증거가 공공연하게 드러날 때, 정부나 큰 기업에 끼칠 영향을 고려하라. 좋은 삶은 "뇌물을 싫어하는" 사람들에게 온다고 이 절은 말한다.

[15:28] 의인의 마음은 대답할 말을 깊이 생각하여도 악인의 입은 악을 쏟느니라

28절의 후반부는 2절과 같으나, 전반부는 말하기 전에 생각할 필요성을 강조한다(잠 15:23과 비교). 말하기를 더디하는 사람은 적게 말하나, 그가 말한 것은 상당히 값질 것이다. 우리들 대부분은 우리가 말하는 것 보다 빨리 생각하고 쓰는 것보다 더 빨리 말한다. 우리가 말하는 것들은 조금만 더 생각하면 좋은 말들이 될 것이다. 수사학은 나쁜 것이 아니다. 이는 참으로 잊혀진 기술이다.

[15:29] 여호와는 악인을 멀리 하시고 의인의 기도를 들으시느니라

하나님은 스스로 악인을 멀리하셔서 그들을 듣지 않으시며, 그들 또한 스스로 하나님으로부터 거리를 두었기에 하나님은 그들로부터 멀리 떨어져 계신다. 하나님과 악인 사이에 있는 이 큰 장벽은 어떠한 대화도 금지시킨다. 그러나 그러한 장벽은 하나님과 의인 사이에는 존재하지 않는다. 하나님은 의인의 기도를 들으신다.

[15:30] 눈이 밝은 것은 마음을 기쁘게하고 좋은 기별은 뼈를 윤택하게 하느니라

30절은 히브리 관용구 "빛나는 얼굴"을 포함하는 잠언 15:13과 비슷하게 들린다. 30절은 "밝은 눈"이라는 표현을 사용한다. 그 모습은 좋은 소식을 듣고 하나님과 사이가 좋은 사람에게 따르는 것이다. 정말 행복한 사람은 그의 뼈를 윤택하게 하는데 영향을 미친다고 이 절의 후반부는 말한다.

히브리 관용구는 그의 뼈가 지방으로 기름지게 된다고 말한다. 이 표현은 우리가 솔로몬 왕국의 가뭄 상태를 떠올릴 때 그 의미가 분명하게 된다. 땅의 메마름은 저주인 반면, 촉촉한 것은 축복이다. 윤택한 혹

은 기름진 뼈는 그의 마음의 행복과 연결되지만 병과 가난은 건조한 뼈를 수반한다.

좋은 소식을 가져온 오랫동안 기다린 편지를 우연히 받았을 때의 기쁨을 생각하라. 그것이 이 절이 묘사하는 행복의 일종이다.

[15:31] 생명의 경계를 듣는 귀는 지혜로운 자 가운데에 있느니라

31절은 우리의 귀를 교훈을 향해 열어놓으라는 또 다른 교훈이다. 그렇게 하는 것이 장기적인 관점에서 볼때 우리에게 많은 이득을 준다. 복종, 생명, 지혜는 함께 있는 것이다.

[15:32] 훈계 받기를 싫어하는 자는 자기의 영혼을 경히 여김이라 견책을 달게 받는 자는 지식을 얻느니라

잠언 15:31의 전반부는 32절의 마지막 부분과 매우 유사하다. 견책을 잘받는 사람은 현자와 함께 집에 머물고 지식을 얻는다. 반면, 훈계 받기를 싫어하는 자는 자신을 다치게 한다. 히브리어 원문에는 "영혼을 싫어함이라"로 되어 있다.

[15:33] 여호와를 경외하는 것은 지혜의 훈계라 겸손은 존귀의 길잡이니라

이 절의 전반부와 후반부는 연결되지 않는 듯하다. 전반부는 잠언 전체 주제인 "여호와 경외"와 연결된다. 후반부의 테마는 "겸손은 영예를 가져온다"인데, KJV에서는 "교만은 패망의 앞잡이다"로 되어 있다(잠 11:2; 16:18; 18:12; 29:23 참조).

2. 동의어적 잠언들 (16:1-22:16)

몇몇의 학자들은 15장과 16장 사이에 단절이 있다고 생각한다. 16장 이전에는 대조적인 평행들이 지배적이었으나, 16장부터 그러한 대조적인 평행은 산발적이다. 16장의 처음 두 절들이 비록 대조적일지라도, 이제 우리가 다루게 될 대부분의 구절들은 동의어적 평행(같은 것을 다른 단어로 말하는 것) 혹은 종합적인 평행(후반부가 전반부의 사고에 무엇인가를 더하거나 확장시키는)이다.

[16:1] 마음의 경영은 사람에게 있어도 말의 응답은 여호와께로부터 나오느니라

잠언 16:1은 히브리어로 이해하기 힘들다. 그러나 그것의 흔하지 않은 은유에도 불구하고 16:9과 19:21을 통해 가르치는 것이 무엇인지 알 수 있다. 즉, 사람이 그의 계획을 세울지라도 그것은 하나님의 뜻대로 이루어진다.

이 절의 저자는 하나님의 통치권을 확고하게 믿었다. 인간은 그의 의지를 사용하거나 그의 계획을 만들 자유를 갖고 있지만, 하나님은 여전히 "결정권을 갖고 계신다"(TEV)고 그는 말한다. 16:33은 그것의 확실함을 반복한다. "제비는 사람이 뽑으나 모든 일을 작정하기는 여호와께 있느니라".

[16:2] 사람의 행위가 자기 보기에는 모두 깨끗하여도 여호와는 심령을 감찰하시느니라

가장 악랄한 범인도 자신의 죄를 합리화한다. 우리는 어떻게든지 우리 자신이 원하는 것을 하기 위해 스스로를 설득한다. 2절은 우리의 동기가 성경과 같은 (우리의 잘못을 보게 하는) 의의 표준에 반하는 것에 대한 경고이다. 하나님은 우리의 핑계나 궤변에 속지 않으시며 동기를 판단하신다. 순수한 동기는 보통 옳은 행동을 만들기 때문에 만약 우리가 순수한 동기를 갖는다면 옳은 것을 행할 것이다.

[16:3] 너의 행사를 여호와께 맡기라 그리하면 네가 경영하는 것이 이루어지리라

3절은 시편 37:5을 생각나게 한다. 두 절은 모두 "구르다"를 의미하는 히브리어 "맡기다"로 시작한다. 그러나 시편 37편은 아크로스틱 시로서, "맡기다"에 해당하는 단어가 히브리어 알파벳의 세 번째 문자(김멜)로 시작하기에 시편 37편의 세 번째 절에 사용되었을 뿐이지만 여기에서 그 단어는 하나님께 대한 우리의 위탁의 본질을 가장 잘 묘사하기 때문에 사용됐다. 하나님께 당신의 모든 계획을 "굴려버리면" 성공할 것이다.

다수의 잠언은, 하나님이 어떻게 악인의 계획을 무너뜨리는지 가르친다. 그것과 반대로 우리는 여기에서 하나님이 어떻게 의인의 계획을 격려하는지 본다. 중요한 것은, 하나님이 인정하고 축복하실 옳은 계획을 택하는 것이다.

[16:4] 여호와께서 온갖 것을 그 쓰임에 적당하게 지으셨나니 악인도 악한 날에 적당하게 하셨느니라

4절은 받아들이기 어려운 진리를 담고있다. 이 진리를 받아들이고 인정하기 위해 우리는 스스로를 세속적 사고 유형에서 벗어나게 해야 하며 하나님이 행하시는 바를 인간의 시각으로 보아서도 안 된다. 우리는 그 분의 땅을 점령하고 있는 반역자들이다. 그는 그의 아들을 통해 가장 관대한 평화의 제안을 우리에게 보냈으나, 우리는 거절했고 그 제안을 일축했다. 우주의 하나님은 이제 무엇을 하시겠는가? 그는 그의 제안에 응답하지 않는 자들을 파괴하실 것이다. 그는 태초부터 이 일이 일어날 것을 알고계셨다. 악인은 멸망의 날을 위해 만들어졌다.

[16:5] 무릇 마음이 교만한 자를 여호와께서 미워하시나니 피차 손을 잡을 지라도 벌을 면치 못하리라

마음이 교만한 자는 "여호와께서 미워하시는 자"이다. 이 문구는 잠언 3:32; 6:16; 11:1, 20; 12:22; 15:8, 9, 26; 17:15; 20:10, 23; 21:27 에서 사용된다. 이 구절 모두 악인은 처벌을 면치 못한다는 것을 가르친다.

[16:6] 인자와 진리로 인하여 죄악이 속하게 되고 여호와를 경외함으로 말미암아 악에서 떠나게 되느니라

두 개의 친숙한 표현들, "인자와 진리"와 "여호와 경외"가 나타난다. 죄는 처벌을 면하지 못한다. 그러나 여기에서 우리는 의인이 죄를 짓더라도 하나님의 사랑과 신실하심이 죄값의 방법을 준비하신다는 멋진 조언을 알 수 있다. 게다가 여호와 경외는 그들이 더 큰 죄를 짓지 않도록 도와준다.

[16:7] 사람의 행위가 여호와를 기쁘시게 하면 그 사람의 원수라도 그와 더불어 화목하게 하시느니라

7절은 여호와를 기쁘게 하면 원수까지도 사랑할 수 있게 된다는 멋진 조언이다. 원수들이 마음을 바꾸어 적의를 호의로 바꾸는 것은 어려운 일이다. 당신이 적들을 친구로 만든다는 것인지 여호와가 그렇게 만들어 준다는 것인지 불분명하더라도 결과는 평화이다. 아마도 둘 다를 포함할 것이다. 랍비들은 말한다. "누가 영웅인가? 바로 적을 친구로 만드는 자이다". 여호와의 사랑이 신자들을 통해 다른 사람에게로 흐를때,

가장 냉담한 불신자들조차 미워하는 것이 어렵다는 것을 알게 된다.

[16:8] 적은 소득이 공의를 겸하면 많은 소득이 불의를 겸한 것보다 나으니라

이 절은 잠언 15:16과 유사하다. 여기에서는 "불의를 겸한 것"보다 "공의를 겸한 것"이 더 낫다고 되어 있다. 잠언 15:16은 "여호와를 경외하는 것"이 "번뇌하는 것"보다 낫다고 되어 있다. 부정직을 통해 얻은 부는 최소한 두 가지 결과를 낳게 된다. 첫째, 악한 양심과 부정직이 탄로날 것에 대한 두려움과, 둘째, 수치와 가난이라는 결과를 낳는다. 잠언은 죄나 두려움을 수반하여 많이 갖는 것보다 적게 가지는 것이 더 낫다고 말한다.

[16:9] 사람이 마음으로 자기의 길을 계획할지라도 그의 걸음을 인도하시는 이는 여호와시니라

이 절은 16장의 처음 절과 마지막 절과 유사하다. 모두가 사람의 계획을 다스리시는 하나님의 주권에 관해 말하고 있다. 이러한 놀라운 진리는 모든 믿는 자들에게 확신과 소망을 준다. 우리가 우리의 삶을 부족하게 계획했다 할지라도 하나님은 우리들의 걸음을 인도하셔서 그 모든 것들을 선으로 바꾸신다.

[16:10] 하나님의 말씀이 왕의 입술에 있은즉 재판할 때에 그의 입이 그르치지 아니하리라

이 절의 직역은 왕이 "신탁을 말한다"인데, 이 히브리어는 다른 모든 문맥에서 나타날 때는 좋지 못한 의미를 갖고 있다. 이러한 "점"(占)을 말하는 것은 명백하게 금지되어 있으며(신 18:10) 부정적인 행위로 나타나며(민 22:7, 23:23; 삼상 15:23), 모든 선지서들, 즉 대선지서나 소선지서

에서 금지하고 있다(사 44:25; 렘 13:13; 겔 13:6, 23). 10절에서 이 단어는 정말로 왕이 어떤 잘못된 것 혹은 금지된 것을 말함을 의미하는 것인가? 대부분의 번역가들은 그처럼 생각지 않고 그 단어의 번역을 이례적인 예외로 본다. 또 다른 번역가들은 단어의 전통적인 어법에 보다 더 충실하고자 이 절을 9절과 연계시킨다. 그렇게 되면 번역은 다음과 같이 될 수 있다. "왕은 점을 치나 하나님은 그가 말씀하신 의로운 행위를 지시하신다." 그렇게 되면 이것은 16:33과 유사하게 된다. 우리의 제한된 시각으로 인해 순전히 우연으로 보이는 것은 실제로는 하나님의 견고한 섭리 아래 있는 것이다(잠 16:1, 9; 19:21; 20:24 참조).

[16:11] 공평한 저울과 접시 저울은 여호와의 것이요 주머니 속의 저울추도 다 그가 지으신 것이니라

잠언 11:1은 이 구절과 유사하며, 두 구절 모두 하나님은 속이는 저울과 잘못된 접시 저울을 미워하심을 말하고 있다. 비록 솔로몬 시대에 "저울과 접시 저울"이 우리들이 오늘날 사용하는 단위나 측정 방식이 달랐다 할지라도, 타인의 것을 훔치도록 하게 하는 그러한 탐욕은 여전히 존재한다. 오늘날의 가장 큰 피해자는 아마도 세금을 속이는 자들로 손해를 보는 정부일지도 모른다.

우리가 흔히 말하는 "이중장부"(two sets of book)도 성경이 말하는 "한결같지 않은 추"(잠 20:10, 23)이다. 그러한 추를 사용하는 사람들은 소수의 사람들에게서 수천 달러를 훔치는 것보다 수백만의 사람들에게서 1센트를 훔치는 것이 더 낫기 때문이라고 생각한다. 그러나 잠언은 명백하게 그러한 행위는 잘못이라고 가르쳐준다. 하나님은 속이는 저울과 접시 저울을 혐오하신다.

[16:12] 악을 행하는 것은 왕들이 미워할 바니 이는 그 보좌가 공의로 말미암아 굳게 섬이니라

잠언 16:10, 12-15는 모두가 왕에 관해 말하는 구절이며 여러 주제들이 산발된 잠언에 작은 무리를 이루고 있다. 12절에는 두 개의 해석이 주어질 수 있다. 첫째, 왕은 그의 지배 가운데 악을 참지 못한다. 둘째, 왕이 악을 행할 때 삶은 견딜 수 없게 된다. 두 개념 모두 이 절의 후반부와 잘 연결될 수 있다. 모든 정부는 존속되기 위해 시민들의 복종, 충성, 신임 등을 필요로 한다. 만약 그러한 것들이 내던져진다면 나라는 무너질 것이다. 한편, 통치자는 반드시 진실한 자여야 한다. 그렇게 될 때 백성은 그에 대한 믿음을 버리지 않을 것이며 그를 내치지도 않을 것이다. 정부는 시민들과 협력하여 통치하기도 하며 통치 받기도 한다.

[16:13] 의로운 입술은 왕들이 기뻐하는 것이요 정직하게 말하는 자는 그들의 사랑을 입느니라

12, 13절은 한 짝을 이룬다. 12절은 왕이 무엇을 미워하는지 말하며, 13절은 왕이 무엇을 기뻐하는지 말한다. 왕이 기뻐하는 바는 정직한 충고이다. 상호간의 정직은 성공적인 국가 운영의 기초가 된다. 만약 왕이 그에게 친밀하게 하는 자들의 말을 의지할 수 없다면 그는 곧 내쳐질 것이다.

[16:14] 왕의 진노는 죽음의 사자들과 같아도 지혜로운 사람은 그것을 쉬게 하리라

14, 15절도 한 짝을 이룬다. 14절은 왕의 진노를 말하며 15절은 왕의 호의를 말한다. 하나는 죽음을 의미하며, 또 다른 하나는 생명을 약속한다. 두 구절 모두 왕의 독재를 반영한다. 왕이 행사할 수 있는 생명

과 죽음의 권력은 그의 기분에 의존한다. 우리는 다윗과 관련된 여기에서 두 개의 일화를 떠올릴 수 있다. 하나는 다윗이 사울의 죽음에 관한 소식을 가져온 아말렉인의 죽음을 명령한 것이며(삼하 1:1-16), 또 다른 하나는 이스보셋을 죽인 자객들을 죽이라고 명령한 것이다.

[16:15] 왕의 희색은 생명을 뜻하나니 그의 은택이 늦은 비를 내리는 구름과 같으니라

15절의 "왕의 희색"은 그의 매우 기뻐함을 말하는 것이다. 왕의 은택은 그의 통치에 있어서 매우 중요하며 그것은 마치 "비를 내리는 구름"에 비교될 수 있을 정도이다. 그의 은택은 가물어 메마른 땅에 생명을 주는 것과 같다.

[16:16] 지혜를 얻는 것이 금을 얻는 것보다 얼마나 나은고 명철을 얻는 것이 은을 얻는 것보다 더욱 나으니라

16절은 우리들에게 잠언의 처음 장들의 지혜 담화에 대해 떠올려준다. 잠언 3:13, 14, 8:10, 11, 19 모두가 지혜는 은이나 금과 비교한다. 그리고 지혜는 그러한 보석들보다 더 귀하다고 한다. 또한 16절은 그러한 "보다 나음"에 관한 20개의 잠언들 중 하나이다.

[16:17] 악을 떠나는 것은 정직한 사람의 대로이니 자기의 길을 지키는 자는 자기의 영혼을 보전하느니라

두 개의 길에 관한 중요한 테마가 17절에서 등장한다. 앞선 장들에서 나타난 길에 관한 대부분의 언급들은 삶을 의미하는 길의 상징적 의미를 강조했으나 이 히브리어는 보호해주는 단단한 이미지를 강조한다. 거친 길은 여기에서 문제가 많음을 의미하지만 대로는 평탄한 전진을 의미한다. 자신의 길을 지킨다는 것은 자신의 말이 어디에 있는지

신중하게 본다는 것일 뿐만 아니라 동시에 스스로가 내리는 결정이나 말에 관한 것에도 적용된다.

[16:18] 교만은 패망의 선봉이요 거만한 마음은 넘어짐의 앞잡이니라
18절은 설명할 필요조차 없는 매우 유명한 구절이다. 이 가르침은 교만과 거만에 대한 경고이다. 높은 곳에 있는 자는 반드시 떨어질 수밖에 없는 더 높은 곳을 향해 올라간다. 이와 비슷한 현대의 격언 중에는 이러한 말이 있다. "크면 클수록 넘어질 때 크게 다친다".

[16:19] 겸손한 자와 함께 하여 마음을 낮추는 것이 교만한 자와 함께 하여 탈취물을 나누는 것보다 나으니라
19절은 일반적인 잠언으로 겸손, 가난, 정직 등이 함께 가며 부, 교만, 거짓 역시 함께 간다는 것을 보여준다. 비록 거만한 자가 얼마 동안은 부유하게 될 지라도 그들이 그들의 부를 박탈당하는 때가 올 것이다. 오직 "마음을 낮추는 자"들이 그러한 교만이 가져올 끔찍한 운명을 피할 수 있다.

[16:20] 삼가 말씀에 주의하는 자는 좋은 것을 얻나니 여호와를 의지하는 자는 복이 있느니라
20절은 전형적인 동의어적 평행이다. 하나님의 가르침에 주의하는 자들은 또한 그를 신뢰하는 자들이다. "말씀"과 "여호와"는 이 절의 목적어이다. 둘 모두에 세심한 주의를 기울이는 것은 행복과 좋은 것을 얻는 결과를 가져온다. 이 평행하는 문장의 단어들은 의미의 차이가 거의 없는 각각 상응하는 대응물과 상호교환 될 수도 있다. 지혜로운 아버지는 그가 아들에게 가르치는 것이 성경의 교훈과 일치함에 추호의 의심도 하지 않는다.

[16:21] 마음이 지혜로운 자는 명철하다 일컬음을 받고 입이 선한 자는 남의 학식을 더하게 하느니라

21절의 "선한"(pleasant 혹은 sweetness)이라는 명사는 여기 외에서는 잠언 27:9에서 단 1번 나온다(이 단어의 또 다른 형태가 잠 9:17; 16:24; 24:13; 27:7에서 사용된다). "달콤함"을 의미하는 이 단어는 잠언 16:24의 꿀송이의 달콤함과 같다. 잠언 16:21-24는 선하고 올바른 말의 주제를 다룬다. 이 절의 후반부는 입이 "달콤한" 스승들은 듣는 자들의 식욕(즉 학식)을 돋운다고 한다. 그러한 말들은 듣는 자들을 위한 아첨이나 속임이 아니다. 오히려 그러한 말들을 사용하는 이유는 배우는 자들에게 기쁨을 더해주려는 훌륭한 방식이다.

[16:22] 명철한 자에게는 그 명철이 생명의 샘이 되거니와 미련한 자에게는 그 미련한 것이 징계가 되느니라

"명철"은 고갈되지 않는 샘(혹은 물탱크)과 같다. 지혜로운 자가 배울 수 있는 것에는 끝이 없다. 어리석은 자들은 가르침을 잘 받지 않기에, 그들을 교육하기 위해 찾아가는 것은 시간 낭비이다. 모든 사람들이 동일하게 창조되었으므로 정부는 비용을 들여서 교육을 시행해야 함이 마땅하다는 생각은 솔로몬과 매우 다르다.

[16:23] 지혜로운 자의 마음은 그의 입을 슬기롭게 하고 또 그의 입술에 지식을 더하느니라

23절은 흥미로운 히브리 관용구이다. 직역하자면, "지혜로운 자의 뇌는 말하는 것을 그들의 입술에 말하며 그들의 말에 설득을 가진다"이다. 많은 사람들은 생각 없이 말하며 쓸데없는 말들을 쏟아 놓는다. 그러나 지혜로운 자들은 얼마나 그들의 입을 그들의 뇌에 의존하는지! 이러한 입술의 말들은 강의실, 법정, 시장에서 무게 있고 중요한 것들을 나른다.

[16:24] 선한 말은 꿀송이 같아서 마음에 달고 뼈에 양약이 되느니라

이 절은 선한 말은 꿀과 같은 두 가지 유익을 준다고 말한다. 꿀은 희소가치가 있으며, 달콤하며, 금과 같은 색을 지니고 있고, 정화하는 효과를 가지고 있다. 여기에서 특별히 강조되고 있는 바는 달콤함과 치유하는 성질이다. 선한 말은 꿀과 같아서, 삶을 아름답고 건강하게 가꾸어 준다. 이 절에 등장하는 "꿀송이"라는 말은 여기 외에서는 오직 시편 19:10에서 하나님의 말씀을 비유하기 위해 사용되었다.

[16:25] 어떤 길은 사람이 보기에 바르나 필경은 사망의 길이니라

25절은 14:12절과 완전히 동일하다. 왜 그러한가? 성경을 주의 깊게 살펴본 자들의 견해 중 그러한 반복은 우연한 발생이라는 주장이 있다. 즉, 단순히 무엇을 포함시켰는지 잊고 그것을 다시 기록한 필사자의 실수라는 것이다. 또 다른 자들은 너무도 중요하기에 그러한 진리들이 못 보고 넘어가는 일이 없도록 하기 위해서 반복 기록했다는 주장을 한다. 실제로 우리는 네 개의 복음서를 가지고 있다. 그리고 사사기 17:6; 18:1; 21:25의 구절들은 거의 같은데, 이러한 구절이 (반복해서) 등장하는 이유는 자기 파괴를 가져오는 자기기만의 대죄(cardinal sin)를 강조하기 위한 것이다.

[16:26] 고되게 일하는 자는 식욕으로 말미암아 애쓰나니 이는 그의 입이 자기를 독촉함이니라

이 절은 아주 근본적인 구절이다. 음식에 대한 필요는 게으른 사람마저도 일하게 하는 동기를 부여한다. 그러나 이러한 슬픈 사실은 역사를 통해서 그리고 세상의 여러 곳의 근면하고 창조적인 일꾼들이 기회의 문이 단절되었기에 힘들고 단조로운 삶에 엮일 수밖에 없는 사실에 의해 증명된다. 굶주림은 "애쓰게" 만든다. 그러나 이것은 결코 만족을 줄 수 없다.

[16:27] 불량한 자는 악을 꾀하나니 그 입술에는 맹렬한 불 같은 것이 있느니라

잠언 16:27-30은 "언어의 남용"에 관한 테마를 다루고 있다. 이 절은 잠언 6:12; 19:28과 더불어 "불량한 자, 즉 "벨리알의 사람"이라는 표현이 등장한다. 그는 타인을 잡기 위해 악을 "꾀한다"며 그의 말로 타인을 태운다. 야고보서는 여기서 나타나는 통제할 수 없는 불과 같은 혀의 이미지를 확장한다(약 3:5, 6).

[16:28] 패역한 자는 다툼을 일으키고 말쟁이는 친한 벗을 이간하느니라

"말쟁이"라는 용어는 여기 외에서는 3번 밖에 사용되지 않았다(잠 18:8, 26:20, 22). 이러한 비열한 죄는 그의 친구들에 대한 험담과 연결되어 있을 뿐만 아니라 친밀한 친구들 사이를 틀어지게 한다. 타인에 관해 악한 것을 말하는 것, 치켜든 눈썹으로 행하는 것, 빈정거리는 말로 타인을 대항하여 교묘하게 혐의를 씌우는 것 등, 모두가 결국 사람들을 서로 떠나가게 만든다. 하나님은 그러한 험담이 서서히 퍼지는 것을 경멸하신다.

[16:29] 강포한 사람은 그 이웃을 꾀어 좋지 아니한 길로 인도하느니라

29절은 악한 사람은 그들의 이웃마저도 파괴하는 일에 열중을 한다고 말하고 있다. 신뢰를 남용하고 그러한 신뢰를 부당하게 이용하려는 행위는 그들의 목적을 위한 것이다. 낯선 자에게 함부로 하는 것도 나

뿐 것이지만 이웃을 이용하는 것은 용납할 수 없는 행위이다.

[16:30] 눈짓을 하는 자는 패역한 일을 도모하며 입술을 닫는 자는 악한 일을 이루느니라

이 절의 동사는 몸동작을 묘사하는 흔치 않은 동사이다. 그러나 의미는 명백하다. "눈짓을 하는" 것과 "입술을 닫는" 것은 신뢰할 수 없음을 나타내는 것이다. 그의 말은 어떤 한 가지를 말하지만 그의 얼굴 표정은 다른 것을 나타낸다. 예를 들면, 지나친 칭찬을 하거나 부드럽게 말하는 영업사원을 생각해보라. 정직한 홍보에는 사실을 나타내기 위해 필요 이상의 과도한 열정을 쏟아낼 필요가 없다. 지나친 칭찬은 모든 것들을 의심스럽게 할 뿐이다.

[16:31] 백발은 영화의 면류관이라 공의로운 길에서 얻으리라

이 절이 소개하는 백발이라는 테마는 나이, 명예, 존경심에 대한 상징이다. 장수는 선한 삶의 보상으로서 잠언에서 자주 등장하는 테마이다. 그러나 백발은 장수 그 이상의 무엇을 나타낸다. 고대 세계에서 사람들은 노인과 부모를 공경하고 섬겼다. 당시는 변화도 느렸고 발전된 기술 문명도 거의 없었다. 모든 사람들이 노인은 젊은이들보다 많이 안다고 생각했고 오래 사는 것은 곧 지혜의 축적이라 여겼다(욥 32:4-7). 이러한 생각은 오늘날 사라지고 있다.

[16:32] 노하기를 더디하는 자는 용사보다 낫고 자기의 마음을 다스리는 자는 성을 빼앗는 자보다 나으니라

이 절은 "보다 나음" 형식을 갖춘 동의어적 평행이다. 오늘날 현대의 영어 번역(TEV)은 특별히 리듬, 억양, 원문의 두운을 살려서 다음과 같이 번역한다. "…better to be patient than powerful…better to win control over yourself than over whole cities".

자신의 노함을 다스리는 것은 매우 어렵다. 이 절은 화를 다스려야 하는 것을 떠올려주지만 그 이상의 것을 담고 있다. 이것은 목적을 이루기 위해서 폭력을 사용하는데 있어서 참지 못하는 혹은 그 일을 위해 부도덕하게 되는 모든 사람들을 향한 경고이다. 그들 스스로를 다스리는데 실패하는 사람들은 타인을 다스리는 데도 실패할 것이다.

[16:33] 제비는 사람이 뽑으나 모든 일을 작정하기는 여호와께 있느니라

이 절은, 하나님은 사람들의 사건들을 다스리시는 분이라는 사실을 간단명료하게 알려준다. 우리가 제비를 뽑을 수는 있지만 하나님의 의지가 지배한다. 우리는 여기서 제비뽑기의 여러 예들을 떠올릴 수 있다. 도둑질한 아간의 제비(수 7:16-20), 금식기간 중 음식을 먹은 군인들과 요나단(삼상 14:41-43), 자신의 하나님께 불순종한 선지자 요나(욘 1:7), 유다를 대체할 사도인 맛디아(행 1:23-26) 등. 이것이 의미하는 바는 성경은 결정하기 어려운 문제는 제비뽑기를 사용하라는 것을 가르친다는 것인가? 이 문제에 대한 전통적인 대답에 나는 동의한다. 오늘날 우리는 제비를 뽑을 필요도 없는 문제에서도 계시를 기다리곤 한다. 하지만 잠언은 많은 의논을 하라는 교훈도 주고 있음을 기억해야 한다(잠 11:14, 15:22, 24:6). 물론 어떤 상황에 대해 성경은 침묵하며, 의견은 분열되고, 믿는 자들이 기도 가운데 제비뽑기를 원할 때가 있다. 그때 하나님은 제비뽑기를 통해 자신의 뜻을 알리신다.

[17:1] 마른 떡 한 조각만 있고도 화목하는 것이 제육이 집에 가득하고도 다투는 것보다 나으니라

이 절은 잠언 15:17과 매우 유사하다. 즉, 함께 먹는 사람이 누구인

지가 무엇을 먹는지 보다 중요하다는 것이다. 동일한 핵심 안에서 이것은 이웃에 관한 것이 될 수 있다. 화목한 이웃과 작은 집에서 사는 것이 주위에 적이 많은 궁전에 사는 것보다 낫다. 또한 이 교훈은 직업에도 적용될 수 있다. 적은 보수를 받아도 성취감을 주는 곳에서 일하는 것이 많은 돈을 받고 날카로운 조건 속에서 일하는 것보다 낫다. 이것은 가치의 문제이다. 만약 마음의 평안이 중요하다면 마른 떡 조각이 큰 문제가 되진 않을 것이다. 만약 성대한 상이 중요하다면 아마도 거기에 수반될 문제들에 대비해야 할 것이다.

[17:2] 슬기로운 종은 부끄러운 짓을 하는 주인의 아들을 다스리겠고 또 형제들 중에서 유업을 나누어 얻으리라

오늘날 어린이들에게는 과분한 삶이 주어진다. 법적인 유산은 그것들이 사용되어야 하는 용도와는 상관없이 주어진다. 자신의 땅은 그가 선택하는 자라면 누구에게라도 줄 수 있다. 어리다고 상속권을 박탈당할 경우는 거의 없다. 오늘날은 거의 없지만 군주 세계에서는 그들의 자질과는 상관없이 현재의 통치자의 가장 나이 많은 자녀가 미래의 왕이 되어야 했다. 역사는 그들의 왕국을 어리석은 아들들에게 주고야 마는 지혜로운 왕들의 모습들에서 어려움을 느낀다. 차라리 권력과 부가, 맨 처음 그것들을 습득한 자들과 비슷한 이념을 가진 자들에게 가는 것이 혈통적 상속에 의한 것보다 더 낫다.

[17:3] 도가니는 은을, 풀무는 금을 연단하거니와 여호와는 마음을 연단하시느니라

이 절은 은, 금, 사람의 마음을 비교하는 구절들 중 하나이다. 이 셋 모두가 각각 도가니, 풀무, 여호와에 의해 시험되고 정화되어야만 한다. 이 절의 전반부는 잠언 27:21에서 반복된다. 그러나 핵심은 후반부에

있다. 은이나 금은 불에 의해 단련되는 것처럼 사람의 마음은 여호와에 의해 단련된다.

[17:4] 악을 행하는 자는 사악한 입술이 하는 말을 잘 듣고 거짓말을 하는 자는 악한 혀가 하는 말에 귀를 기울이느니라

현대의 여러 말들은 이 절과 유사한 교훈을 준다. "부전자전"(Like begets like), "피차일반"(It takes one to know one), "유유상종"(Birds of a feather flock together) 등. 우리는 우리와 비슷한 사람들에게 매력을 느낀다. 사악한 자와 거짓말을 잘하는 자도 마찬가지이다. 그들은 속이고 거짓을 말하는 사람들에게서 편안함을 느낀다. 아마도 여기서 주는 교훈은 만약 우리 주위에 있는 사람들이 우리가 그처럼 될 수도 있다는 모습을 반영한다면 우리가 보다 더 주의 깊게 우리 주위에 있는 사람들을 바라보라는 것일 수 있다.

[17:5] 가난한 자를 조롱하는 자는 그를 지으신 주를 멸시하는 자요 사람의 재앙을 기뻐하는 자는 형벌을 면하지 못할 자니라

이 절에서는 타인의 불행, 심지어 원수라 할지라도 그들의 어려움에 행복을 느끼는 자들에 대한 경고이다. 우리는 결코 가난한 자들의 불행을 조롱하거나 모욕하거나 그것을 기뻐해서는 안 되며 우리의 원수라 할지라도 그들이 재앙을 당했을 때 그러한 것에 흡족한 감정을 느끼는 것에 저항해야 한다. 이 절의 전반부와 후반부 모두가 다 그렇게 해서는 안 되는 이유를 포함한다. 전반부는 하나님은 가난한 자의 창조주이기 때문에 그들을 멸시하는 것은 곧 하나님을 멸시하는 것이라고 가르쳐 주며, 후반부는 만약 타인의 불행을 즐거워한다면 동일한 일이 그에게도 일어날 것이라고 가르쳐준다.

[17:6] 손자는 노인의 면류관이요 아비는 자식의 영화니라

이 절은 손주와 조부모 간에 공유되는 상호간의 기쁨에 대해서 말하고 있다. 참된 경건은 부모와 자녀가 상호간의 세대를 명예롭게 하고 존중할 때 존재한다. 세대차이나 서로간의 오해는 솔로몬의 시대에도 존재했을 수도 있고, 혹은 반드시 있어야 할 모범과 같은 이 절은 그때에는 기록되지 않았을 수도 있다. 가르침은 분명하다. 가족 구성원들끼리는 서로가 서로를 지지해주고 격려해야 한다는 것이다. 그들의 세대차이는 문제가 될 수 없다.

[17:7] 지나친 말을 하는 것도 미련한 자에게 합당하지 아니하거든 하물며 거짓말을 하는 것이 존귀한 자에게 합당하겠느냐

7절에는 다양한 번역 및 해석들이 제안 되었는데, 번역에 따라 그 해석이 달라진다. 이 어려움은 미련한 자의 말을 수식하는 형용사로 인한 것이다. "지나친"은 "훌륭한", "좋은", "자랑할 만한", "교만한" 등도 될 수 있다. 헬라어 번역가들은 이 단어를 "신실한"으로 보았는데, 이는 "자랑할 만한"이라는 의미보다는 "훌륭한"이라는 것을 나타낸다. 그들의 번역은 후반부와의 대조를 만들어 준다. 한편, "자랑할 만한"(NIV)을 선택한 번역은 이 구절을 평행으로 만들어 준다. 이 두 번째 번역에 맞게 구어체적으로 바꾸면 다음과 같이 된다. "존귀한 자는 거짓을 기업으로 삼지 않으며, 미련한 자는 자랑할 만한 것을 기업으로 삼지 않는다"(잠 17:4 참조).

[17:8] 뇌물은 그 임자가 보기에 보석 같은즉 그가 어디로 향하든지 형통하게 하느니라

뇌물을 주고받는 것을 경고하는 다른 잠언들(잠 17:23; 15:27)은 8절의 단어들을 사용함에 있어서 이 절의 뒤에 나오는 절들과(잠 18:16; 19:6;

21:14) 차이를 보이는데, 즉 후자의 경우는 뇌물을 주는 것을 지지하는 것처럼 보인다. 어떻게 동일한 잠언에서 찬성과 반대가 동시에 이야기 될 수 있는가? 우리는 무엇보다도 8절은 그것이 되어야만 하는 어떤 방법을 묘사한다기 보다 있는 그대로를 묘사한다는 점을 지적해야 한다. 또한 뇌물의 문제는 동기로 정의되어야만 한다는 것이다. 실제로 뇌물로 번역된 단어는 또한 "선물"로도 번역될 수 있다. 언제 그 단어의 의미는 선물이나 포상에서 뇌물로 전환되는가? 아마도 그러한 변화는 우리가 그 주는 행위 이면에 있는 동기를 인식할 때 이루어 질 것이다. 만약 나 자신을 위해 불법적인 무엇인가가 이루어지기를 기대할 때 그것은 뇌물이 된다. 그러나 여러 나라에서 웨이터와 같은 봉사직원들은 충분치 못한 급료를 메우기 위해 기대하는 그러한 선물, 즉 봉사료를 일종의 "일용할 양식"으로서 의존한다. 8절은 단순히 옳은 사람이든 그른 사람이든 선물을 타인에게 주는 것은 그들의 직업과는 상관없이 그들을 돕는 것이 된다고 진술하는 것이다.

[17:9] 허물을 덮어 주는 자는 사랑을 구하는 자요 그것을 거듭 말하는 자는 친한 벗을 이간하는 자니라

9절의 진리는 잠언 10:12에 있다. 잠언 10:12이 훨씬 더 간단명료하다. 여기서 사랑을 가리키기 위해 사용된 히브리어는 9절 전반부의 끝에 위치하며 "이간"이라는 단어는 후반부의 첫 부분에 위치한다. 죄를 용서하는 것은 사람과 사람간의 사랑을 북돋우어 주는 것이지만 차이점을 부각시키는 것은 분열을 조장한다.

[17:10] 한 마디 말로 총명한 자에게 충고하는 것이 매 백 대로 미련한 자를 때리는 것보다 더욱 깊이 박히느니라

10절은 지혜로운 자는 충고를 수용하지만 어리석은 자들은 비판을

거절한다는 구절들(잠 1:7, 13:13, 18) 중 가장 극적인 표현이다. 어리석은 자들은 "매 백 대"를 맞은 뒤에도 여전히 충고를 받지 않는다. 지혜로운 자는 또한 섬세하다. 그들의 마음은 부드러우며 그들의 태도도 유하다. 그러나 어리석은 자들은 목이 뻣뻣하며 반응을 하지 않는다.

[17:11] 악한 자는 반역만 힘쓰나니 그러므로 그에게 잔인한 사자가 보냄을 받으리라

11절은 뿌린대로 거둠을 가르쳐주는 구절이다. 비참함은 악을 뿌린 자에게 찾아오며 장수는 선을 뿌린 자에게 찾아오는 상이다. 악한 자의 "반역"은 이 절에서 에스겔에 의해 사용된 용어와 같은데, 에스겔은 이스라엘을 "반역하는 족속"(rebellious house)이라고 표현한다. 이러한 반역은 내전을 의미할 수도 있고 국제전을 의미할 수도 있다. 중요한 것은 대체적으로 이러한 반역을 일으킨 자는 젊었을 때 죽음을 맞는다는 것이다.

[17:12] 차라리 새끼 빼앗긴 암곰을 만날지언정 미련한 일을 행하는 미련한 자를 만나지 말 것이니라

새끼를 빼앗긴 암곰은 복수심에 불타며 매우 위험하다. 그러나 그 암곰이 가진 위험은 미련한 일을 행하는 미련한 자를 만남에 비할 바가 못된다. 물론 대부분의 성난 곰들이 위험한 반면, 어리석은 자들이라고 해서 그들 모두가 위험한 것은 아니다. 그럼에도 지각을 상실한 사람들은 대단히 파괴적이 될 수 있다. 칼, 총, 혹은 운전대를 잡은 미련한 자를 만났다고 상상해보라! 그들은 암곰보다 더 위험할 것이다.

[17:13] 누구든지 악으로 선을 갚으면 악이 그 집을 떠나지 아니하리라

악을 악으로 갚는 것은 이해할 수 있는 일이지만 옳지는 않다는 것을 말해주고 있다. 더 나아가 선을 악으로 갚는 것은 참으로 용납하기

어려운 것이다. 악은 결코 이처럼 행하는 자의 집을 떠나지 않을 것이다. 여기서 "집"이 의미하는 바는 단순히 누군가가 살고 있는 건물 그 이상을 의미한다. 이 "집"은 가족을 의미하며, 또한 친족 관계 및 이어지는 혈통까지도 포함한다. 선을 악으로 갚는 것은 서서히 퍼져나가 한 세대에서 다음 세대로까지 전달될 것이다.

[17:14] 다투는 시작은 둑에서 물이 새는 것 같은즉 싸움이 일어나기 전에 시비를 그칠 것이니라

14절의 잠언은 놀라운 압박으로 인해 파괴되는 댐의 이미지를 사용하는데, 이것은 싸움과 시비로 인해 파괴되는 인간관계를 묘사하는 것이다. 댐의 균열은 작은 습기 찬 구멍으로부터 시작된다. 결국 이것은 습기로 인해 반들거리다가 곧 이내 흐르는 물을 새나가게 만들 것이다. 이윽고 시내는 흐르기 시작하여 급류가 되며 댐을 파괴하고 그 아래 있는 밭과 집을 망칠 것이다. 관계를 망치는 싸움은 마치 이러한 댐의 균열과도 같다. 만약 그것이 점점 커질 때까지 그냥 둔다면 그것들은 곧 영원히 관계들을 파괴해버릴 것이다. 만약 논쟁에 연루된 당이 합의 혹은 평화를 위해 굽히지 않는다면 그때의 분열은 혹독할 것이며 영구적이 될 수도 있다.

[17:15] 악인을 의롭다 하고 의인을 악하다 하는 이 두 사람은 다 여호와께 미움을 받느니라

15절의 히브리어 원문은 매우 훌륭한 언어유희를 보여준다. "의롭다"와 "의인"은 어근이 같고 "악인"과 "악하다"도 어근이 같다. 이것의 핵심은 무죄한 자를 정죄하고 죄인에게 무죄를 선고하는 심판의 남용을 경고한다.

[17:16] 미련한 자는 무지하거늘 손에 값을 가지고 지혜를 사려 함은 어찜인고

16절은 어리석은 투자 혹은 낭비될 것에 대한 것에 대한 경고이다. 대부분의 사람들은 이 구절의 원리에는 동의할 것이지만 그것의 실천이나 적용은 어려운 것임이 드러난다. 누가 어리석은가? 우리의 자녀들이나 혹은 나 자신이 그렇지는 않은가? 부모는 판단을 그러한 내리기를 원치 않는다. 교육가들도 그러한 결정을 하는데 머뭇거리며 무지함의 원인들을 우선, 교육 기회, 또래 집단의 문제, 개인의 성숙, 환경 등을 거론하길 좋아한다. 그러나 이 모든 문제가 일어나는 곳에서, 배우기 싫어하는 어리석은 자들은 그들에게 투자되는 돈을 고갈시키기 때문에 부모나 정부는 교육에 돈을 너무 많이 투자하는 것은 단지 돈 낭비라고 판단해야 한다.

[17:17] 친구는 사랑이 끊어지지 아니하고 형제는 위급한 때를 위하여 났느니라

대부분의 학자들은 17절은 친구와 형제 간의 대조가 아니라 동의어적 평행이라는 데 일치를 보고 있다. 둘 다 우리에게 필요한 존재이다. 친구는 때때론 친족들보다 더 가까울 수 있다(잠 18:24; 27:10). 그러나 도울 수 있는 친척들도 역시 친구이다. 어쨌든 둘 다 어려운 시기에 지원과 도움을 위해 필요한 존재이다.

[17:18] 지혜 없는 자는 남의 손을 잡고 그의 이웃 앞에서 보증이 되느니라

18절의 경고는 잠언 6:1-5의 반향이며, 공동서명의 위험을 확장시켜 다루는 것이다(잠 11:15 참조). "지혜 없는 자"만이 그의 소유를 잘 알지도 못하는 사람에 대한 보증으로서 맡길 것이다.

[17:19] 다툼을 좋아하는 자는 죄과를 좋아하는 자요 자기 문을 높이는 자는 파괴를 구하는 자니라

19절은 리듬에 따라 진행된다. 죄과와 파괴는 함께 간다. 둘 중 어느 것 하나만 취할 수 없다. 후반부는 높은 문이라는 관용구가 등장하는데, 문자적으로만 보아서는 그 의미를 알 수가 없다. 이 이미지는 거대한 문을 가진 어마어마한 집을 지음으로서 자신의 부를 보여주는 사람을 언급하는 것일 수도 있고 또는 비유적으로 거만한 말들을 쏟아내는 허풍장이의 입을 가리키는 것일 수도 있다. 어느 것이든지 자랑하는 자를 가리키는 것이며 이 절에 따르면 그런 자는 결국 "파괴를 구하는 자"이다.

[17:20] 마음이 굽은 자는 복을 얻지 못하고 혀가 패역한 자는 재앙에 빠지느니라

"뿌린대로 거둠"의 테마를 가진 잠언이다. 여러 번 반복해서 이 가르침이 나타나는데, 아마도 충분히 반복된 만큼 우리가 순종하길 염원하는 것을 반영하는 것일지도 모른다. 20절은 우리가 마음에 담은 바가 무엇인지 또한 우리의 혀에 있는 말이 무엇인지에 따라 우리에게 일어날 일이 결정됨을 가르쳐준다. 굽은 마음과 패역한 혀는 그저 재앙과 어려움만 거두게 할 것이다.

[17:21] 미련한 자를 낳는 자는 근심을 당하나니 미련한 자의 아비는 낙이 없느니라

21절은 "미련한 자녀로 인한 부모의 근심"이라는 테마를 다루는 동의어적 평행이다. 여기에서 주의해야 하는 것은(이 주제가 나타나는 어느 절에도 적용된다) 부모들은 어리석은 자녀의 모습 때문에 실망하고 불행하게 될 수도 있지만 성경은 그러한 이유로 그들을 정죄하거나 비난하

고 있지는 않다는 사실이다. 다만 성경은 부모들에게 반역하는 자녀들까지는 용납할 수 없음을 보여주는 듯하다. 만약 자녀들이 선한 훈련에도 불구하고 어리석다면 부모들은 더 이상 그들을 혼내지는 않을 것이다. 한편, 부모들은 자랑이 아닌 감사가 넘칠 만큼 지혜로운 자가 되기로 스스로 선택한 자녀들을 위해 축복할 것이다.

[17:22] 마음의 즐거움은 양약이라도 심령의 근심은 뼈를 마르게 하느니라

"양약"이라고 번역된 히브리어는 여기서 단 1번 나온다(호 5:13에 연계형 동사로 1번 나온다). 이것은 또한 "얼굴에 다 쓰여 있다"(shows on your face, 잠 15:13과 유사하다)는 의미를 지닌다. 어떤 의미이든지 잠언은 영적인 건강과 육체적인 건강을 연결하는 진술을 한다. 즐거운 마음은 건강을 주지만 근심은 질병을 준다.

[17:23] 악인은 사람의 품에서 뇌물을 받고 재판을 굽게 하느니라

8절은 선물을 주는 동기의 중요성에 대해 이야기한다. 만약 선물을 주는 동기가 부당한 청탁을 하기 위한 것이라면 그 선물은 뇌물이 된다. 23절은 악한 사람에 의해서 비밀리에 전해진 정의를 왜곡시키는 뇌물의 이러한 종류에 대해 설명한다. 이러한 종류의 선물은 그릇된 것이다. 그것은 가난한 사람들은 원하는 것에 뇌물을 줄 수 없는 반면, 부자는 법으로부터 그들이 원하는 것을 얻을 수 있게 한다. 뇌물을 주는 자나 받는 자 모두 정의를 왜곡시키는 죄가 있다고 8절은 말한다. 재판관으로써 뇌물을 받고 "유리한 평결"을 내리는 것만큼 불명예스러운 일은 없다.

[17:24] 지혜는 명철한 자 앞에 있거늘 미련한 자는 눈을 땅 끝에 두느니라

"그는 그가 씹을수 있는 것보다도 더 많이 물었다(힘에 겨운 일을 그가 계획했다)" 혹은 "그의 눈은 그의 위보다도 크다"는 말은 24절 후반부의 현대적인 표현이다. 우리는 여기 "미련한 자는 눈을 땅 끝에 두느니라"를 문자 그대로 미련한 사람의 견해는 방향성이 없다는 것을 의미할 것이라고 해석한다. 이 구절은 미련한 사람은 현실적인 계획들을 세우기 보다는 망상에 사로잡혀있다는 의미로 볼 수도 있다. 미련한 사람이 세우는 계획은 지나치게 이상적이며 현실성이 없다. 그러나 어떤 경우에도 그 일을 계획하려면 훈련된 사고를 필요로 하며 그 계획을 실행하려면 굳게 결심해야 한다. 미련한 사람이 계획을 실천에 옮기지 않으나, 명철한 사람은 그 계획들을 실행에 옮긴다.

[17:25] 미련한 아들은 그 아비의 근심이 되고 그 어미의 고통이 되느니라

25절은 "미련한 자녀로 인한 부모의 근심"을 다루는 또 다른 구절이다. 이 구절은 자녀에게는 부모를 기쁘게 하는 지혜로운 자가 되라고 상기시키고 부모에게는 미련한 자녀를 둔 다른 사람들과 고통을 나누도록 위안을 준다.

[17:26] 의인을 벌하는 것과 귀인을 정직하다고 때리는 것은 선하지 못하니라

26절은 15절처럼 정의의 왜곡에 대해 언급한다. 당시 무죄한 사람을 벌하는 것과 정직한 관리를 채찍질하는 것과 같은 악습은 이러한 다룬 잠언을 생기게 할만큼 일상적이었던 일이 분명하다.

[17:27-28] 말을 아끼는 자는 지식이 있고 성품이 냉철한 자는 명철하니라 미련한 자라도 잠잠하면 지혜로운 자로 여겨지고 그의 입술을 닫으면 슬기로운 자로 여겨지느니라

27절은 지혜로운 사람은 냉정하고, 그들의 입을 다문다고 말한다. 사실, 그러한 자기통제력은 지혜로 보여진다. 비록 그것이 어리석은 사람(28절)이 그렇게 한다고 하더라도 그런 자제력은 지혜로 보인다. 온 세상에 알려진 사실을 떠벌리는 것은 어리석은 사람이 되는 것이다. 어리석은 질문들을 하는 것 또는 상관없는 정보들을 내놓는 것은 단지 그 사람의 무지를 증명하는 것에 불과하다. "성품이 냉철한 자"(문자적으로는 영혼이 차가운 자)라는 27절의 히브리 관용구는 "안정된 영혼"을 말한다. 현대적인 표현으로는 "냉정을 유지하는 자"이다.

[18:1] 무리에게서 스스로 갈라지는 자는 자기 소욕을 따르는 자라 온갖 참 지혜를 배척하느니라

우리는 이 절이 말하는 그런 사람들을 만나왔다. 궤변을 늘어놓거나 논쟁에서 반대의견만을 내놓아서 사회부적응자임을 스스로 나타내는 것은, 그들이 진정 그 주장하는 바를 믿어서가 아니라, 다른 사람의 이목을 자신들에게 집중시키기 원해서이다. 그들의 주된 동기는, 다른 사람들에게 도움을 줄 수 있을 생각이나 의견의 자유로운 교환에 있는 것이 아니라, 대신에 그들 자신의 영광을 얻기 위한 철저한 이기주의에 있다고, 잠언은 말한다. 우리의 의견을 표현하는 데 있어서 우리는 얼마나 "불친절" 한가?

[18:2] 미련한 자는 명철을 기뻐하지 아니하고 자기의 의사를 드러내기만 기뻐하느니라

이런 종류의 사람은 이질적인 사실들과, 상관없는 논쟁들로 어떠한

의미있는 논쟁도 방해하는데, 왜냐하면 그는 너무나 미련해서 어떤 것이라도 해결하기를 원하지 않기 때문이다. 그는 중요한 성경 연구를 방해하며 가인은 어디에서 그의 아내를 얻었는지 혹은 어떻게 노아가 그의 방주에 그 많은 동물들을 모을 수 있었는지 같은 엉뚱한 질문이나 던지는 사람이다. 그는 자신이 얼마나 똑똑한지를 보여주는 것에 더욱 관심이 있기에 어떤 중요한 것을 진심으로 배우려고 하지 않는다.

[18:3] 악한 자가 이를 때에는 멸시도 따라오고 부끄러운 것이 이를 때에는 능욕도 함께 오느니라

3절은 두 짝으로 이루어져 있다. 죄는 멸시를, 부끄러운 것은 능욕을 부른다. 멸시는 능욕을 가져오는 부끄러운 것과 가깝다. 우리들은 단지 부끄러운 것에 대한 공포보다도 더 많은 이유들 때문에 죄를 피해야 하지만, 그러나 이런 경고로 충분할 지도 모른다. 죄의 길은 걸으면 걸을수록 가파라지는 내리막길과 같다.

[18:4] 명철한 사람의 입의 말은 깊은 물과 같고 지혜의 샘은 솟구쳐 흐르는 내와 같으니라

4절은 동의어적 평행으로도, 대조적인 평행으로도 이해될 수 있다. 만일 이 구절이 동의어적 평행이라면, 깊은 물은 흐르는 내와 같은 것이 된다. 그러나 만일 이 구절이 대조적이라면(NAB에서는 "그러나"를 삽입한다), 깊은 물은 고인 것이나 흐르는 내는 유동적인 것이다. 예레미야의 봄과 저수지에 대한 비유처럼(렘 2:13), 고인 물은 썩지만 흐르는 물은 깨끗하다. 이는 지혜자는 현명해지기를 원하는 사람에게 퀴퀴하게 고인 그 자신의 생각보다는 오히려 샘솟는 지혜의 시냇가에서 길어 올려야 한다고 간접적으로 제안하는 것이 아닐까?

[18:5] 악인을 두둔하는 것과 재판할 때에 의인을 억울하게 하는 것이 선하지 아니하니라

5절은 법정에서의 불법을 공공연히 비난한다(잠 17:15, 26과 비교). 악한 사람을 두둔하는 것은 의인에게서 정의를 빼앗는 것만큼 악하다. 둘 다 모든 사람의 권리를 언제나 지키도록 만들어진 법률을 훼손하는 것이다.

[18:6] 미련한 자의 입술은 다툼을 일으키고 그의 입은 매를 자청하느니라

잠언 18:6-8은 혀의 바른 사용이라는 주제로 이야기를 전개한다. 6절은 미련한 자의 입술이 그를 어려움에 빠트리는 것에 대해 간략히 말한다. 그가 당한(잠 19:29에 1번 사용) 그 "매"는 문자적으로 그의 아버지, 고용주, 원수의 채찍질이다. 그의 말은 너무나 어리석고, 너무나 부주의하고, 너무나 화나게 하기에 다른 사람들이 그에게 폭력을 사용하게 만든다. 무감각한 사람은 계속해서 사람들을 몰아붙일 것이다.

[18:7] 미련한 자의 입은 그의 멸망이 되고 그의 입술은 그의 영혼의 그물이 되느니라

7절은 다른 말로 6절의 가르침을 반복한다. 6절은 어리석은 자들이 자신이 말한 것에 의해 어려움을 겪는 것을 말하지만 7절은 그의 말의 파괴적인 성격이 스스로의 멸망을 가져옴을 말한다. 스스로를 속여서 믿게 한 주장은 너무나 결점 투성이기 때문에 그것은 결국 그를 멸망시킨다.

[18:8] 남의 말하기를 좋아하는 자의 말은 별식과 같아서 뱃속 깊은 데로 내려가느니라

8절과 잠언 26:22은 아주 유사하다. "별식"을 가리키는 히브리어는

단지 두 곳에서 나타난다. KJV은 이것을 "상처"로 번역했지만, 헬라어 번역가들은 "맛있는"으로 번역했다. 요점은 남의 험담은 너무나 우리에게 "맛있게" 보여서 그것에 저항하기에 우리들은 무력하다는 것이다. 다른 사람에 대한 나쁜 이야기를 듣는 것은 너무도 맛이 있어서 우리들은 그것을 바로 꿀꺽 삼킨다. 만일 우리들의 입맛이 다른 사람들의 좋은 것들을 듣는 것에 열심을 낸다면 얼마나 더 좋을까?

[18:9] 자기의 일을 게을리하는 자는 패가하는 자의 형제니라

겉만 번지르르한 솜씨로 어떤 것을 건설하는 것은 그것을 파괴하는 것과 마찬가지라고 9절은 말한다. 게으른 자는 쉬운 방법만 찾아서 반듯하게 자르지도 않고 볼트를 단단히 죄지도 않는다. 그 최종결과물은 수준이 낮은 것일 뿐만 아니라 잠재적으로 위험하다. 브레이크 결함이 있는 차나 전기배선이 잘못된 집을 생각해 보라.

[18:10-11] 여호와의 이름은 견고한 망대라 의인은 그리로 달려가서 안전함을 얻느니라 부자의 재물은 그의 견고한 성이라 그가 높은 성벽같이 여기느니라

10절과 11절은 같은 말이다. 10절은 의인의 피난처를 설명하고, 11절은 부자의 견고한 성을 설명한다. 이 구절들은 선한 사람은 부자가 아니라거나 또는 가난한 사람은 선하다고 암시하지 않는다. 이 두 구절이 말하는 것은 바로 의인은 하나님을 의지하고 부유한 사람은 그들의 부를 의지한다는 것이다. 오늘날 우리 대부분은 충분한 음식과 주택을 가지고 있다. 우리 중 대다수는 죽을 때까지 살기에 충분한 돈을 확실히 가지기 위해서 충분하게 많은 돈을 저축하기까지 한다. 대부분 미래에 대한 우리의 신뢰는 하나님께 있는 것이 아니라 사회보장제도나 퇴직금 제도에 있다. 우리들의 성은 "부로 쌓은 도시"와 같다. 우리는 그

도시를 "빼앗기지 않을 것"으로 상상한다. 그것은 잘못된 가정이다. 삶에는 돈으로 막을 수 없는 어려움들과 문제들이 있다. 그 중 가장 심각한 것이 바로 죽음이다. 랍비는 "수의에는 주머니가 없다"고 말한다. 죽음은 돈으로 면제할 수 없다는 의미이다. 하나님의 견고한 성 안에서 안전을 얻는 것이 얼마나 더 좋은가!

[18:12] 사람의 마음의 교만은 멸망의 선봉이요 겸손은 존귀의 앞잡이니라

12절의 테마는 교만 대 겸손이다(잠 3:34; 11:2; 15:33; 16:18; 29:23 참조). 겉모습은 우리를 너무나 자주 현혹시킨다. 교만한 사람은 실제로는 뛰어나지 않다. 반면, 겸손한 사람이라고 해서 열등한 것도 아니다. 이 같은 교훈을 기억하는 것이 얼마나 어려운가! 우리는 얼마나 자주 사람을 평가하는 근거로 그 속에 무엇이 있는가를 발견하려고 노력하기보다는 그들의 겉모습을 보는가를 생각해보라. 우리 마음을 보시며 우리들의 겉으로 나타난 모습을 보지 않으시는 하나님은 얼마나 고마운 분이가! 하나님이 우리의 마음 속에서 무엇을 발견하시겠는가? 교만인가, 겸손인가?

[18:13] 사연을 듣기 전에 대답하는 자는 미련하여 욕을 당하느니라

13절은 상식이기도 하면서 동시에 올바른 태도를 말해주고 있다. 만일 질문을 듣지 않는다면 어떻게 제대로 된 대답을 할 수 있겠는가? 그리고 듣지도 않는다면 어떻게 다른 사람을 존중한다는 것을 보여 줄 수 있겠는가?

[18:14] 사람의 심령은 그의 병을 능히 이기려니와 심령이 상하면 그것을 누가 일으키겠느냐

14절은 우리에게 다음의 의학적, 전문적 조언을 해준다. 건강하게 되기를 원하는 사람은 빨리 회복될 것이며, 너무 낙담하는 사람은 건강을 회복할 수 없을 것이다. 어떤 사람들은 죽기를 원하기도 한다. 살기 위한 투쟁은 그러한 감정적, 영적, 육체적 포기라는 근심 및 고통과도 하는 것이다. "상한 심령"은 질병으로부터 벗어나는데 장애가 된다.

[18:15] 명철한 자의 마음은 지식을 얻고 지혜로운 자의 귀는 지식을 구하느니라

15절은 지혜, 근면, 의로움, 경건함, 번영하는 삶을 권하는 잠언의 다른 많은 구절들과 유사하게 지혜 혹은 지식을 외친다.

[18:16] 사람의 선물은 그의 길을 넓게 하며 또 존귀한 자 앞으로 그를 인도하느니라

16절은 정치와 상업의 세계에서 무엇이 있어야만 하는 가에 대해 (명령하기보다는) 설명하는 또 다른 구절이다. 적절한 사람에게 주는 선물은 문을 열어 준다는 단순한 진술이다. 그것은 옳은 것인가? 그렇지 않다. 만일 길을 돈 주고 사는 것만이 어떤 곳이든지 갈 수 있게 해주는 것이라면 가난한 자들은 아무것도 못하게 될 것이다. 또한 만일 "위대한 사람"들은 오직 선물을 통해서만 만날 수 있다면 그들은 실상은 잠언 17:23의 가난한 사람들의 탄원에 무관심한 타락한 재판관들과 같은 자들일 뿐일 것이다.

[18:17] 송사에서는 먼저 온 사람의 말이 바른 것 같으나 그의 상대자가 와서 밝히느니라

17절의 현대적인 표현 중에는 "모든 이야기에는 두 측면이 있다"는 말이 있다. 만약 당신이 자동차 광고에서 단지 한 차종만을 보았다면, 당신은 결코 그 밖에 다른 아무것도 사려고 생각하지 않았을 것이다. 그러나 만약 당신이 다른 자동차 제조업자들의 주장들을 비교한다면, 당신은 그들 중 어떤 것에 대해서도 확신할 수 없을 것이다. 17절의 요점은 당신이 올바른 결정을 내리기 전에 양쪽 주장을 다 경청하라는 것이다. 한 가지 의견보다 더 많은 의견을 듣게 될 때까지 결정을 내리지 말라. 법정의 증인들의 증언만이 정확성을 위해서 면밀하게 검토되어야 하는 것이 아니다. 때로는 아이들 간의 불만 가득한 사건들이 다르게 보일 때, 정확한 사실을 밝혀내기 위해 그 아이들도 질문을 받아야 할 때가 있다.

[18:18] 제비 뽑는 것은 다툼을 그치게 하여 강한 자 사이에 해결하게 하느니라

17, 18절은 연결되어 있다. 법정에서, 특히 생사가 걸린 논쟁에서 누가 옳은가를 결정하기 위해 제비를 뽑으려고 하지는 않을 것이다. 입찰가를 보내는 도급업자들은 오늘날 "다툼을 그치게 하는" 제비뽑기의 한 실례를 보여준다. 이처럼 때로는 여러 동등한 판결들 가운데, 하나를 "눈 감고 선택"하여 해결을 보는 방식이 법정에서도 필요하다. 사건에 관련된 피고는 이러한 제도에서 나온 결과에 어느 누구도 반대할 수 없고 동의할 수 있을 것이다

[18:19] 노엽게 한 형제와 화목하기가 견고한 성을 취하기보다 어려운즉 이러한 다툼은 산성 문빗장 같으니라

19절은 번역상 난제를 가져온다. 어떤 번역은(RSV과 TEV)헬라어 번

역, 시리아어 번역, 아람어 번역, 라틴어 번역을 따라 "형제를 돕는 것은 견고한 성과 같다"라고 하는 반면, 히브리어 원문을 따르는 번역(KJV, ASV)은 "노엽게 한 형제와 화목하기가 견고한 성을 취하기보다 어려운 즉"이라고 한다.

전반부는 이처럼 매우 달라진다. 그러나 다행히 후반부는 명확하다. 히브리어 본문은 형제 간의 다툼은 "산성 문빗장" 같다고 하여 동의어적 평행을 이룬다. 그러나 헬라어 번역을 따르면 대조적인 평행이 된다. 즉, "형제를 돕는 것은 견고한 성과 같다. 그러나 다툼은 산성 문빗장 같다"(RSV). 한편, 완전히 다른 번역도 있는데, 다음과 같다. "형제는 견고한 성보다 더 견고하며 친구는 성문같다"(NAB).

[18:20-21] 사람은 입에서 나오는 열매로 말미암아 배부르게 되나니 곧 그의 입술에서 나는 것으로 말미암아 만족하게 되느니라 죽고 사는 것이 혀의 힘에 달렸나니 혀를 쓰기 좋아하는 자는 혀의 열매를 먹으리라

20, 21절은 그 자신의 말에 만족을 발견한 사람에 대해서 말한다. 그러나 이 구절들은 작가나 대중 연설가들에 대한 것만은 아니다. 쉽게 말해서, 이것은 말은 자기 자신이라는 것을 가르친다(잠 4:23 참조). 다르게 표현하자면, "뿌린대로 거둠"이라는 테마가 여기에 있는 것이다.

21절은 두 가지 결과, 즉 우리들이 말하는 것으로 인한 삶과 죽음을 확인한다. 또한 우리들이 말하지 않음의 결과들을 받아들이기도 해야 한다. 신약성경에서 구원은 예수 그리스도를 주로 입으로 고백하는 것을 조건으로 한다. 고백하지 못하는 것은 부인하는 것과 같다(마 10:32; 롬 10:9-10; 요일 4:15 참조).

[18:22] 아내를 얻는 자는 복을 얻고 여호와께 은총을 받는 자니라

대부분의 고대의 번역본들은 22절에 "아내" 앞에 "선한"을 추가한다. 만일 남자가 선한 아내를 찾는다면 그는 복을 얻은 것이다. 히브리어 본문은 단순히 아내를 얻는 것이 좋은 것이라는 식으로 말하지 않았다. 일반적으로 아내들은 남자에게 재산이었다. 만일 남성이 그들의 이름을 지닌 아이를 원한다면 아내들은 절대적인 필수품이다. 구약 시대에는 독신남자가 드물었을 거라는 인상을 받는다. 아마도, 대부분의 남성들은 하나님이 허용한 결혼의 고유한 축복들을 깨달았을 것이다.

[18:23] 가난한 자는 간절한 말로 구하여도 부자는 엄한 말로 대답하느니라

23절은 사실에 대한 진술일 뿐 그렇게 되어야 함을 의미하는 것은 아니다. 지혜로운 가난한 사람은 겸손하다. 거만한 말은 분명 호의를 입지 못하게 만들 것이다. 부자들도 그들이 얼마나 많은 돈을 가지고 있느냐와는 상관없이 거칠게 또는 매섭게 말할 수 있는 면허장을 받은 것은 결코 아니다. 거만은 사람의 특권이 아니다.

[18:24] 많은 친구를 얻는 자는 해를 당하게 되거니와 어떤 친구는 형제보다 친밀하니라

24절의 요점은 끝까지 지속되는 친구(잠 17:17)와 지속되지 않은 친구들 사이의 대조이다. 이 구절은 신약성경에서 인용되지는 않지만, 이 구절의 훌륭한 적용은 "형제보다 더 친밀한" 예수 그리스도와 "역경" 가운데 동료를 버리는 친구 간의 비교를 통해 잘 나타날 수 있다.

[19:1] 가난하여도 성실하게 행하는 자는 입술이 패역하고 미련한 자보다 나으니라

이 절은 정직한 가난한 사람들과 정직하지 않은 어리석은 사람 사이의 대조를 한다. 이 구절에서 "가난하다"는 것은 게으름 혹은 우둔함을 암시하지 않는 명예로운 단어이다. 그러나 가난한 사람들 모두가 정직하다고 말하는 것은 아니다. 잠언은 단순히 비록 가난하게 살게 될지라도 정직은 최상의 덕목이라는 것을 가르친다.

[19:2] 지식 없는 소원은 선하지 못하고 발이 급한 사람은 잘못 가느니라

2절에서 나타나는 두 단어는 중요하다. "소원"에 해당하는 단어는 우리의 코로 들이내쉬는 "공기", 혹은 "호흡"을 뜻한다. 사람들은 그의 영혼이 떠났을 때 숨을 거두었다고 말한다. 나중에 이 단어에는 목 혹은 목구멍과 같은 추가적인 의미가 더해져 어떤 식욕(잠 26:30)이나 열정에 대한 감정적 반응을 나타내기도 한다. 우리들은 생기에 넘친 말 혹은 활기 넘치는 발표를 묘사하기 위하여 "힘찬"(spirited)이란 단어를 여전히 사용한다. 그러나 가장 일반적인 의미는 "자기"(잠 8:36), "생명"(잠 7:23) 등이며, 신약성경에서 이 단어와 비슷한 말은 헬라어 프뉴마이다(행 2:4, 7:14).

우리가 주목해야 할 다른 단어는 "급함"(구약성경의 다른 곳에서 6번 나오고 잠언에서 4번(21:5; 28:20; 29:20)나타나는데, 그 중 처음이다)이다. 이 단어는 급히 행해진 결정의 어리석음을 암시한다. 급하게 한 행동으로 "방향을 잃어버리게"된다. 영리한 목수는 3번 재고 1번 자른다. 그러나 (바쁘게 행동하는) 어리석은 목수들은 1번 재고 3번 자른다. 이 구절은 신중한 계획에 대한 필요뿐만 아니라 사려깊은 계획도 우리들에게 상기시켜 준다(잠 17:24 참조).

[19:3] 사람이 미련하므로 자기 길을 굽게 하고 마음으로 여호와를 원망하느니라

만약 우리들이 훌륭한 일을 했다면, 우리들은 반드시 하나님께 영광을 돌려야 하고, 반면, 만약 우리들이 일을 잘하지 못했다면 스스로에게 비난을 돌려야 한다고 3절은 말한다. 비록 이것이 처음에는 불공평한 것처럼 보일지라도, 하나님의 성품에 대한 더 깊은 고려는 우리들의 생각을 바로잡는다. 하나님은 그의 백성을 어리석음이나 죄 가운데로 인도하길 바라시지 않는다. 그것은 하나님의 성품과는 정반대의 것이다. 하나님은 우리들을 위해 원하는 것은 좋은 것이다. 우리들은 삶에서 우리에게 나타난 나쁜 것들 때문에 하나님에게 화를 낼지도 모른다. 그러나 그것은 대부분의 경우에 우리들을 파괴하였던 것은 바로 우리 자신의 어리석음이다.

[19:4] 재물은 많은 친구를 더하게 하나 가난한즉 친구가 끊어지느니라

4절은 잠언 14:20에서 다른 단어로 말해졌고, 이 장의 6, 7절에서 반복될 것이다. 불행하게도 사람들은 살아가면서 가난한 사람을 피하는 반면, 부자에게 자연히 끌리기 쉽다. 그들의 동기는 탐욕이다. 부유한 사람에게 아첨하는 사람들은 그들이 그들로부터 어떤 것을 얻을 수 있기를 바라기 때문에 아첨을 한다.

그들은 그들의 생각에 그들로부터 항상 어떤 것을 얻으려고 하는 가난한 사람을 피하는 사람과 같은 사람이다.

우리는 탐욕에 기초한 이러한 차별을 피하고, "주는 것이 받는 것 보다 복이 있다"(행 20:35)고 한 신약성경의 가르침에 기초해서 행동해야 한다.

[19:5] 거짓 증인은 벌을 면하지 못할 것이요 거짓말을 하는 자도 피하지 못하리라

5절은 언젠가 거짓은 발견되고 재판관에게 끌려갈 것이라고 말한다 (잠 12:19 참조). 신명기 19:16-19은 제사장이 어떤 사람에 반대하는 어떠한 진술들도 조사해야만 한다고 말한다. 만약 피고인이 거짓을 말했다면 그는 고소당한대로 처벌을 받게 되었을 것이다. 5절은 이 법률에 대해 암시를 줄 수도 있으나 이 구절의 잠언은 대체적으로 반복되는, "범죄는 보상받지 못한다"는 것을 말하는 것이다.

[19:6] 너그러운 사람에게는 은혜를 구하는 자가 많고 선물 주기를 좋아하는 자에게는 사람마다 친구가 되느니라

오늘날 기업이나 정치 영역에서 고위층에 있는 자들에게는 이 구절이 친숙하게 느껴질 것이다. 우리들의 대부분은 결코 영향력있는 그러한 중요한 위치들을 차지하지 못할지라도 이 충고에 동일하게 조심해야한다. "거듭난" 배우, 가수, 운동 선수 등 그러한 유명인들에게 우리는 더욱 호감을 갖지 않는가? 우리의 추종이나 지나친 칭송이 아첨은 아닌지, 선물을 주는 자만 친구로 삼으려는 것은 아닌지 돌아보라.

[19:7] 가난한 자는 그의 형제들에게도 미움을 받거든 하물며 친구야 그를 멀리 하지 아니하겠느냐 따라가며 말하려 할지라도 그들이 없어졌으리라

7절은 잠언 10:1-22:16에서 두 부분이 아니라 세 부분으로 구성된 유일한 구절이다. 이에 대해 세 가지 의견이 있다. 첫째, 예외적인 구조이다. 둘째, 본래는 두 개의 절인데, 한 절이 되면서 있어야 할 어느 한 부분이 빠졌다. 셋째, 본래 여기에 없던 문구가 필사자에 의해 삽입되었다. 어쨌든, 이 구절의 핵심은 명백하다. 이는 앞의 4, 6절과 유사한

것을 말한다. 가난한 사람은 이방인들, 친구들, 심지어 친척들도 멀리한다. 그러나 그들은 돈을 꾸거나 도움을 줄 것을 끊임없이 요구해서 그들 자신이나 다른 사람들을 난처하게 만들지 않아야만 한다. 또 한편으로는, 부유한 사람들은 무관심이 아니라 진심에서 우러난 관심으로 확고부동하게 가난한 사람들을 대우해야 한다.

[19:8] 지혜를 얻는 자는 자기 영혼을 사랑하고 명철을 지키는 자는 복을 얻느니라

사악함과 어리석음이 그에 합당한 응보를 받듯이, 그렇게 지혜와 명철도 보상을 얻는다. 8절은 지혜를 사랑하는 사람들이 어리석은 사람들보다 더욱 돈을 버는 감각이 "뛰어나다"고 말하는 것은 아니다. 여기에서 번영은 평안한 마음, 자기 만족, 성취감을 더 많이 언급한다. 좋은 급료는 단지 성취의 부수적인 측면일 뿐이다.

[19:9] 거짓 증인은 벌을 면하지 못할 것이요 거짓말을 뱉는 자는 망할 것이니라

9절은 마지막 동사를 제외하고 5절과 완전하게 동일하다. 거짓 증인들은 결국 "멸망"하고 거기서 그들은 "피하지 못할" 것이다.

[19:10] 미련한 자가 사치하는 것이 적당하지 못하거든 하물며 종이 방백을 다스림이랴

잠언 17:7에서 어리석은 자와 지나친 말은 어울리지 않는다고 했으며, 잠언 26:1도 역시, 영예와 미련한 자는 서로 어울리지 않는다고 말한다. 여기서는 어울리지 않는 것을 가리키는 잠언 30:21-23의 "서넛" 잠언처럼 미련한 자와 사치가 어울리지 않음을 가르친다. 종들의 다스림이 불행이라는 말은 결코 어리석은 자가 공부하여 지혜로운 자가 될

수 없다는 말이 아니며 또한 노예는 노력하여 성공할 수 없다는 것도 아니다. 여기서 경고받는 자들은 분쟁을 일으켜 국가나 사회를 얻기를 원하는 자들이다.

[19:11] 노하기를 더디 하는 것이 사람의 슬기요 허물을 용서하는 것이 자기의 영광이니라

11절은 잠언 14:29; 16:32과 같이, 인내 및 성급함의 교훈을 가르쳐 준다. 어떤 사람이 비난을 당했을 때 반응하는 태도는 그의 지혜와 영적인 성숙을 재는 좋은 척도이다. 진정으로 지혜로운 사람은 무례를 너그럽게 보는 용납하는 마음과 인내심을 보여준다.

[19:12] 왕의 노함은 사자의 부르짖음 같고 그의 은택은 풀 위의 이슬 같으니라

잠언 16:14, 15은 무례한 대답(잠 18:23)을 하는 부자의 비유를 통해 어떤 군주는 얼마나 포악할 수 있는가를 우리에게 상기시켜주었다. 그러나 통치자들도 또한 아주 자비로운 친절한 호의를 베풀고, 선물을 나누어 줄 수 있다. 12절은 변덕스러운 왕들에 대해서 경고하는 것처럼 보인다. 좋은 것들을 나누던 그가 또한 당신을 학대할지도 모르고 당신을 멸망시킬지도 모른다(잠 20:2 참조). "지붕 위의 바이올린"(*Fiddler on the Roof*)이라는 영화에 나오는 대사가 떠오르지 않는가? "주여 황제에게 은총을 내리시고 그를 보호하사 우리에게서 멀어지게 하소서!"

[19:13] 미련한 아들은 그의 아비의 재앙이요 다투는 아내는 이어 떨어지는 물방울이니라

어떤 여인은 남편을 위해 삶을 아름답게 만들고(잠 18:22) 또 다른 어떤 여인은 나열할 만큼 많은 덕의 목록들을 갖고 있다(잠 31:10-31). 그

러나 13절은 우리에게 그들의 남편을 파괴하는 아내에 대해서도 또한 경고하고 있다. 이는 5-7장의 남자를 유혹하는 여자에 대한 경고를 제외한 결혼생활의 불행함에 대해 이야기하고 있는 여러 구절들 중 첫 번째 구절이다(잠 27:15; 21:9, 19; 25:24을 보라).

이 구절의 남자는 두 가지 문제, 즉 미련한 아들과 다투는 아내로 고민한다(게다가 이 두 문제는 연결되어 있다). "이어 떨어지는 물방울"이라는 표현은 고대 중국의 물고문을 상기시켜 준다.

[19:14] 집과 재물은 조상에게서 상속하거니와 슬기로운 아내는 여호와께로서 말미암느니라

14절의 슬기로운 아내는 다투는 아내에 뒤이어 나오는데, 이는 의도적인 배치일 것이다. 13, 14절은 두 종류의 아내 즉, 돕는 자와 다투는 자가 있다고 주장한다. 그러나 삶이란 이것처럼 결코 그렇게 단순하지 않는다. 이것은 일반적인 원리일 뿐이다. 어느 날에는 "슬기로운" 아내가 또 어떤 날에는 "다투는" 아내일 수 있고, 또 그 다음날은 이와 반대가 될 수도 있다. 그러나 이 교훈은 오늘날 쉽게 적용될 수 있다. 미혼인 사람들은 하나님께 배우자 구하는 문제를 인도해 달라고 부탁해야 한다. 그 결정은 아주 중요하다. 그러나 혼자서는 올바른 선택을 하기가 좀처럼 쉽지 않는다. 결혼한 사람들은 배우자와 다투는지 아니면 배우자를 격려하고 세우는지 자문해야 한다.

[19:15] 게으름이 사람으로 깊이 잠들게 하나니 태만한 사람은 주릴 것이니라

이 충고는 잠언 6:9-11; 10:4에 앞서 나왔고, 또한 후에 잠언 20:4, 13; 23:21에서도 보게 될 것이다. 게으름은 오늘날과 마찬가지로 고대에서도 커다란 문젯거리였음에 분명하다. 15절은 게으름으로 인해서 오는 잠에 대해서 말한다. 낮잠이 아닌 수면, 특별히 고된 하루의 일과 후의 깊은 잠을 말한다. 즉, 이 잠은 너무 오랫동안 일을 하지 않아 아무 생각없이 늘어진 상태를 가리킨다. 이 게으른 사람의 양심은 죽어버렸기에 그는 삶의 귀중한 기회들이 그를 지나치는것조차 의식하지 못한다.

[19:16] 계명을 지키는 자는 자기의 영혼을 지키거니와 자기의 행실을 삼가지 아니하는 자는 죽으리라

16절은 "지키다"라는 동사가 반복되는데, 이는 계속해서 보아왔던 많은 다른 잠언들과 유사하다. 잠언 17:19에서는 "좋아하다"가 2번, 잠언 8:35; 18:22에서는 "얻다"가 2번, 잠언 21:23에서는 "지키다"가 2번 반복된다(개역개정 잠 21:23에서는 이것이 드러나지 않는다-역주). 여기서 언급된 계명은 아마도 레위기의 율법에 속하지는 않는 것 같다. 그러나 이 계명을 지키지 않으면 죽을 수도 있다. 아마도 이것은 잠언에서 자주 가르치는 부정직, 뇌물, 편협, 성급함, 편견, 자만, 정욕, 게으름 등에 관한 교훈을 의미할 것이다.

[19:17] 가난한 자를 불쌍히 여기는 것은 여호와께 꾸어 드리는 것이니 그의 선행을 그에게 갚아 주시리라

만약 가난한 사람을 억압하는 것이 그들을 만드신 하나님을 멸시하는 것이라면(잠 14:31; 17:5), 그러면 그들을 친절히 대하는 것은 하나님께 "꾸어 드리는 것"이다. 하나님은 우리에게서 무엇을 빌리실 필요가 없다. 오히려 우리는 이러한 하나님께 드리는 선물을 투자라고 생각해야만 한다. 이러한 주식에 대한 배당금을 하나님이 "갚아 주실 것"이다.

[19:18] 네가 네 아들에게 희망이 있은즉 그를 징계하되 죽일 마음은 두지 말지니라

18절은 자녀에 대한 적절한 징계를 권고한다. 때때로 자녀들은 교육하기 어렵게 느껴진다. 그러나 하나님은 여기에서 부모들에게 그의 지속적인 징계 안에 희망이 있다고 확실하게 보증한다. 18절의 후반부는 두 가지 방식으로 해석될 수 있다. 죽기까지 아이들을 때리지는 말라고 해석하거나, 또는 만일 아이들을 때리지 않으면 그 아이들은 교육되지 못한 사람이 되어 결국에는 그들 자신을 망치게 될 것이라고 해석할 수도 있다.

바꾸어 말하면, 너무 매질을 많이 하거나 또는 역시 너무 적게 매질을 하면 둘다 아이들을 죽일 수 있다는 것이다. 히브리어 본문은 "그의 죽음에 이르기까지 네 영혼을 높이지 말라"인데, 이 모호한 관용구의 의미는 이 가르침이 실제로 무엇인지 알기 어렵게 만든다. 확실한 것은, 이 구절은 강한 징계를 권고한다는 것뿐이다.

[19:19] 노하기를 맹렬히 하는 자는 벌을 받을 것이라 네가 그를 건져 주면 다시 그런 일이 생기리라

19절 후반부도 불명확한 단어를 포함하고 있다. 문제는 대부분의 영어 번역과 히브리어 번역이 같지 않다는 것이다. 히브리어 본문은 "반복하다" 또는 "더하다"를 암시한다. 이를 "그 행위를 반복한다"로 번역하는 경우도 있고(JB, NEB), "벌을 더하다"로 번역하는 경우도 있다. 전반부는 명확하다. 화를 잘 내는 이들은 사과하면서 자신을 낮추고 싶지 않다면 스스로를 잘 다스려야 한다는 것이다.

[19:20] 너는 권고를 들으며 훈계를 받으라 그리하면 네가 필경은 지혜롭게 되리라

20절은 잠언의 가장 중요한 구절이라고 불릴 만한데 왜냐하면 잠언이 말하고자 하는 모든 것에 대해서 가장 잘 요약하여 말하기 때문이다. 짧은 몇마디의 이 말이 잠언의 정수(精髓)이다.

[19:21] 사람의 마음에는 많은 계획이 있어도 오직 여호와의 뜻만이 완전히 서리라

하나님의 주권적 통치에 관하여 처음으로 말하는 구절은 잠언 16:1, 9이다. 이 21절은 다시금 놀라운 확신을 주는 이 진리를 반복한다. 하나님은 그러한 통제 있어서 심지어 우리의 악하고 어리석은 결정까지도 선한 것으로 바꾸어 놓으신다. 때때로 "계획"이라는 단어 대신에 "결정"이라는 단어로 번역되는 경우가 있는데, 이 단어는 인간이 악한 것들을 꾸미고 생각하는 것을 말한다. 어떤 단어를 사용하든지 여기서의 가르침은 명확하다. 하나님의 목적이 승리할 것이다.

[19:22] 사람은 자기의 인자함으로 남에게 사모함을 받느니라 가난한 자는 거짓말하는 자보다 나으니라

22절은 "사모함"이라는 표현을 그것의 본래의 의미와는 다르게 사용하는 구절일 것이다(참조 잠 14:34, 문제가 되는 단어는 "헤세드"로 영어성경 대부분은 여기서 이 단어를 "욕망" 혹은 "부끄러움"으로 해석 한다-역주). 종종 이상하게도 바로 그 단어가 또한 "부끄러움"(레 20:17)을 의미할 수도 있는데, 이는 정확하게 반대되는 의미이다. 어느 쪽이든 의미는 통한다(잠 3:3; 15:27을 각각 보라).

[19:23] 여호와를 경외하는 것은 사람으로 생명에 이르게 하는 것이라 경외하는 자는 족하게 지내고 재앙을 당하지 아니하느니라

23절은 전반부에서만 두 가지 테마를 언급한다. 하나는 여호와 경외이고 또 다른 하나는 장수이다(잠 3:22; 10:27에 대한 주석을 각각 보라). 여호와 경외는 장수를 가져오고 거기에 만족과 안전이 보장된다. 사람에게 그 보다 중요한 것이 더 있을까? 행복, 안전, 장수 등은 결코 돈으로는 살 수 없는 유익들이다.

[19:24] 게으른 자는 자기의 손을 그릇에 넣고서도 입으로 올리기를 괴로워하느니라

24절은 잠언의 생생한 묘사를 보여주는 구절 중 하나이다. "게으른 자는…자기의 손을…입으로 올리기를"이라는 표현이 의미하는 바는 그는 음식이 손에 잡힐만 함에도 불구하고 그의 입으로 그것을 들어 올릴 힘을 쓰지 않는다는 것이다. 그 손은 그릇에 빠진 채 그대로 있다.

[19:25] 거만한 자를 때리라 그리하면 어리석은 자도 지혜를 얻으리라 명철한 자를 견책하라 그리하면 그가 지식을 얻으리라

25절은 새로운 테마를 소개한다. 처벌은 타산지석이 된다. 누군가가 그의 범죄로 인해 공적으로 처벌받는 것을 보는 것은 타인에 대한 경고의 역할을 한다. "거만한 자"에게 일어나는 일을 지켜보는 현명한 사람들은 죄와 그 처벌을 피할 수 있을 것이다.

[19:26] 아비를 구박하고 어미를 쫓아내는 자는 부끄러움을 끼치며 능욕을 부르는 자식이니라

부모의 충고를 무시하는 것은 매우 악한 일이다. 26절은 실제로 그들의 부모를 학대하고 부모를 마치 원수처럼 대하며 땅에서 쫓아내는

자녀에 관하여 말한다. 이와 같은 사건들은 이 잠언이 기록되어야만 했던 고대 세계에서 분명히 일어났던 일이다. 그러나 우리에게는 실제 그에 관한 기록은 없다(막 7:10-11은 아마도 이와 유사할 수 있을 것이다. 또한 삼하 15장을 보라).

[19:27] 내 아들아 지식의 말씀에서 떠나게 하는 교훈을 듣지 말지니라

"듣지 말지니라"는 명령은 "계속 들어야 할 것" 것의 반대를 말하기 위한 수사학적 장치이다. 우리가 듣는 것을 멈출 때부터 우리는 망각하기 시작한다. 끊임없이 공급되는 힘은 무지와 그와 관련된 모든 단점들을 막기 위해 필요하다.

[19:28] 망령된 증인은 정의를 업신여기고 악인의 입은 죄악을 삼키느니라

망령된 증인은 "정의"와는 상관이 없다. 망령된 증인은 자신의 목적에 합한다면 혹은 합할 때 거짓을 말한다. 그의 목적은 법을 벗어나는 것이며, 심지어 그러한 자들은 법을 업신여긴다. 28절의 후반부는 말하길, 죄악은 악인에게 마치 "삼킬 것"같다 라고 표현하는데, 왜냐하면 그들은 죄악을 먹지 않고는 살 수 없기 때문이다. 폭력, 성관계, 욕설, 외설적인 말들, 술 외에 그들은 삶에 있어서 무엇을 좋게 여기는가? 악인은 악을 삼킨다. 그리고 그들은 옳은 것들을 비웃는다.

[19:29] 심판은 거만한 자를 위하여 예비된 것이요 채찍은 어리석은 자의 등을 위하여 예비된 것이니라

29절은 잘 정돈된 잠언이다. 이 잠언은 사람은 "뿌린대로 거둠"을 가르치는데, 여기서 어리석은 자들이 거두는 것은 다른 절에서 말하는 것처럼 죽음보다는 다소 약한 처벌이다.

[20:1] 포도주는 거만하게 하는 것이요 독주는 떠들게 하는 것이라 이에 미혹되는 자마다 지혜가 없느니라

잠언의 또 다른 테마는 금주에 관한 것으로 잠언 20:1은 처음부터 우리에게 술에 관하여 이야기한다. 이 절은 두 종류의 술에 관하여 말하는데, 하나는 포도주이고 하나는 독주(문자적으로는 강한 술)이다. 각각 포도와 곡물로부터 만들어지는 것들이다. 둘 다 사람들을 취하게 만들고 또한 미련하게 만든다. 금주에 관한 또 다른 구절은 잠언 23:20-21; 29-35; 31:4-5에 있다.

[20:2] 왕의 진노는 사자의 부르짖음 같으니 그를 노하게 하는 것은 자기의 생명을 해하는 것이니라

2절의 전반부는 단어 하나(진노/노함)를 제외하고선 잠언 19:12절의 전반부와 동일하다(잠 16:14에도 진노한 왕을 피하라는 경고가 나타난다). 감사하게도 우리는 여기서 언급되는 그러한 변덕스러운 독재자에 관하여 걱정할 필요가 없다.

[20:3] 다툼을 멀리 하는 것이 사람에게 영광이거늘 미련한 자마다 다툼을 일으키느니라

3절은 자기 통제에 관하여 가르친다. 앞선 구절들에서 다툼의 어리석음에 대해서 경고를 했었는데(잠 17:14, 19), 이 절도 마찬가지로 지혜로운 자는 쓸모없는 논쟁을 피할 뿐만 아니라 오히려 그러한 것들을 해결하는 자라고 가르쳐준다. 성공적인 인간관계도 이와 같다. 타인들을 상처를 주는 방법도 많이 있지만 타인을 세우는 방법은 한 가지이다. 대부분의 사람들은 논쟁을 일으킬지라도 지혜로운 사람들은 그것을 해결하려고 하며, 불화를 피하여 적을 친구로 만든다.

[20:4] 게으른 자는 가을에 밭 갈지 아니하나니 그러므로 거둘 때에는 구걸할지라도 얻지 못하리라

게으름과 뿌린대로 거둠이라는 두 가지 테마가 4절에 함께 있다. 여기서는 뿌린대로 거둠이라는 것은 매우 중요한 테마이다. 중동 지역에서 경작하고 씨를 심기 위한 적절한 때는 비가 오는 겨울이었다. 비록 쌀쌀한 날씨에 지저분하고 진흙투성이가 되는 일이었지만, 만약 사람이 심기에 적절한 때를 놓치게 된다면 그는 추수 때에 아무것도 거두지 못하게 될 것이다.

[20:5] 사람의 마음에 있는 모략은 깊은 물 같으니라 그럴지라도 명철한 사람은 그것을 길어 내느니라

5절은 직접적으로 치료적인 이유로 사람의 내면의 깊은 생각들을 끌어올리는 혹은 그것들을 상담하는 것에 대해서 언급한다(잠 18:4). 사람 내면에 깊게 묻혀있는 어떤 것들은 반드시 거기서 둔 채 있어야 하는 것들이다. 오래된 미움이나 편견 등을 끄집어 올리는 것은 오히려 더 문제를 만들 뿐이다. 그러나 어떤 생각들은 반드시 수면 위로 올라오게 만들어야 하며 그것들은 시험되고 다루어질 수도 있다. 참으로 지혜로운 사람들은 끄집어내어야 할 기억들과 그대로 두어야 할 기억들이 무엇인지를 잘 안다. 지혜로운 상담가들은 올바른 질문을 할 줄 아는 법이다.

[20:6] 많은 사람이 각기 자기의 인자함을 자랑하나니 충성된 자를 누가 만날 수 있으랴

인자함과 충성이라는 두 속성들(잠 3:3 참조)은 좀처럼 보기 힘들다.

오히려 이러한 가치들을 모방한 거짓된 것들을 종종 본다. 변치 않는 사랑과 신뢰감을 보여주는 사람 또한 참으로 드물다. 이러한 가치를 지니고 있다고 주장하는 많은 사람들은 거짓 자랑의 죄를 짓고 있는 것이다. 6절은 적용할 것이 많다. 우리는 다음과 같이 물어야 한다. 타인은 우리를 어떻게 보는가? 우리는 우리가 말하는 것만큼 행동하는가? 우리는 우리의 일터나 가정에서 진실하고 신뢰를 가질만한 모습을 얼마나 잘 보여주고 있는가? 우리는 작은 문제에 있어서도, 예를 들면, 우리가 동의했던 일을 신속하게 끝낸다거나 약속을 잘 지키는 것 등에 있어서 내뱉은 말을 얼마나 잘 실천하는가? 시편 15:4에는 이 주제가 잘 드러나 있다.

[20:7] 온전하게 행하는 자가 의인이라 그의 후손에게 복이 있느니라

도저히 존경할 수 없는 부모를 모시고 있는 자녀들은 측은하게 여겨진다. 존경할 수 있는 부모를 모신다는 것은 축복이다. 부모들은 그들의 말보다는 행동으로 많은 것들을 가르친다. 그들이 실제로 여기는 가치는 그들의 입에서 나오는 훈계보다 더 훨씬 더 강력하다. 의식적으로 또한 무의식적으로 자녀들은 부모에게 있는 위선을 알아차린다.

[20:8] 심판 자리에 앉은 왕은 그의 눈으로 모든 악을 흩어지게 하느니라

8절과 26절은 모두 "흩어지게 한다"(혹은 키질한다)는 표현을 사용한다. 8절에서 왕은 그의 눈으로 악을 흩어지게 하는데, 마치 벌레로 가득한 벽장 안으로 빛을 비추는 사람과 같은 이미지이다. 벌레들은 악한 자들이 그러하는 것처럼 어둠을 좋아하며 빛을 피해 흩어진다. 바로 그와 같은 방법으로 왕은 자신의 궁정에서 악한 자들을 떠나가게 한다.

이 절은 악한 자는 의로운 왕 앞에서는 결단코 머무를 수 없음을 경고하는 구절이다. 그를 시험하는 어리석은 자는 혹독한 벌을 받게 될 것이다. 열왕기상 3:16-27에서 살아있는 한 아이의 소유권을 주장했던 두 여인에게 일어났던 일을 상기해보라.

[20:9] 내가 내 마음을 정하게 하였다 내 죄를 깨끗하게 하였다 할 자가 누구냐

9절의 수사학적 질문에 대한 답은 바로 "아무도 없다"는 것이다. 죄 없는 자는 아무도 없다. 이 절은 간접적으로 전적 타락의 교리를 지지한다. 모두가 다 죄를 범하였고 하나님의 영광에 이르지 못하였다.

[20:10] 한결같지 않은 저울 추와 한결같지 않은 되는 다 여호와께서 미워하시느니라

10절을 문자적으로 번역하면 다음과 같다. "하나의 돌과 하나의 돌, 한 에바와 한 에바". 이것은 부정직한 무게와 길이 측정을 설명하는 것이다. 우리는 이 테마에 대해서 이미 다루었다(잠 11:1; 16:11; 20:23을 보라).

[20:11] 비록 아이라도 자기의 동작으로 자기 품행이 청결한 여부와 정직한 여부를 나타내느니라

11절은 우리가 말하는 바는 우리가 행하는 바와 필연적인 것이 아님을 가르쳐준다. 잠언 20:6, 9에서 이미 사람은 자신의 주장대로 사는 것이 아님을 말했다. 그들의 행위가 그들의 속마음이 어떠한지에 대한 증거이다. 이것은 아이에게도 마찬가지이다. 그들이 말하는 바가 그들의 행동만큼이나 그들의 선함을 증명하는 것은 아니다.

[20:12] 듣는 귀와 보는 눈은 다 여호와께서 지으신 것이니라

12절은 사실 여부를 결정하는 좋은 방법으로는 듣는 것과 보는 것 둘 다임을 말하고 있다. 때때로 듣는 것만으로는 충분치 않다. 우리의 눈이 우리에게 또 다른 것들을 알려준다. 하나의 감각은 어떤 아이가 착하다라고 말할 수도 있지만 또 다른 감각은 그것에 동의하지 않을 수 있다. 어떤 남자가 그는 무죄라고 말할 수도 있지만 왕의 눈(즉, 수사관의 눈)은 그의 잘못을 증명해낼 수도 있다. 한편, 만약 우리가 본 것과 들은 것이 일치한다면 우리는 충분히 그것을 사실이라고 결정할 근거를 가지게 되는 것이다. 하나님은 두 개의 문들, 즉 눈과 귀라는 지식을 받아들일 수 있는 두 개의 감각을 허락하셨다.

[20:13] 너는 잠자기를 좋아하지 말라 네가 빈궁하게 될까 두려우니라 네 눈을 뜨라 그리하면 양식이 족하리라

20:4과 이 절, 둘 다 게으름과 보상이라는 테마가 혼합되어 있다. 일반적으로 게으름은 가난을 낳고 열심히 일하는 것은 부를 낳는다. 잠언은 일반적인 것들을 말하고 있음을 기억해야 한다. 사람이 부해지는 것에는 열심히 일하는 것 혹은 게으름 외에도 여러 가지 요소들이 있을 수 있다. 예를 들면, 상속, 교육, 출세의 기회, 그가 살고 있는 정부의 형태 등이 있다.

[20:14] 물건을 사는 자가 좋지 못하다 좋지 못하다 하다가 돌아간 후에는 자랑하느니라

시장에서 일어나는 조금은 유머러스한 일로써, 우리들에게도 매우 친숙하게 느껴진다. 우리 모두는 물건 사는 자의 그 말과 연결될 수 있다. 물건 사는 자는 "좋지 못하다, 좋지 못하다"라고 말하지만 이내 그가 비하했던 바로 그 물건들을 그의 친구들에게 찾아가 자랑거리로 삼

는다. "2등급", "반값", "통큰 세일" 등을 광고하는 상점들은 그들이 하고 있는 바가 무엇인지 잘 알고 있다. 물건을 사는 사람들은 그들이 얻은 싸구려 물품에 대해여 자랑할 수 있지만 대체로 물건을 파는 사람은 물건을 사는 사람보다 더 예리하다. 옛 랍비의 잠언을 떠올려 보라. "어리석은 자가 시장에 나갈 때, 상인들이 기뻐한다".

[20:15] 세상에 금도 있고 진주도 많거니와 지혜로운 입술이 더욱 귀한 보배니라

15절은 (8장의 여러 절들과 유사하게) 지혜와 부를 비교한다. 여기서 "지혜로운 입술"은 매우 희귀한 것이며 금이나 진주보다 더욱 귀한 것으로 묘사된다. 시장에서 물건을 사는 사람들은 그들이 찾는 바가 무엇인지 잘 알고 있다. 값이 싼 것과 가치가 있는 것 차이를 구분하는 능력은 실제로 지갑에 있는 돈보다 더 중요할 수 있다.

[20:16] 타인을 위하여 보증 선 자의 옷을 취하라 외인들을 위하여 보증 선 자는 그의 몸을 볼모 잡을지니라

앞서 낯선 자를 위해 보증을 서는 것에 대해 경고하는 잠언들이 있었는데, 16절은 바로 그러한 가르침을 이어간다. 명백하게 이러한 행위는 일반적인 것이다. 공동서명인은 그들의 그러한 봉사에 대한 소액의 돈을 받았을 것이며 감수할 만한 위험이라고 생각했을 지도 모른다. 그러나 우리는 이렇게 무턱대고 확신을 해서는 안 된다. 이 절은 마치 빌려주는 자에게 경고하는 것 같다. "위험한 거래로 들어갈 만큼 어리석은 공동서명인으로부터는 반드시 담보물을 요구해야만 한다!" 이 절은 잠언 27:13에서 반복된다.

[20:17] 속이고 취한 음식물은 사람에게 맛이 좋은 듯하나 후에는 그의 입에 모래가 가득하게 되리라

17절은 우리들에게 "미련한 여인"이 그녀의 피해자들에게 "도둑질한 떡이 달다"라고 했던 말을 떠올려준다(잠 9:17). 이 잠언은 도둑질에 대해서 경고할 뿐만 아니라 그 결과에 대해서도 경고한다.

구약성경은 간혹 성관계와 음식 간의 비교를 이끌어 낸다. 성관계는 마치 이 절에서처럼 속이고 취한 것으로 제안 된다. 이와 같은 비교를 이끌어 내는 구절들로는, 창세기 39:6-7; 사사기 14:14; 사무엘하 13:5; 잠언 6:26; 9:17; 30:20 등이 있다.

[20:18] 경영은 의논함으로 성취하나니 지략을 베풀고 전쟁할지니라

지혜로운 자는 장기적인 계획을 만들어 싸우며, 그를 돕는 이들로부터 충고와 조언들을 구한다. 예를 들면, 전쟁 때에 그는 정보원, 전쟁사가, 군사 전략가 등을 의지할 것이다(잠 11:14; 15:22; 눅 14:31 참조).

[20:19] 두루 다니며 한담하는 자는 남의 비밀을 누설하나니 입술을 벌린 자를 사귀지 말지니라

19절이 말하는 바는 확신할 수 없는 것이라면 누구에게도 어떤 비밀도 말하지 말라는 것이다. 비밀을 누설하고 다니는 사람들은 종종 잘못된 것을 옮기며 심지어 위험한 정보를 말하기도 한다. 한편, 이 절은 그러한 자를 피하라고 경고한다. 이 경고는 헛소문에 귀 기울이는 자에 대한 것일지도 모른다. 전기 도청장치와 컴퓨터 메모리 장치의 시대에서 비밀이란 값을 매길 수 없을 만큼 귀한 것이다. 참된 친구에게만 비밀을 털어놓을 수 있을 것이다.

[20:20] 자기의 아비나 어미를 저주하는 자는 그의 등불이 흑암 중에 꺼짐을 당하리라

20절은 십계명 중 제5계명을 떠올려준다. 누구라도 그의 부모를 저주하는 자는 그의 "등불이 흑암 중에 꺼짐을" 당하게 될 것이다. 이 이미지는 잠언 30:17에 사용된 것보다는 온건한 편이다. 하지만 핵심은 동일하다. 출애굽기 21:17절은 다음과 같이 말한다. "자기의 아버지나 어머니를 저주하는 자는 반드시 죽일지니라"

[20:21] 처음에 속히 잡은 산업은 마침내 복이 되지 아니하느니라

21절은 잠언 13:11절과 유사하다. 상속받은 것은 열심히 일해 얻은 것처럼 환영할만한 것이 아니다. 일부 자녀들은 실제로 상속된 부로 인해 망가지는 경우가 많다. "처음에 속히 잡은 산업"은 개인의 자주성을 파괴하고 성장을 가로막는다. 결국 그러한 자들은 열심히 일해서 재산을 모은 사람들보다 보다 더 불행하게 된다.

[20:22] 너는 악을 갚겠다 말하지 말고 여호와를 기다리라 그가 너를 구원하시리라

22절은 처음으로 구약성경이라기보다 신약성경처럼 들리는 가르침을 주고 있다. 구약성경은 처벌에 관하여, "눈에는 눈, 이에는 이"라고 가르친다. 그러나 예수는 "또 누구든지 너로 억지로 오 리를 가게 하거든 그 사람과 십 리를 동행하고 네게 구하는 자에게 주며 네게 꾸고자 하는 자에게 거절하지 말라 또 네 이웃을 사랑하고 네 원수를 미워하라 하였다는 것을 너희가 들었으나 나는 너희에게 이르노니 너희 원수를 사랑하며 너희를 박해하는 자를 위하여 기도하라"고 가르쳤다. 오직 하나님만이 정당하게 악한 자들에게 원수 갚으실 수 있다. 로마서 12:19은 또한 이렇게 말한다. "내 사랑하는 자들아 너희가 친히 원수를 갚지

말고 하나님의 진노하심에 맡기라 기록되었으되 원수 갚는 것이 내게 있으니 내가 갚으리라고 주께서 말씀하시니라". 이것은 신명기 32:35절을 인용한 것이다.

[20:23] 한결같지 않은 저울 추는 여호와께서 미워하시는 것이요 속이는 저울은 좋지 못한 것이니라

23절은 10절과 유사한데, 10절에서 "저울 추"와 "되"가 사용되었다면, 23절에서는 "저울 추"와 "저울"이 사용되었다는 점만 다르다. 기준보다 넘치거나 혹은 못한, 즉 정확하지 않은 저울 추는, 부정직한 상인들이 그들의 이익을 위해 사용할 수 있는 도구였을 것이다. 핵심은 하나님은 타인을 속이고 그들의 것을 빼앗는 그러한 방법들을 "미워하신다"는 것이다.

[20:24] 사람의 걸음은 여호와로 말미암나니 사람이 어찌 자기의 길을 알 수 있으랴

인간사에 개입하시는 하나님에 관한 많은 구절들이 있다. 24절은 수사학적인 질문으로 그러한 진리를 진술한다.

[20:25] 함부로 이 물건은 거룩하다 하여 서원하고 그 후에 살피면 그것이 그 사람에게 덫이 되느니라

25절은 우리가 약속을 할 때 매우 신중한 사람이 되어야 한다고 경고한다. 순간적인 충동은 우리가 그 약속을 이행할 수 있는 능력이 실제로 있는지에 대한 확신과는 상관이 없다. 때때로 사람들은 그들이 할 수 있는 것 보다 훨씬 더 과도하게 돈을 저당 잡게 하거나 약속을 한다. 이것은 위험한 짓이다. 왜냐하면 그것은 사람들로 하여금 결국 그 맹세를 깨게 만들기 때문이다. 25절은 맹세를 하는 문제에 있어서 실천적이고 실제적인 조언을 해준다. 사사기 11:30-39는 어리석게 약속한 것에 대한 생생한 경고를 준다. 입다는 자신의 경솔한 맹세로 인해 딸을 희생제물로 바칠 수밖에 없었다.

[20:26] 지혜로운 왕은 악인들을 키질하며 타작하는 바퀴를 그들 위에 굴리느니라

처벌에 내려진 명령은 순서가 바뀌어야 하는데, 농부는 원래 먼저 바퀴를 굴린 다음에 키질하기 때문이다. 하지만 사실 순서가 중요하진 않다. 중요한 것은 왕은 곡식의 껍질을 그 알곡으로부터 분리할 수 있는 능력을 가진 사람이며 무죄한 자와 불의한 자를 구분할 수 있는 사람이기도 하다는 것이다. 악한 자들은 바로 그 "바퀴"로 인해 멸망할 것이다.

[20:27] 사람의 영혼은 여호와의 등불이라 사람의 깊은 속을 살피느니라

27절에서 묘사하고 있는 것은 매우 중요하다. 여호와의 등불은 사람의 영혼 혹은 사람의 양심과 같다. 하나님은 각 사람에게 작은 빛을 두셔서 그들이 악한 짓을 할 때 그들에게 양심의 가책을 느끼게 하신다. 고대 사람들은 이러한 양심을 바로 등불이라고 불렀다. 사람의 내면에 있는 이러한 등불은 너무 어둡게 되지 않도록 혹은 너무 악하게 되지 않도록 그를 지키고 보호한다. 자기 양심에 "화인 맞은 사람들"(딤전 4:2)도 있는데 그들의 등불은 꺼져있다.

[20:28] 왕은 인자와 진리로 스스로 보호하고 그의 왕위도 인자함으로 말미암아 견고하니라

28절에도 "인자와 진리"가 사용되는데, 여기서 이것은 선한 통치를 특징짓기 위해 사용된 단어이다. 인자와 진리를 보여주는 왕은 안전하며, 그의 왕위도 견고할 것이다.

[20:29] 젊은 자의 영화는 그의 힘이요 늙은 자의 아름다움은 백발이니라

우리는 젊은 자와 늙은 자에게서 기대하는 바가 다르다. 우리는 젊은 자에게서는 육체적인 강인함을, 백발을 가진 늙은 자에게서는 다른 종류의 강인함을 기대한다. 첫째, 그들은 젊은 자들보다 오래 살았다(그 자체만으로도 무엇인가 성취한 것이다). 둘째, 그들은 쉼과 휴식의 세대에 도달했다. 셋째, 그들은 오랜 시대의 지혜를 보유하고 있다.

[20:30] 상하게 때리는 것이 악을 없이하나니 매는 사람 속에 깊이 들어가느니라

30절은 반드시 이 구절의 문맥 가운데 이해되어야 한다. 그렇게 될 때에라야 잘못된 해석을 하지 않게 된다. 29절에 연이어 이 구절은 지혜의 습득에 따른 성장 혹은 성숙의 테마를 이어가고 있다. 사람마다 배우는 속도가 다르며, 남들보다 빠르게 성숙하는 사람들이 있다. 30절은 지속적으로 올바른 길을 가지 않으려는 사람에게는 매가 있어야 함을 가르쳐준다.

[21:1] 왕의 마음이 여호와의 손에 있음이 마치 봇물과 같아서 그가 임의로 인도하시느니라

이 절은 하나님은 자연을 다스리는 것처럼 왕의 마음을 다스린다고 말하고 있다. 고대의 농부들은 관개수로를 조절하기 위해서 수문을 열고 닫았다. 왕이나 통치자가 절대적인 힘과 권위를 가진 것처럼 보이지만, 역사가 보여주듯이 그것은 하나님의 손 안에 있다. 페르시아의 왕

고레스를 생각해보라. 그는 하나님에 의해 사용되어서 이스라엘을 해방시켜 팔레스타인으로 보내주었다. 또한 이스라엘에게 자유를 부어주시려고 오히려 바로의 마음을 완악하게 하시는 하나님을 보라. 카이사르 아우구스투스의 인구조사는 마리아로 하여금 베들레헴에서 아이를 낳게 만들었다. 왕의 마음은 하나님의 손 안에 있다.

[21:2] 사람의 행위가 자기 보기에는 모두 정직하여도 여호와는 마음을 감찰하시느니라

2절은 두 단어(이것도 유의어들이다)를 제외하고선 잠언 16:2와 동일하다. 성령은 이 구절을 단 한 번이 아니라 몇 번이고 우리가 읽어야 하는 잠언으로 여기시는 것이 분명하다.

[21:3] 공의와 정의를 행하는 것은 제사 드리는 것보다 여호와께서 기쁘게 여기시느니라

비록 하나님이 모세오경을 통해 자신의 백성에게 정성스러운 희생제사 제도를 하사하셨지만, 그는 결코 내적인 헌신이 없이 드려지는 외적인 제사 제도를 원하시는 것이 아니었다. 처음부터 하나님은 올바른 태도를 요구하셨다. 깨어지고 상한 심령이 번제보다 낫다. 3절은 공의와 정의를 행하는 것이 제사드리는 것보다 훨씬 더 하나님께 받아들여질 만한 것이라고 말하고 있다(잠 15:8과 그 주석을 보라).

[21:4] 눈이 높은 것과 마음이 교만한 것과 악인이 형통한 것은 다 죄니라

4절의 히브리어 원문을 문자 그대로 읽으면 다음과 같다. "악한 자의 경작은 죄니라". 헬라어는 자음은 같지만 모음을 다르게 읽음으로써 "악한 자의 등불은 죄니라"라고 읽는다. 두 가지 가능한 해석이 여기에

있다. 첫 번째 해석은 히브리어 원문에 근거한 것으로, 비록 악한 자가 밭을 갈 듯이 어떤 생산물을 내어놓을 때도 그것이 죄가 되는 이유는 그들이 하나님께 그것으로 영광을 돌리지 않았기 때문이다. 즉, 그들은 선한 농부는 될 수 있을지언정 그들은 하나님께 반역하는 자들이기에 그들의 모든 노력은 악하다는 것이다.

두 번째 해석은 "뿌린대로 거둠"으로 해석될 수 있다. 악한 자는 자만과 오만을 뿌리기에 그들의 밭은 오직 죄만 가득하다. 여기서 "형통한 것"으로 번역되는 단어는 다른 세 곳에서 명사로 등장할 때와 사뭇 다르다(잠 13:23; 렘 4:3; 호 10:12). 오히려 "등불"이 보다 일반적이다. 어떤 번역(NIV)은 "눈이 높은 것과 마음이 교만한 것이 바로 악인의 등불이다"라고 한다.

어느 번역이 사용되든지 간에 이 절은 교만, 거만, 죄와 함께 연결되어 있음을 나타낸다. 이 모든 것들은 다 하나님 보시기에 잘못된 것이다.

[21:5] 부지런한 자의 경영은 풍부함에 이를 것이나 조급한 자는 궁핍함에 이를 따름이니라

잠언 10-15장에서 우리가 보았던 것과 유사한 대조적인 평행이 여기서 등장한다. 여기에서는 신중한 자와 성급한 자가 대조된다. 이 구절에 사용된 "조급한"이라는 표현은 잠언 19:2; 28:20; 29:20에서는 경멸적인 용어로, "부지런한"이라는 표현은 잠언 10:4; 12:24, 27; 13:4에서는 칭찬할 만한 것으로 사용되었다. 무엇보다도 때가 중요하다. 부지런한 자 혹은 지혜로운 자는 가야할 때와 멈추어야 할 때를 안다. 대체적으로 잠언은 충분히 생각을 하지 않고 어떤 것에 돈과 시간을 낭비하는 것보다는 계획을 세우는 것이 낫다고 말한다.

[21:6] 속이는 말로 재물을 모으는 것은 죽음을 구하는 것이라 곧 불려다니는 안개니라

6절은 범죄는 이익이 되지 않는다는 테마를 보여주는 구절이다(잠 10:2; 11:4; 15:27). 어떤 번역에 따르면 부당하게 보물을 손에 넣은 사람은 "죽음의 파도"에 비유된다(TEV). 이러한 번역은 히브리어 원문이 말하는 "죽음을 구하는 것"보다는 헬라어 번역에 기초한 것이다. 죽음을 구하는 이미지는 잠언 13:14; 14:27에서도 사용되었다(개역개정에는 "사망의 그물"로 번역되었다-역주).

[21:7] 악인의 강포는 자기를 소멸하나니 이는 정의를 행하기 싫어함이니라

6, 7절은 둘 다 악인은 결국 처벌받게 된다는 것을 가르치고 있다. 그들의 악은 여기에서 보다 더 명쾌하게 드러난다. "강포"는 그들 스스로를 "소멸"한다. 그들은 간혹 속임과 죄를 저지르지는 않지만 그들은 그러한 행동이 죄라는 것을 뻔히 알면서도 "정의를 행하기를 싫어"한다.

[21:8] 죄를 크게 범한 자의 길은 심히 구부러지고 깨끗한 자의 길은 곧으니라

두 개의 흔치 않은 히브리어가 8절의 의미를 다소 불확실하게 만드는 원인이 된다. "구부러지고"로 번역되는 단어는 이 절에서만 나타난다. 다행스럽게도 그 의미는 논쟁이 있지만 명확하다. 그러나 비록 이 절이 죄인 혹은 "죄"의 길은 구부러진다는 의미로 지금까지 전통적으로 번역되어오긴 했지만 "죄"를 가리키는 단어의 의미는 명백하지 않다. 그러나 이 절의 전체 의미 그 자체는 명백하다. 죄인의 구부러진 길은 깨끗한 자의 곧은 길과 대조된다는 것이다.

[21:9] 다투는 여인과 함께 큰 집에서 사는 것보다 움막에서 사는 것이 나으니라

반복되는 모든 잠언들 중에서 이 9절은 최소한 그럴만한 가치가 있는 것으로 여겨진다. 9절은 잠언 21:19; 25:24에서도 반복되고 있다.

과장법적으로 들리는 "움막"(문자적으로는 지붕 끝)은 아마도 뜨거운 기후에서 팔레스타인에서 잠을 자기 위해 마련한 평평한 지붕을 문자적으로 묘사한 것일 수 있다(마 24:17; 눅 5:19; 행 10:9 참조). 이 절은 이혼을 권고하는 것이 아니라 좋지 못한 상황을 다루는 신중함을 보여준다. 진노한 왕에게 가까이 가지 않는 것이 현명한 처사이듯, 9절도 그 화가 사그라질 때까지 다투는 배우자와는 거리를 두는 것이 안전하다는 것을 충고한다. 중요한 것은 다투는 아내가 그 지붕으로 올라가야 하는 것이 아니라는 것이다. 그 집은 그녀의 영역이다. 남자의 영역은 성문이나 밭이다. 만약 남자가 그녀의 영역을 침범함으로써 그녀의 화를 돋운다면 그는 그 지붕으로부터도 쫓겨나게 될 지도 모른다.

[21:10] 악인의 마음은 남의 재앙을 원하나니 그 이웃도 그 앞에서 은혜를 입지 못하느니라

당신은 아무리 악한 자라도 그들은 그 이웃에게는 친절할 것이라고 생각할지도 모르지만, 10절은 악한 사람은 그들 주위의 모든 자를 미워한다고 말하고 있다. 그들은 친척, 친구 뿐만 아니라 그들과 관계된 모든 이들을 싫어한다. 그러한 이들에게는 세상 모두가 앞서 나아가야하며 이익을 뺏어야 할 대상이다.

[21:11] 거만한 자가 벌을 받으면 어리석은 자도 지혜를 얻겠고 지혜로운 자가 교훈을 받으면 지식이 더하리라

잠언 19:25는 범죄의 공개적 처벌이 얼마나 다른 범죄를 예방할 수 있는 지를 가르쳐준다. 11절에 따르면 이러한 공개적 처벌은 지혜로운 자에게는 옳은 것을 행하는 것을 더욱 확고하게 해줄 뿐만 아니라 심지어 어리석은 자에게도 가르침을 줄 수도 있다. 11절이 말하는 어리석음은 경험부족과 순진함에서 오는 것으로 가르침을 받을 수 있는 종류이다(잠 1:4 주석 참조).

[21:12] 의로우신 자는 악인의 집을 감찰하시고 악인을 환난에 던지시느니라

많은 번역(JB, NIV, TEV 등)들은 의로우신 자를 하나님으로 표현함으로써(즉, 의로우신 자를 표현할 때 R을 대문자로 씀으로써) 그 분을 주어로 삼는다. 그러나 올바른 주어는 아마도 "의인"일 것이다. 하지만 만약 "의인"이 주어라면 바로 그가 악인을 환난에 던지는 자인가? 하나님이 그러한 일에 더욱 적합하게 보인다. 우리는 지금 번역자의 딜레마를 보고 있다. 어쨌든, 이 절의 가르침 자체는 일반적인 것이고 명확하다. 범죄는 아무런 이익을 가져다 주지 않는다.

[21:13] 귀를 막고 가난한 자가 부르짖는 소리를 듣지 아니하면 자기가 부르짖을 때에도 들을 자가 없으리라

13절과 기타 구절들은 이 짧은 주석에서는 대답하기 힘든 불공정한 부의 분배에 관한 질문을 일으키고 있다. 왜 어떤 사람들은 부유하고 어떤 사람들은 가난한가? 이 질문은 아마도 세계에서 가장 극도의 부와 빈곤의 상태에서 살지 않는 북아메리카나 유럽에서는 중요하지 않을 수도 있다. 그러나 이 전세계적인 문제는 오늘날 매우 심각하다.

일부 사람들은 부한 것 자체가 죄라고 생각하면서 탐욕적이고 방종하며 돈을 사랑하는 자들을 정죄하는 신약의 구절들을 인용할 지도 모르겠다. 그러나 잠언은 여러 구절에서 부는 성실하게 일하고, 지혜롭게

계획을 세우고 그들의 은사들을 잘 활용한 자들에게 주시는 하나님의 축복이라고 한다.

비록 13절이 가난한 자에게 자선을 베풀 것을 명령할지라도 부한 자들이 그들이 가진 것 모두를 가난한 자들에게 나누어 주어야 한다는 것은 아니다. 그러한 실천은 창조성과 결단력 모두를 죽이는 결과를 낳게 될 것이다. 그러한 것은 가난한 자나 부한 자 모두가 더 나아질 수 있는 기회를 박탈하는 것이다.

[21:14] 은밀한 선물은 노를 쉬게 하고 품 안의 뇌물은 맹렬한 분을 그치게 하느니라

14절은 뇌물을 좋은 것으로 권하는 것이 아니다. 만약 누군가 자신에게 화를 낼 때, 그때 내미는 화해의 제안(단순히 덮고 보자는 것이 아닌)이 진실하다면, 그것은 계속 싸움으로 인해 손실된 대가보다는 적을 것이다. 화가 난 아내에게 꽃이나 선물을 1번 하는 것이 1,000번의 논리적인 대화보다도 낫다.

[21:15] 정의를 행하는 것이 의인에게는 즐거움이요 죄인에게는 패망이니라

공의를 행하는 것은 의인들을 기쁘게 하고 죄인들을 두렵게 한다. 의인들은 거리를 배회하는 살인자, 도둑, 강도가 적어지기 때문에 기쁘다. 죄인들은 그들의 행위가 이제 드러나게 될 것 같아서 두려워 한다. 그들은 그들의 악한 행동들을 멈추어야 할 것이고 그렇지 않으면 붙잡혀서 처벌받게 될 것이다.

[21:16] 명철의 길을 떠난 사람은 사망의 회중에 거하리라

16절은 명철의 길을 잃고 헤매는 사람에 대한 생생한 묘사를 포함하고 있다. 명철의 확실한 길을 떠난 사람은 실제로 마지막에는 "사망의 회중"에 거하게 된다. 이 잠언은 인생에서의 "뿌린대로 거둠"을 다시 상기시켜 준다.

[21:17] 연락을 좋아하는 자는 가난하게 되고 술과 기름을 좋아하는 자는 부하게 되지 못하느니라

17절은 "맥주 마실 돈 밖에 없는 자가 샴페인을 따는 것"에 대한 경고이다. 사치품들은 이미 부유한 사람들을 위한 것이지, 단지 부자같이 행동하는 사람들을 위한 것은 아니다. 부와 가난은 스스로를 점점 더 그렇게 몰고가는 방향을 알고 있다. 이 절과 관련이 있는 현대적인 표현이 바로 빈익빈 부익부이다. 가난한 사람들이 부자를 흉내 내봤자 가난해질 뿐이다.

[21:18] 악인은 의인의 속전이 되고 사악한 자는 정직한 자의 대신이 되느니라

18절은 의인에 대한 약속이다. 언젠가 악한 자들이 행한 일에 대한 "속전의 지불" 혹은 "해방"이 이루어질 것이다. 이러한 문맥 안에서 잠언 11:8을 생각해보라.

[21:19] 다투며 성내는 여인과 함께 사는 것보다 광야에서 사는 것이 나으니라

19절은 9절보다 한 걸음 더 나아간다. 여기서 다투는 여인과 함께 있는 사람은 움막(지붕 한 구석)에서 혼자 있기보다는 차라리 광야에서 살도록 강요받는다. 그러나 그 초점은 같다. 그 화가 진정될 때까지 화난 여인으로부터 떨어져서 머물러라는 것이다.

[21:20] 지혜 있는 자의 집에는 귀한 보배와 기름이 있으나 미련한 자는 이것을 다 삼켜 버리느니라

20절은 지혜에는 부(귀한 보배와 기름)가, 어리석음에는 빈 창고가 어울림을 말해주는 일반적인 원리를 나타내는 구절이다. 지혜로운 자들은 미래를 계획하므로 먹을 충분한 양을 가지는 반면, 미련한 자들은 미래에 대한 생각이 없이 "다 삼켜 버린다". 그러나 만약 부유하다고 해서 반드시 지혜롭다고 생각해서는 안 된다. 한편, 만약 자신이 가난하다면 스스로가 어리석은 행동을 하지는 않는지 반성해야 한다.

[21:21] 공의와 인자를 따라 구하는 자는 생명과 공의와 영광을 얻느니라

21절은 호화로운 용어들이 많다. "공의", "인자", "생명", "영광" 등. 확실히 아름다운 삶은 하나님께 순종하는 자들에게 풍성하게 이루어진다.

[21:22] 지혜로운 자는 용사의 성에 올라가서 그 성이 의지하는 방벽을 허느니라

22절은 지혜가 힘보다 낫다고 말한다. 진정한 힘은 머리에서 나온다. 젊은 자들은 강한 팔다리를 가지고 있지만, 늙은 자들은 강한 "지혜"를 가지고 있다. 여기서 우리는 견고하다고 생각되는 성을 점령하기 위해서 지혜로운 작전을 사용한 다윗의 장군, 요압을 연상하게 된다(삼하 5:6-8; 대상 11:4-6 참조).

[21:23] 입과 혀를 지키는 자는 자기의 영혼을 환난에서 보전하느니라

23절은 혀의 지혜로운 사용에 대한 충고로써(잠 12:13; 13:3 참조) "지키다"라는 동사를 반복한다(개역개정에서는 "보전하느니라"로 번역되었다-역주).

[21:24] 무례하고 교만한 자를 이름하여 망령된 자라 하나니 이는 넘치는 교만으로 행함이니라

24절은 "망령된 자"를 표현하기 위해 유의어들을 반복한다. "넘치는 교만"과 "망령"의 어근은 같으나, "무례"를 가리키는 단어는 드문 것으로, 하박국 2:5와 여기 외에서는 나오지 않는다. "교만한"은 "경멸하는" 혹은 "조롱하는"으로 번역될 수도 있다. 여기서 묘사되는, 자신의 권위를 믿고 하나님께 대항하는 이 사람을 보라!

[21:25] 게으른 자의 욕망이 자기를 죽이나니 이는 자기의 손으로 일하기를 싫어함이니라

25, 26절은 몇몇 번역문에서 보여주는 것처럼(이 두 절을 한 절로 붙여서 번역하는 역본들도 있다) 그렇게 가까운 관계는 아닌 듯 하다. 물론 너무 가난해서 살기 위해 다른 사람들에게 의존해야 하는 이들도 있지만, 25절은 단순히 게으른 자들은 일하지 않음에 의해 자신을 죽인다고 말하고 있다. 우리는 "자기를 죽이나니"라는 말을 과로와 연관지어 생각하지만, 이 절은 그 구절을 나태함과 결부시킨다. 일하지 않는 자들은 결국 굶주림으로 죽어야만 할 것이다.

[21:26] 어떤 자는 종일토록 탐하기만 하나 의인은 아끼지 아니하고 베푸느니라

26절은 흥미로운데, 전혀 사랑할 만한 가치가 없는 사람들의 두 측면을 묘사한 후(탐하고 아낌) 자선에 대해 매우 칭찬하고 있다. 누가 게으른 자나 탐욕스러운 자들에게 "아끼지 않고" 주기 원하는가? 확실히 이런 사람들에게 가난은 불행한 환경의 결과라기보다는 계획적인 것이다. 왜 검소하고 열심히 일하는 사람들이, 게으르고 탐욕스런 자들이 더 편안해질 수 있게 하기 위하여 희생해야 하는가?

그러나 여기서 교훈은 분명하다. 가진 자들은 그들이 주기 전에 가지지 못한 자들에 대해 판단을 내리지 말아야 한다. 우리는 받는 자들의 신분을 막론하고 "아끼지 않고" 주라는 명령을 받는다.

[21:27] 악인의 제물은 본래 가증하거든 하물며 악한 뜻으로 드리는 것이랴

27절의 전반부는 "여호와"라는 단어의 유무를 제외하면 잠언 15:8과 동일하다. 그 가르침도 악인들이 "악한 뜻"을 가지고 하나님께 제물을 드린 추가 진술을 제외하면 역시 유사하다. 무지함이나 자기기만도 이러한 악 앞에서는 참아줄 만한 정도이다. 이러한 동기들은 교만, 속임, 하나님을 어떻게든 매수하려는 헛된 소망들을 포함한다.

[21:28] 거짓 증인은 패망하려니와 확실히 들은 사람의 말은 힘이 있느니라

잠언 19:5, 9은 28절이 지금 다루고 있는 것처럼 거짓 증인의 문제를 다루었다. "믿을 수 없는" 거짓 증인으로 번역하는 성경은 "패망하려니와"를 잘못 번역한 것으로 여겨지는데, 여기서의 사고는 거짓 증인은 믿지 못할 증언을 제공함으로써 법정에서 쫓겨난다는 것이다.

이 절의 후반부 역시 진실된 증언과 거짓 증언 간의 분명한 대조를 한다. 거짓 증인은 언젠가 자신과 그것을 듣는 자들을 멸망시킬 것이나 진실된 증인은 그 진실됨으로 인해 존속할 것이다.

[21:29] 악인은 자기의 얼굴을 굳게 하나 정직한 자는 자기의 행위를 삼가느니라

히브리어 본문에 모음을 첨가한 맛소라 학자들은 29절에 있는 단어 하나로 어려움을 느낀다. "굳게 하나"는 "확신하는"(TEV), "뻔뻔한"

(NAB), "자신감이 가득한"(NIV) 등으로 번역된다. 하지만 이러한 번역상의 어려움이 있어도, 핵심은 명확하다. 악인들은 사람들로 하여금 그들을 믿게 하기 위하여 자신을 꾸며야 하지만, 의인이 말하는 것은 그 자체에 무게가 실린다. 결국 진실을 말하는 것보다 부정직해지는 것에 훨씬 많은 노력이 든다.

[21:30] 지혜로도 못하고, 명철로도 못하고 모략으로도 여호와를 당하지 못하느니라

30절의 구조는 흥미롭다. 이 절은 세 가지 부정문을 포함하고 있다. 이 절을 다르게 표현한다면, 하나님께 반항하는 어떤 누구도 지혜롭거나, 명철하거나, 영리하지 못하다는 것이다. 지혜로운 자들은 하나님의 편에 있다.

[21:31] 싸울 날을 위하여 마병을 예비하거니와 이김은 여호와께 있느니라

싸움에서의 승리는 마차나 말과 같은 전쟁기구로부터가 아니라 하나님께로부터 온다. 31절의 가르침은 시편 20:7; 33:17; 127:1; 호세아 1:7; 스가랴 4:6과 같이 많은 다른 구절에서 반복된다. 역사는 표면상의 사소한 사건들로 인해서 이기거나 지는 전쟁의 생생한 예들로 가득 차 있다. 홍해를 통과한 이스라엘의 출애굽은, "말들과 마차들"이 하나님의 적수가 되지 못했기 때문에 오히려 나약함이 강함을 이겼던 고전적인 실례이다.

[22:1] 많은 재물보다 명예를 택할 것이요 은이나 금보다 은총을 더욱 택할 것이니라

고대 이스라엘인들에게는 개인의 명예는 매우 중요했다. 오늘날 파산해서 도시를 떠나는 사람, 아이를 낳아 몸을 숨기는 미혼모, 돈을 물어야 하는 횡령인들이 있다. 이 모두에게 다시 시작할 정도로 관용이 베풀어 진다면 얼마나 명예가 실제로 중요한지 놀라게 될 것이다. 이 절은 한 사람의 명예가 모든 재물의 소유, 심지어 은이나 금보다 더 가치 있게 평가되어야 한다고 말한다.

[22:2] 가난한 자와 부한 자가 함께 살거니와 그 모두를 지으신 이는 여호와시니라

2절의 진리는 너무 분명해서 우리가 그것을 대충 읽고 넘어가고 싶어질 지도 모른다. 그러나 여기에는 강력한 교훈이 있다. 모든 사람은 하나님에 의해 창조되었기 때문에, 부유하고 가난한 모든 사람은 동일하게 하나님의 관심 대상이다. 하나님은 사회적, 재정적 신분에 상관없이 모든 사람들을 돌보신다(잠 14:31; 29:13 참조).

[22:3] 슬기로운 자는 재앙을 보면 숨어 피하여도 어리석은 자는 나가다가 해를 받느니라

3절은 비록 다르게 표현되었지만 잠언 14:16과 의미는 같다. 슬기로운 자는 신중하다. 그는 위험을 감지하고 피한다. 그 반면, 어리석은 자는 위험을 알아차리지 못하고 계속해서 간다. 결국에 그는 그의 부주의 때문에 "해를 받을" 것이다.

[22:4] 겸손과 여호와를 경외함의 보상은 재물과 영광과 생명이니라

4절은 수학의 방정식같은(즉, "A와 B는 C, D, E와 같다"는 문장구조) "여호와 경외"구절이다. 순종과 겸손에는 곧 재물, 영광, 생명이 뒤따른다. 이러한 모든 용어는 잠언에서 중요하다. 이 절은 잠언 전체를 간략히 보여준다.

[22:5] 패역한 자의 길에는 가시와 올무가 있거니와 영혼을 지키는 자는 이를 멀리 하느니라

성경은 우리가 패역한 자의 길을 멀리 해야 한다고 가르친다. 만약 우리가 악의 장소에 가까이 가지도 않는다면 그것에 의해 유혹받지 않을 것이고, 유혹받지 않는다면 아마도 타락하지 않을 것이다. 22절은 악한 길에서 헤매어 그 올가미와 가시에 의해 계략에 빠진 자신을 발견하게 되는 자와 달리 악을 피하는 자는 "영혼을 지키는 자"라고 말한다.

[22:6] 마땅히 행할 길을 아이에게 가르치라 그리하면 늙어도 그것을 떠나지 아니하리라

6절은 올바른 육아에 관심있는 자들은 흥미로워 할 구절이지만, 고대 헬라어 역본에는 이 구절이 없다. 또한 이 절은 희귀한 단어와 독특한 어구를 포함하고 있기 때문에 다소 이해하기 어렵다.

그 독특한 단어란 "가르치다"로 번역된 것인데, 이것은 잠언 1:3의 것과는 다르며, 단지 신명기 20:5에서 2번 그리고 열왕기상 8:63(대하 7:5와 평행구절)에서 1번 나타난다. 이 단어의 의미는 "바치다"로서 그 명사 형태는 유대 절기인 "하누카"이다. 또한 "마땅히 행할 길"이라고 번역된, 이 절에서의 독특한 어구는 실제로 히브리어에서는 "그의 길의 입에서"이다.

그러나 해석에 있어서의 문제점은 실제로 이 단어들에서 비롯된 것은 아니다. 그보다는 다른 관점들은 "마땅히 행할 길"이라는 구절에 대한 의미를 적용하는 데 중심을 둔다. 그 의미는 "그가 가야만 하는 길"인가, "그가 가고자 하는 길"인가? 후자의 관점에 따르면 이 구절은 만약 아이가 가장 흥미로워 하는 것을 하도록 격려한다면, 그는 정말로 나중에 인생에서 그 방면에서는 가장 뛰어나게 될 것을 의미하게 된다.

두 관점 모두 아이가 배운 것들은 그가 자랄 때에도 그와 함께 한다는 점을 견지한다. 중요한 것은 무엇을 가르쳐야 하는가이다. 비록 후자의 관점이 가능하긴 하지만 잠언에서 아이 양육에 관한 다른 절들에 대해서는 전자의 관점이 더 적합한 것으로 보인다.

[22:7] 부자는 가난한 자를 주관하고 빚진 자는 채주의 종이 되느니라

7절은 돈을 빌리는 것에 대해 비난도, 용서도 않는다. 단순히 빚진다면 채주의 종이 된다고 말한다. 이 말 자체만으로도 누군가로 하여금 빌리는 행위를 머뭇거리게 하기에 충분하다. 부자들과 "채주들"은 꼭대기에 있지만, 가난한 자들과 "빚진 자들"은 밑바닥에 있다.

[22:8] 악을 뿌리는 자는 재앙을 거두리니 그 분노의 기세가 쇠하리라

8절의 잠언은 "뿌린대로 거둠"의 테마를 가르친다. 악을 뿌리는 자들은 "재앙"을 거둘 것이고 다른 이들을 억압하는 자들의 길은 멸망에 이르게 될 것이다.

[22:9] 선한 눈을 가진 자는 복을 받으리니 이는 양식을 가난한 자에게 줌이니라

히브리어로 가난한 자들에게 양식을 주는 자는 "선한 눈"을 가진 자이다. 여기에서는 그의 눈이 그의 내면을 보여준다는 뜻이 함축되어 있다(눅 11:34 참조). 9절은 되돌려받는 것을 기대하지 않는 자비를 가르친다(잠 21:25, 26 참조). 여기서 가난한 자는 나태함과 어리석음 때문이 아니라 환경으로 인해 빈곤한 자를 가리킨다.

[22:10] 거만한 자를 쫓아내면 다툼이 쉬고 싸움과 수욕이 그치느니라

유의어들을 나열한 다른 절들과 같이(잠 21:30; 22:4), 10절은 거만한 자를 쫓아낸 세 가지 결과를 나열한다. 다툼, 싸움, 수욕을 그치게 된다. 이와 관련된 옛 랍비의 격언이 있다. "어리석은 자가 그 장소를 떠나면 그곳은 마치 지혜로운 자가 들어온 것처럼 보인다".

[22:11] 마음의 정결을 사모하는 자의 입술에는 덕이 있으므로 임금이 그의 친구가 되느니라

11절은 솔로몬의 저술임을 강하게 암시한다(잠 8:15; 14:28, 35; 16:10, 12-15; 20:8, 26, 28과 비교). 왕이 "정결한 마음"과 "덕있는 말"을 가진 자들을 좋아하지 않는다면, 무엇으로 그를 섬길 것인가? 그러한 자들에게 왕은 실제적인 우정을 약속한다.

[22:12] 여호와의 눈은 지식 있는 사람을 지키시나 사악한 사람의 말은 패하게 하시느니라

12절은 하나님은 진리의 보호자이며 수호자라고 말한다. 진리는 살아남을 것이지만 사악한 자의 말은 "패하게" 될 것이다. 이 잠언은 언젠가 모든 사악한 자가 패망의 상처와 수치로 고통받게 될 것이라는 미래의 약속에 대한 예견이다.

[22:13] 게으른 자는 말하기를 사자가 밖에 있은즉 내가 나가면 거리에서 찢기겠다 하느니라

13절은 대부분이 비웃을, 일하기를 원치 않는 게으른 자의 변명을 포함하고 있다. 이러한 변명들은 너무 조잡해서 도저히 그것으로는 일을 피할 수 없게한다. 사람들에게 그러한 변명은 터무니없게만 들린다.

[22:14] 음녀의 입은 깊은 함정이라 여호와의 노를 당한 자는 거기 빠지리라

14절은 앞선 장들에서 광범위하게 다루어진 이후 보이지 않다가 다시 나타난 간음에 대한 경고이다. 여기서 사용된 "함정"이라는 단어는 잠언 23:27에서만 다시 나타나며 의미는 동일하다. 이 단어 이면에는 어떤 감각적인 것이 감추어져있다. 하나님은 자신을 노하게 한 자에게 벌을 내리시고 그를 음녀의 "함정"에 빠뜨리신다. 하나님의 사랑을 입는 자들은 이 죄를 모면한다.

[22:15] 아이의 마음에는 미련한 것이 얽혔으나 징계하는 채찍이 이를 멀리 쫓아내리라

15절은, 체벌은 자녀들을 더 낫게 만들어 주는 것을 다시 상기시켜 준다. "미련한 것"을 아이들의 마음에서 멀리하게 만듦으로써 아이들은 진지하게 된다. "미련한 것"은 진지함을 흘려버리게 한다.

[22:16] 이익을 얻으려고 가난한 자를 학대하는 자와 부자에게 주는 자는 가난하여질 뿐이니라

16절에서 "이익을 얻으려는" 사람은 아마도 가난한 자를 학대하고 부자에게 무엇인가를 주는 것에 의해서 그렇게 되는 것일 것이다. 이 절은 뇌물을 말하지는 않지만, 숨은 뜻은 분명하다. 가난한 사람들은 선물이 필요한 자들이지만, 부자들은 그렇지 않다. 그러나 가난한 자에게 주어도 아무런 유익을 얻지 못하기에 그들에게 주어지는 선물이란 탐욕만큼이나 후하게 베풀어지지 않는다. 이 구절의 경고는 명백하다. 가난한 자를 억압하는 자는 바로 그 자신이 가난하게 될 것이다.

… 제**3**장

지혜 있는 자의 말씀 (22:17-24:34)

1. 30개의 말씀들 (22:17-24:22)

[22:17-21] 너는 귀를 기울여 지혜 있는 자의 말씀을 들으며 내 지식에 마음을 둘지어다 이것을 네 속에 보존하며 네 입술 위에 함께 있게 함이 아름다우니라 내가 네게 여호와를 의뢰하게 하려 하여 이것을 오늘 특별히 네게 알게 하였노니 내가 모략과 지식의 아름다운 것을 너를 위해 기록하여 네가 진리의 확실한 말씀을 깨닫게 하며 또 너를 보내는 자에게 진리의 말씀으로 회답하게 하려 함이 아니냐

17-21절은 "지혜 있는 자의 말씀" 또는 "30개의 말씀들"이라는 제목을 가진 새로운 부분을 소개한다. 첫 번째 절은 귀를 "귀울이고", 말씀을 "듣고", 마음에 "두라"는 충고를 한다. 강한 명령조는 앞의 잠언 1:2-6; 2:1; 3:1; 4:1; 5:1에서 표현된 것들과 유사하다.

18절에는 "외우라"는 의미를 지니는 관용구가 등장하는데, 문자적으로는 "그것들을 네 뱃속에 두라" 그리고 "그것들을 네 입술에 붙여라"이다. 고대에는 책도 부족하고 문맹률도 높아 기억력은 필수적인 것이었

다. 오늘날 누구나 글을 읽고 성경도 쉽게 구할 수 있지만 그럼에도 잠언이나 기타 성경의 일부를 자신의 마음에 두기 위해 외우는 것은 훌륭한 실천이다.

NAB는 19절에서, 이집트인이 기록한 아멘 엠 오페의 이름을 포함하고 있다. 아마도 "특별히 네게"를 의미하는 두 단어 때문일텐데, 그러나 이 포함은 다분히 추정적이다. 우리는 아멘 엠 오페의 것이라 할 수 있는 30개로 나뉜 이집트 지혜 목록에 대한 정보를 갖고있다. 하지만 이 이집트 문서는 각각의 부분이 잠언의 각 절이나 절들의 묶음보다 훨씬 긴 그러나 30개의 부분 중에 17개만을 포함하고 있는 불완전한 것이다. 게다가 많은 이집트 격언들은 잠언의 이 부분이 아닌 다른 부분들과 더 유사하게 느껴지는 것들도 있다. 대체적으로 증거의 대부분은 잠언이 아멘 엠 오페에 의존한다는 것을 증명하기보다는 그렇지 않다는 점을 반증한다.

그러나, 20절에서는 "30"이라는 단어가 나타나는 것 같다. 30이라는 철자는 모음에 따라 "아름다운" 혹은 "이전에"가 될 수 있는데, 이렇게 되면 저자가 모략과 지식의 30개의 말을 썼다고 말한 것이 실제로는 단순히 "아름다운" 말 혹은 "이전에" 기록되지 않았던 말을 뜻할 수 있다.

반면, "30"이 정확한 번역이라면, 아마도 그 숫자는 한 달 동안의 날짜의 숫자와 어떤 관계가 있을 것이다. 실제로 잠언은 각 장이 하루에 한 장씩, 한달이면 읽을 수 있도록 31장을 가지고 있다.

21절은 "진리와 확실한 말씀"을 배우는 자를 설명하는 흥미로운 구절을 포함하고 있다. 이 사람은 아주 잘 배워서 "그를 보내는 자에게 회답할 수 있다." 이것은 아마도, 때가 되면 그 학생은 스승이 주었던 것과 같은 대답을 줄 것이라는 것을 의미할 것이다.

[22:22-23] 약한 자를 그가 약하다고 탈취하지 말며 곤고한 자를 성문에서 압제하지 말라 대저 여호와께서 신원하여 주시고 또 그를 노략하는 자의 생명을 빼앗으시리라

많은 현대 번역판들(NKJV는 포함되지만 KJV나 NEB는 포함되지 않는다)은 "지혜 있는 자의 말씀"을 묶어, 주제에 따라 30개로 엮었다(TEV는 실제로 그 단락들에 번호까지도 매긴다). 그러나 이 부분들에 대한 더 최근의 시도는 그것들이 보여지는 것만큼 깔끔하지 않다는 것을 보여준다. 예를 들면, 잠언 22:28; 23:10은 분리된 항목으로 나누기에는 너무 유사하고, 잠언 23:29-35은 한 주제에 붙어있기조차 불균형하게 길어 보인다.

첫 번째 묶음(22, 23절)은 약한 자를 탈취하는 것에 반대한다. "약한 자를 약하다고 탈취하지 말며"라는 번역은 히브리어의 반복을 잘 살린 것이다. 이 시적인 문장은 계속되는 경고에도 적용된다(개역개정에는 이러한 시적인 장치가 잘 나타나지 않는다-역주). 22절과 유사한 이집트 격언은 다음과 같이 말한다.

> 억압받는 자를 탈취자로부터 보호하며 무능한 자를 억압으로부터 보호하라.[1]

23절과 평행을 이루는 이집트 격언은 없다.

[22:24-25] 노를 품는 자와 사귀지 말며 울분한 자와 동행하지 말지니 그의 행위를 본받아 네 영혼을 올무에 빠뜨릴까 두려움이니라

24, 25절은 "그렇지 않으면"이라는 접속사로써 함께 연결되어 있다

---

1 이것과 이집트 사람들의 모든 번역판들은 John A. Wilson in *Ancient Near Eastern Texts*, ed. James B. Pritchard, Princeton University Press, 1955, pp. 421-24에 있다.

(개역개정에는 생략되어 있다-역주). 여기서 가르치는 자는 "노를 품은 자"나 "울분한 자"와 "동행하는 것"에 강하게 반대한다. 잠언 15:17, 18과 같은 다른 구절들은 이와 같은 사람들에 대해 경고한다. "그들의 길을 배우기"엔 너무 쉬워서 "죄악에 빠져 들게" 된다. 이처럼 우리가 의보다 악에 더 빨리 빠져드는 인간성은 공통적이다. 24절은 이러한 악의 종류에 대해서 깨끗하라고 말한다.

[22:26-27] 너는 사람과 더불어 손을 잡지 말며 남의 빚에 보증을 서지 말라 만일 갚을 것이 네게 없으면 네 누운 침상도 빼앗길 것이라 네가 어찌 그리하겠느냐

26, 27절은 잠언 6:1-4의 가르침을 반복한다. 이는 공동서명(보증)에 대한 경고이다. 당신은 빚을 탕감해 주어야 할 책임을 가진 시민이 될 수도 있다. 그러나 만약 당신이 마을을 떠나는 자나 자신의 빚을 갚지 못하는 자를 위해서 보증을 선다면 채권자는 당신을 찾아올 것이다. 갚을 돈이 없다면 "누운 침상도 빼앗길 것이다". 당신은 공동서명에 대한 책임을 져야한다.

26, 27절에 평행하는 이집트 격언은 없다. 왜냐하면 이집트에는 그러한 대출제도가 없었기 때문이다.

[22:28] 네 선조가 세운 옛 지계석을 옮기지 말지니라

28절은 법적 조언의 한 부분처럼 들린다(잠 23:10 참조). 이와 대등한 이집트 격언은 보다 더 길다. 그것은 4개의 구절로 되어있으며, 과부를 억압하는 것에 대한 경고를 포함한다(잠 15:25과 비교).

고대인들은 자신들의 (땅의) 면적을 늘리기 위해 그들의 땅의 지계석을 옮긴 부정직한 농부들에 대한 문제를 다루었을 것이다. 이스라엘 민족이 가나안 땅에 들어가서 그 땅을 분배했을 때, 최초로 재산을 얻은

각각의 지파 및 가문의 상속에 있어서 그 문제는 중대한 것이었다(수 14:1 참조). 비록 땅이 매매되지는 않았지만 세대가 지남에 따라 그 땅은 동일한 가족군에 머물지는 않았다. 수백 년이 지남에 따라, 특히 부정직한 이웃이 자신에게 유리하도록 지계석을 옮기고 싶은 마음이 들었다면, 한 사람의 재산은 참으로 쉽게 들어줄 수 있었다.

[22:29] 네가 자기의 일에 능숙한 사람을 보았느냐 이러한 사람은 왕 앞에 설 것이요 천한 자 앞에 서지 아니하리라

왕에게 영향을 주거나 고용주에게 인상을 주는 방법은 일을 능숙하게 하는 것이라고 29절은 말한다. 선물, 뇌물, 자랑조차도 실상은 거의 목적을 이루지 못한다. 일반적으로 그들은 누가 가장 생산적인지 안다. 이와 유사한 이집트 격언은 다음과 같이 말한다.

> 그의 직업에서 경험을 쌓은 일꾼은 자신이 조신이 될만한 가치가 있다는 것을 발견할 것이다.

[23:1-3] 네가 관원과 함께 앉아 음식을 먹게 되거든 삼가 네 앞에 있는 자가 누구인지를 생각하며 네가 만일 음식을 탐하는 자이거든 네 목에 칼을 둘 것이니라 그의 맛있는 음식을 탐하지 말라 그것은 속이는 음식이니라

잠언 23:1-3은 연회나 멋진 저녁식사에서 취하는 행동은 자신이 어떤 종류의 인간인지를 다른 사람들에게 알려주는 것이라고 말하고 있다. 저녁을 대접하는 관원은 그의 손님들에 대해 날카로운 눈을 가지고 있다. 어떤 사람들은 멋진 주변 경관과 풍부한 음식의 진열에 너무 경외감을 가져서 아마도 그 저녁의 진정한 목적을 망각할 것이다. 과식하는 사람들은 그것으로 말미암아 그의 탐욕과 방종이 드러날 것이다. 그

러나 지혜로운 자들은 중용과 절제 가운데 식사하며 그 대접이 그들에게 요구하고 있는 것이 무엇인지를 끊임없이 생각할 것이다.

"목에 칼을 두라"는 말의 의미는 분명하다. 사람은 상관의 면전에서 조심하고(신중하고) 지혜로워야 한다(잠 19:2의 "은택"에 대한 주석을 보라).

[23:4-5] 부자 되기에 애쓰지 말고 네 사사로운 지혜를 버릴지어다 네가 어찌 허무한 것에 주목하겠느냐 정녕히 재물은 스스로 날개를 내어 하늘을 나는 독수리처럼 날아가리라

4, 5절과 평행을 이루는 이집트의 격언은 이 구절의 표현과 유사하다.

> 네 마음을 부를 쫓는데 두지 말라
> 많은 것을 얻기 위해 무리하지 말라
> 그것들이 거기에 있는 것처럼 보이지만
> 실상은 거기에 있는 것이 아니다
> 그것들은 거위처럼 스스로 날개를 만들어 하늘로 날아갈 것이다

잠언에서 이 절들의 가르침은 행복은 반드시 부와 함께 오는 것은 아니라는 것이다. 사람이 부유해지기 위해 지칠만큼 애를 써도 그가 축적한 것은 내일이면 사라질 지도 모른다. 잠언은 "부자 되기에 애쓰지 말라"고 경고한다.

[23:6-8] 악한 눈이 있는 자의 음식을 먹지 말며 그의 맛있는 음식을 탐하지 말지어다 대저 그 마음의 생각이 어떠하면 그 위인도 그러한즉 그가 네게 먹고 마시라 할지라도 그의 마음은 너와 함께 하지 아니함이라 네가 조금 먹은 것도 토하겠고 네 아름다운 말도 헛된 데로 돌아가리라

잠언 23:1-3과 23:6-8은 의미에 있어서 유사하다. 식탁의 상황이 매

우 다름에도 불구하고, 두 부분 모두 희귀한 단어인 "맛있는 음식"을 사용한다. 앞의 구절에서는 관원 등, 중요한 사람의 식탁에 있는 손님들을 묘사한 반면, 여기서는 인색한 사람의 식탁에 있는 손님들이 묘사된다. 이 두 번째 종류의 사람은 왜 손님을 맞이하는가? 그는 사회적인 빚을 갚기 위해 의무감에 의해서 그들에게 저녁을 대접하는가, 아니면 그들에게 뇌물을 바치려고 하는 것인가?

몇몇 언어적인 문제들이 이 구절에서 나타난다. "악한 눈"이라는 히브리어는 인색함을 의미하는가, 아니면 다른 무언가를 의미하는가? 7절 역시 명백하지 않다. 헬라어 역본은 7절을 "(그와 함께) 먹고 마시는 것은 마치 머리카락을 삼키는 것과 같다. 그와 연합하지 말며 그와 함께 빵을 먹지 말라"고 번역했다. 8절에서 "토하다"는 문자적이 아니라 비유적으로 해석되어야 한다. 그것은 행사의 모든 진행이 메스꺼움을 의미한다. 이는 "정말 역겹군!"(It's enough to make you sick)과 같은 현대적인 표현과 비교될 수 있다. 이 절들과 유사한 이집트 격언은 없다.

[23:9] 미련한 자의 귀에 말하지 말지니 이는 그가 네 지혜로운 말을 업신여길 것임이니라

9절의 이 간략한 교훈은 우리가 잠언 18:2에서 본 것과 유사하다. 미련한 자는 말을 듣지 않을 것이다. 이 구절과 유사한 이집트 격언이 있긴 하지만, 그것은 비밀을 어리석은 자에게 털어놓는 것에 대한 경고와 가깝다.

[23:10-11] 옛 지계석을 옮기지 말며 고아들의 밭을 침범하지 말지어다 대저 그들의 구속자는 강하시니 그가 너를 대적하여 그들의 원한을 풀어주시리라

비록 잠언 22:28의 지계석을 옮기는 것에 대한 경고는 선조와 고대

성의 문제를 강조하는 반면, 10, 11절에서는 고통 당하는 자의 권리를 강조한다. 그러나 사실, 둘 다 같은 교훈을 가르친다. 연약한 자 혹은 저항할 수 없는 사람들을 부당하게 이용하기란 쉽다. 악한 자들은 부모 없는 가정이 쉬운 표적이라는 것을 알지만, 11절에는 그들을 공격하려는 사람은 다시 생각해야 한다고 되어 있다. 그 과부와 고아들의 "구속자"는 하나님이다. 그는 약자의 재산을 훔치려는 누군가에 대적한 "법적 도움을 제공할 것이고", 그 사건에서 승리할 것이다.

한편, 여기의 두 단어에는 추가적이 해석이 필요하다. 10절에서의 "고아"는 "부모"가 없는 자가 아니라 "아버지가 없는 자"이다. 가정의 가장이 없음을 가리키는 두 용어 "과부와 아버지 없는 자"(주로 고아로 번역-역주)는 빈번히 성경에서 함께 쓰인다.

또 다른 단어는 "구속자"이다. 고대 세계에서 이 단어는 과부와 그녀의 아이의 생활에 책임이 있는 가장 가까운 친척을 언급한다. 무방비 상태에 있는 사람들의 삶에 법적으로 책임 있는 친척이나 친구뿐만 아니라 여읜 남편과 아버지의 자리까지도 대신하시는 하나님의 선하심을 생각해보라!

[23:12] 훈계에 착심하며 지식의 말씀에 귀를 기울이라

12절은 전형적인 잠언의 특성을 나타내며 이스라엘 뿐만 아니라 모든 지혜문학에서 통용되는 것이라고 할 수 있다. 이 절부터 이 "30개의 말씀" 끝부분에 이르기까지 이집트 문서인, 아멘 엠 오페에 상응하는 구절은 나오지 않는다(잠 24:11은 예외일 수 있다).

[23:13-14] 아이를 훈계하지 아니하려고 하지 말라 채찍으로 그를 때릴지라도 그가 죽지 아니하리라 네가 그를 채찍으로 때리면 그의 영혼을 스올에서 구원하리라

다른 "자녀의 징계" 구절들(잠 13:24; 29:15 ,17)처럼 13, 14절은 경우에 따른 체벌을 장려한다. 아이들은 그런 취급으로 인해 그들이 죽을 것이라고 생각할지도 모르지만, 오히려 그 채찍은 정반대 효과를 낸다. 훈계는 아이들을 일찍부터 스올로 데려가는 어리석음으로부터 구원을 가져올 것이다.

채찍이 "스승의 말"을 의미하는지는 의심스럽다(사 11:4 참조). 중요한 것은 이 단어가 단순히 아이들을 때리는 나무막대기를 의미해도 문제가 되지 않으며, 분명 성경은 체벌을 인정한다는 것이다. 또한 여기서 권고된 것이 신약에서 바뀌지 않는다는 의미에서 지혜문학은 시대를 초월한다. 오늘날 아이들에게도 어느 정도의 채찍은 필요하다.

[23:15-16] 내 아들아 만일 네 마음이 지혜로우면 나 곧 내 마음이 즐겁겠고 만일 네 입술이 정직을 말하면 내 속이 유쾌하리라

15, 16절을 여는 "내 아들아"는 우리를 정당하게 잠언의 첫 여러 장들로 다시 데려온다. 어떤 관점에서 "30개의 말씀들"에 있는 이 절들은 잠언 전체를, 특히 지혜에 관한 그들의 일반적인 진술을 대표한다. 미련한 자의 부모가 근심하는 것 처럼(잠 10:1; 17:21, 25; 19:13), 지혜로운 아이들을 가진 부모는 기뻐한다. 자녀들이 입을 제어할 줄 알기에 부모들의 마음은 기쁘다.

[23:17-18] 네 마음으로 죄인의 형통을 부러워하지 말고 항상 여호와를 경외하라 정녕히 네 장래가 있겠고 네 소망이 끊어지지 아니하리라

시편 37:1-11은 죄인을 부러워하지 말라는 가르침을 주는 표준적인 구절이다. 잠언에도 그러한 교훈을 가르치는 네 개의 절이 있다. 즉, 잠언 3:31; 24:1; 24:19 그리고 바로 이 구절이다. 이 네 개의 절은 서로 일치하지 않지만 모두 핵심단어 "부러움"을 사용한다.

우리는 매우 자주 우리가 가진 것보다 더 많이 가진 사람을 부러워하는 유혹을 받는다. 우리는 가난 가운데서도 우리가 가진 것에 만족해야 한다. 이러한 길이 주님을 기쁘게 한다면 우리는 믿음 안에서 보상을 받을 것이다. 그러나 비교는 삶을 피폐하게 할 뿐이다.

[23:19-21] 내 아들아 너는 듣고 지혜를 얻어 네 마음을 바른 길로 인도할지니라 술을 즐겨하는 자들과 고기를 탐하는 자들과도 더불어 사귀지 말라 술 취하고 음식을 탐하는 자는 가난하여질 것이요 잠자기를 즐겨하는 자는 해어진 옷을 입을 것임이니라

20, 21절에 "술을 즐겨하는 자"와 "고기를 탐하는 자"는 둘 다 드문 단어지만, 그 뜻은 이 문맥에서 확실하다. 19절은 아들에게 지혜롭게 되라는 일반적인 훈계지만, 20절은 너무 많이 먹고 마시는 사람과는 사귀지 말라는 상세한 훈계를 시작한다. 21절은 그 이유를 우리에게 말해준다. 즉, 음주와 과식은 돈을 낭비하며 몸을 망친다.

대체적으로 그리스도인들은 술을 조심하지만 과식은 조금 다르다. 음주와 과식이 정신과 영혼에 미치는 영향은 서로 다르지만, 그 해악은 같다. 필요에 따라 먹는가, 아니면 취미로 음식을 탐하는가? 과식할 것인가, 아니면 가난한 자에게 줄 것인가? 당신은 음식을 위해 얼마나 많은 "좋은 장소들"을 알고 있는가? 과식도 과음도, 둘 다 탐욕이다.

[23:22-25] 너를 낳은 아비에게 청종하고 네 늙은 어미를 경히 여기지 말지니라 진리를 사되 팔지는 말며 지혜와 훈계와 명철도 그리 할지니라 의인의 아비는 크게 즐거울 것이요 지혜로운 자식을 낳은 자는 그로 말미암아 즐거울 것이니라 네 부모를 즐겁게 하여 너를 낳은 어미를 기쁘게 하라

22-25절은 다른 문단들에 있는 절들과 가깝게 관련되어 있지는 않지만 그 절들은 하나의 잠언으로 고려되기에 충분하다. 예를 들어, 그 절들 중 셋은 부모에 대해 말한다. 23절은 예외지만, 이 절들이 충고하는 바는 부모들이 그들의 아이에게 진리, 지혜, 지식, 명철 등을 가장 바란다는 것이다.

22절에는 독특한 연상법을 사용하는데, 한 아이의 탄생과 그 어머니의 늙은 나이 간의 대조가 있다. 그 가르침은 우리는 우리 태어난 때로부터 부모가 죽는 그날까지 그들을 공경해야 한다는 것이다.

24, 25절은 즐거움을 가리키는 두 단어(즐거움, 기쁨)를 5번 사용하고, 부모를 가리키는 세 단어(아버지, 어머니, 낳은 자)를 5번 사용한다. 그 의도는 제5계명의 중요성과 그것을 지킬 때 이루어지는 놀라운 결과들을 강조하기 위함이다. 훈계는 아이를 불행하게 만드는 것이 아니라 현명하게 만든다. 아이를 훈계하는 부모는 그들에게 기쁨을 가져다주는 지혜로운 자식을 키우게 되며 그에 따른 축복을 받는다.

[23:26-28] 내 아들아 네 마음을 내게 주며 네 눈으로 내 길을 즐거워할지어다 대저 음녀는 깊은 구덩이요 이방 여인은 좁은 함정이라 참으로 그는 강도같이 매복하며 사람들 중에 사악한 자가 많아지게 하느니라

26-28절은 5-7장의 간통을 반대하는 방대한 구절들의 축약 형태와 같다. "내 아들아"는 "아들에게 주는 아버지의 충고" 형태를 보여준다.

이 잠언은 부정한 아내뿐만 아니라 미혼이 매춘부(음녀)에 대한 한 경고일것이다. 그러나 부부(결혼한) 이외의 모든 성관계는 금지되므로 그 두 여인의 구별은 그리 중요치 않다.

그 음녀는 잠언 7:6의 여인과 같은 방법으로 그녀의 희생자들을 함정에 빠뜨린다. 28절의 후반부는 번역상 문제가 있다. 그녀가 많아지게 하는 것은 무엇인가? 그녀는 그녀의 고객을 늘리는가, 아니면 그들을 유인하기 위한 수단을 늘리는가?

[23:29-35] 재앙이 뉘게 있느뇨 근심이 뉘게 있느뇨 분쟁이 뉘게 있느뇨 원망이 뉘게 있느뇨 까닭 없는 상처가 뉘게 있느뇨 붉은 눈이 뉘게 있느뇨 술에 잠긴 자에게 있고 혼합한 술을 구하러 다니는 자에게 있느니라 포도주는 붉고 잔에서 번쩍이며 순하게 내려가나니 너는 그것을 보지도 말지어다 그것이 마침내 뱀같이 물 것이요 독사같이 쏠 것이며 또 네 눈에는 괴이한 것이 보일 것이요 네 마음은 구부러진 말을 할 것이며 너는 바다 가운데에 누운 자 같을 것이요 돛대 위에 누운 자 같을 것이며 네가 스스로 말하기를 사람이 나를 때려도 나는 아프지 아니하고 나를 상하게 하여도 내가 감각이 없도다 네가 언제나 깰까 다시 술을 찾겠다하느니라

29-35절은 잠언 10:1에, 즉 여러 부분들로 이루어진 단락에 들어선 이후 동일한 주제로 여러 절들을 엮은 가장 긴 절의 묶음이다. 또한 이 구절들은 성경 전체에서 술의 악영향에 대해서 가장 포괄으로 묘사하는 부분이다. 여기서 술 취한 자의 묘사는 너무 생생해서 저자 자신이 취태를 경험해본 것은 아닌가라는 의심이 들 정도이다.

29절은 재앙, 근심, 분쟁, 원망, 상처, 붉은 눈이 누구에게 있는지, 이러한 여섯 개의 질문을 던지고 30절은 그 질문에 대해 답한다. 이 모든 것은 "술에 잠긴 자"에게 있다. 술은 사람마다 다른 방법으로 영향을 준

다. 편안하고 행복한 순간은 잠시일지 모르나, "술에 잠기는 것"은 갑작스럽게 사람으로 하여금 무책임한 말과 행동을 하게 만든다. 때로 음주는 분노를 일으키며 "이상한 것들을" 보게 하며 정신혼란 상태를 일으키게 한다. 음주는 언젠가는 의식불명의 상태를 가져올 것이다.

31절은 우리가 시각, 미각, 촉각으로 구성된 술의 유혹을 물리칠 것을 명령한다. 술의 빛깔이나 목넘김의 유혹에 넘어가선 안 된다.

32절은 술의 영향이 서서히 사라진 후에 무엇이 일어나는지를 말해준다. 즉, 지금 매우 순하게 내려가는 것이 "뱀 같이 물고 독사같이 쏜다". 온갖 것들이 상처를 입는다. 충혈된 눈과 언제 입은지도 모르는 상처들은 취객이 그것을 느낄 수 없을 때 얻어 맞은 결과이다. 그 뒤를 이어 재앙, 근심, 분쟁, 원망이 찾아온다.

34절은 기본적으로 바다를 가리키는 히브리어에는 그 특유의 혐오적인 관념이 반영된다. 바다의 파도는 마치 술취한 자의 비틀거리는 다리를 떠올리게 한다. 만약 상갑판에 나와 균형을 유지하기가 어렵다면, 굽이치는 파도 위 높은 곳에 있는 돛대는 얼마나 균형을 유지하기에 어려운지 누워야만 할 판이다.

35절은 가장 비극적이다. 이 모든 끔찍한 탐닉의 후유증 이후 그 주정뱅이는 말할 수 있을 정도로 회복했으나, "내가 언제나 다시 깰까 술을 찾겠다"라고 한다. 이를 실천하는 가장 쉬운 방법은 술이 왕인 무감각한 세계에 스스로를 다시 담그는 것이다.

[24:1-2] 너는 악인의 형통함을 부러워하지 말며 그와 함께 있으려고 하지도 말지어다 그들의 마음은 강포를 품고 그들의 입술은 재앙을 말함이니라

1, 2절은 부러움에 대한 경고이다(잠 23:17, 18 참조). 앞선 구절들에서는 하나님에게 순종하면 언젠가 보상을 받을 것이므로 악인을 부러워

하지 말라고 되어있다. 이 구절에서 부러워하지 말라는 이유는 더 직접적이고 사실적이다. 아무리 돈을 쉽게 벌 수 있다한들 왜 굳이 악을 행해야 하는가? 폭력을 낳는 그런 행동은 하나님의 자녀에게는 적절치 않다. 가장 좋은 것은 그러한 사람들과는 가까이 지내지 않는 것이다. 그들은 돈을 위해 타인을 망하게 할 그러한 수단과 방법들을 추구한다.

[24:3-4] 집은 지혜로 말미암아 건축되고 명철로 말미암아 견고하게 되며 또 방들은 지식으로 말미암아 각종 귀하고 아름다운 보배로 채우게 되느니라

3, 4절은 일종의 결미(coda)에 덧붙인 세 개의 평행구절로 이루어져 있다. 지혜와 명철과 지식에 의해 집은 건축되고 견고히 되고 채워진다. 게다가 이 집들은 지혜를 얻은 사람들의 열매를 의미하는 "귀하고 아름다운 보배로 채워진다." 이 집의 은유는 우리에게 반석과 모래 위에 집을 세운 사람에 대한 예수의 비유를 다시 생각나게 한다(눅 6:48).

[24:5-6] 지혜 있는 자는 강하고 지식 있는 자는 힘을 더하나니 너는 전략으로 싸우라 승리는 지략이 많음에 있느니라

5, 6절의 테마는 머리가 체력보다 낫고 지혜가 힘보다 나음을 말한다(21:22 참조). 6절은 이 가르침을, 간단히 말해 전략 없이 전쟁에 뛰어들지 말라는 전쟁의 수행에 적용한다. 이는 다음과 같은 격언들과 연결될 수 있다. "끝내지 못할 일을 시작하지 말라", "오르지 못할 나무를 쳐다보지 말라", "돌다리도 두들겨라".

[24:7] 지혜는 너무 높아서 미련한 자가 미치지 못한 것이므로 그는 성문에서 입을 열지 못하느니라

서로 상반되는 것 같은 두 주제가 잠언에 나오는데, 한 종류의 미련

한 자는 지적인 논의에서 어떤 말할 것이 없는 반면, 다른 종류의 미련한 자는 비록 그가 말할 것이 없더라도 말을 한다(잠 12:23; 13:16; 15:2; 18:2 참조). 둘 다 도움이 되지 않으므로 아마도 그 둘은 전혀 반대되는 것이 아닐지도 모른다.

[24:8–9] 악행하기를 꾀하는 자를 일컬어 사악한 자라 하느니라 미련한 자의 생각은 죄요 거만한 자는 사람에게 미움을 받느니라

누구나 약간의 실수로 악평을 받을 수 있다. 그러나 악행을 하는 사람은 곧 사악함에 사로잡히기 시작한다. 계속해서 악한 것을 생각하는 것은 병든 것이다. 하지만 이처럼 악을 계속 생각하는 것은 너무도 쉽게 밸 수 있는 습관이다. 오직 하나님만이 우리의 사고를 그리스도의 정신에 사로잡히게 하며, 모든 악하고 헛된 생각을 깨끗하게 제어할 수 있다. 선이든 악이든 모두가 그 출발점은 정신에 있으며, 그것은 입으로 표현되고 손으로 옮겨진다. "영과 진리로" 하나님게 예배하는 사람은 깨끗한 손과 순결한 마음 두 가지를 가지고 성전에 들어가야 한다(시 24:4 참조).

[24:10] 네가 만일 환난의 날에 낙담하면 네 힘이 미약함을 보임이니라

10절은 히브리어 원문으로는 매우 비밀스러우며 의미가 전적으로 확실하지 않다. 그러나 이는 예레미야 12:5와 유사하다. "만일 네가 보행자와 함께 달려도 피곤하면 어찌 능히 말과 경주하겠느냐 네가 평안한 땅에서는 무사하려니와 요단 강물이 넘칠때에는 어찌하겠느냐".

[24:11-12] 너는 사망으로 끌려가는 자를 건져 주며 살륙을 당하게 된 자를 구원하지 아니하려고 하지 말라 네가 말하기를 나는 그것을 알지 못하였노라 할지라도 마음을 저울질하시는 이가 어찌 통찰하지 못하시겠으며 네 영혼을 지키시는 이가 어찌 알지 못하시겠느냐 그가 각 사람의 행위대로 보응하시리라

비록 11절의 후반부가 이해하기 어렵더라도, 그것의 의미는 전반부와 매우 비슷한듯하다. 여기 등장하는 관용구는 낯선 것이지만 교훈은 어느 한 가스펠송의 가사처럼 "죽어가는 형제에게 생명을" 주라는 것이다.

12절은 "누가 내 이웃인가"라는 질문의 구약적인 대답이다. 잠언은 선한 사마리아인의 비유가 주었던 것과 동일한 답을 준다. 우리와 안면이 있든지 없든지 모두가 이웃이다. 어쩌면 우리는 깊은 고통에 있는 사람을 외면하고 싶을지 모르지만, 하나님은 우리에게 그들 모두에 대해 반응할 책임이 있다고 하신다.

12절은 하나님은 우리가 뭘 하는지를 아실 뿐만 아니라, "마음을 저울질하신다"는 두려운 경고를 준다. 하나님은 우리의 동기까지도 아신다.

[24:13-14] 내 아들아 꿀을 먹으라 이것이 좋으니라 송이꿀을 먹으라 이것이 네 입에 다니라 지혜가 네 영혼에게 이와 같은 줄을 알라 이것을 얻으면 정녕히 네 장래가 있겠고 네 소망이 끊어지지 아니하리라

저자가 13, 14절에서 권하는 꿀에는 두 가지 특성이 있다. 꿀은 "좋다" 그리고 "달다." 지혜 또한 영혼에 좋고 달다. 이 "영혼의 꿀"은 너무 맛있기에, 끊어지지 않을 장래를 주는 그 꿀을 먹는 자를 만족케 한다. 지혜는 이처럼 달콤하다.

[24:15-16] 악한 자여 의인의 집을 엿보지 말며 그가 쉬는 처소를 헐지 말지니라 대저 의인은 일곱 번 넘어질지라도 다시 일어나려니와 악인은 재앙으로 말미암아 엎드려지느니라

15절에는 "악한"이나 "집" 같은 조금 문제 있는 단어가 나온다. "악한"은 여기서 독특한 구문론을 보여주며 "집"은 드물게 "쉬는 처소"를 의미한다. 여기서 경고하는 바는 의인의 마음의 평화를 무너뜨리는 악한 자에 대한 것이다.

16절은, 이는 결국 자신의 파멸을 가져올 것이므로 의인을 해치려는 것은 무의미하고 위험하다는 경고를 덧붙인다. 그 주제는 잠언에서 잘 알려진 것이지만 여기서 새로운 것은 "엿보지 말라"와 "헐지 말라"라는 명령이다.

[24:17-18] 네 원수가 넘어질 때에 즐거워하지 말며 그가 엎드러질 때에 마음에 기뻐하지 말라 여호와께서 이것을 보시고 기뻐하지 아니하사 그의 진노를 그에게서 옮기실까 두려우니라

가난한 자를 조롱하거나 다른 사람의 불행에서 기쁨을 취하는 것에 대한 앞선 경고는(잠 17:5 참조) 17, 18절의 명령보다 지키기가 다소 더 쉬웠다. 여기서는 우리가 우리 적들의 재앙에 기뻐하면 안 된다고 한다. 우리는 이 구절을, 모세와 미리암의 노래들(출 15)과 적들을 물리친 하나님의 승리를 기뻐하는 수많은 시들(시 136:10, 17-22)과 같은 다른 성경 부분과 어떻게 일치시킬 수 있는가? 그 차이점은 태도에 있다. 즉, 원수의 무너짐을 기뻐하는 것이 아니라 승리하신 하나님을 찬양하는 것이다. 최선의 해결은 적을 친구로 바꾸는 것이다.

신약은 이러한 생각을 한걸음 더 나아가게 한다. 예수는 "너희 원수를 사랑하며 너희를 박해하는 자를 위하여 기도하라"고 말씀하셨다(마 5:44). 하나님은 결코 죄인의 죽음을 기뻐하시지 않는다. 그래서 적의

패배를 즐기는 것은 분명 하나님을 진노케 할 것이다(겔 33:11).

[24:19-20] 너는 행악자들로 말미암아 분을 품지 말며 악인의 형통함을 부러워하지 말라 대저 행악자는 장래가 없겠고 악인의 등불은 꺼지리라

19, 20절은 부러움에 대한 세 번째 경고이다(잠 23:17; 24:1 참조). 주를 사랑하는 자는 미래가 밝지만, 악인은 전혀 미래가 없다. 20절은 꺼지는 등불(잠 13:9 참조)을 비유로 들어 악인의 생명의 빛과 소망이 사그라짐을 표현한다.

[24:21-22] 내 아들아 여호와와 왕을 경외하고 반역자와 더불어 사귀지 말라 대저 그들의 재앙은 속히 임하리니 그 둘의 멸망을 누가 알랴

21, 22절은 "30개의 말씀들"의 요약과 같다. "30개의 말씀들" 부분의 결론은 (잠언의 처음과 끝이 그러하듯) "여호와 경외"로 맺어진다. 여기서 아버지는 그의 아들에게 "여호와와 왕을 경외하라"고 말한다.

여기서 왕의 언급은 솔로몬과 현인들의 시대에 정치구조로 암시한다. 고대 이스라엘은 하나님이 왕을 통해 통치하시는 신정정치였다. 통치자들은 하나님의 힘으로 임명되었고 정치적, 사회적으로 뿐만 아니라 영적으로도 국가를 이끌었기 때문에 하나님 앞에서 책임이 있었다.

"반역자"의 의미는 다소 불확실하다. 그들에게 재앙이 내리는가, 아니면 그들로부터 재앙이 오는 것인가? 아마도 "반역자"는 여기서 전혀 사용되지 않아야 할지도 모른다. RSV는 재앙은 하나님과 왕으로부터 나와 그들을 경외하지 않는 자들에게로 임한다고 번역한다.

2. 지혜로운 자들의 말씀 (24:23-34)

[24:23-25] 이것도 지혜로운 자들의 말씀이라 재판할 때에 낯을 보아주는 것이 옳지 못하니 악인에게 네가 옳다 하는 자는 백성에게 저주를 받을 것이요 국민에게 미움을 받으려니와 오직 그를 견책하는 자는 기쁨을 얻을 것이요 또 좋은 복을 받으리라

23, 24절은 "지혜로운 자들의 말씀"이라고 이름 붙여진 많은 다방면의 격언을 포함한다. 23절의 전반부는 "교훈"을 소개하는 반면, 후반부는 바로 24, 25절의 가르침으로 이끈다.

23절과 25절의 공평한 재판이라는 테마는 이전에도 언급되었다(잠 17:15; 18:5; 28:21 참조). 여기서는 편견, 선입견, "낯을 보아줌"을 경계한다. 예를 들면, 인종차별을 생각해보라. 인종차별은 재판으로 하여금 행동이 아니라 외모에 집중하게 만든다. 24, 25절은 불공평하게 재판한 사람들에겐 저주와 비난을, 그리고 공평하게 재판한 그 사람에겐 풍성한 은총을 주는, 재판의 보상을 명명한다.

이 교훈은 단지 법률가만이 아니라 우리 모두에게 적용된다. 모든 이들이 각자 하루에 여러 번 재판을 한다. 성경은 다음과 같은 질문을 하게 한다. 우리는 편견을 가지고 있는가? 우리가 정의로운 사람을 책망하고 죄 지은 자를 면제해 주는가? 우리는 다른 이들로부터 거부감이 아니라 박수를 받을만큼 공평하게 행동하는가?

[24:26] 적당한 말로 대답함은 입맞춤과 같으니라

입맞춤은 애정, 우정, 믿음, 헌신의 표시이다. 26절은 사람들은 친구에게서 입맞춤만큼이나 정직한 대답을 기대한다고 말한다. 비록 그러한 대답이 듣기 좋은 것이 아닐 수는 있지만, 정직하다면 우리는 그러한 말을 해주는 이들에게 감사해야 할 것이다(잠 27:6 참조).

[24:27] 네 일을 밖에서 다스리며 너를 위하여 밭에서 준비하고 그 후에 네 집을 세울지니라

"중요한 것을 먼저"라는 현대적인 표현은 27절과 어울린다. 이 잠언은 특별히 새 거처로의 정착과 관련하여 좋은 계획의 중요성을 강조한다. "밭을 준비하고 그 후에 네 집을 세울지니라"는 말은 정복을 통해 재산을 얻었으며 농사의 적합성을 확신하지 않았던 이스라엘 사람들에게는 필요한 충고였다. 그들은 농사를 지은 후에야 거기에 건물을 짓는 것이 충분히 고려할 만 하다고 뒤늦게 깨달았을 것이다.

[24:28-29] 너는 까닭 없이 네 이웃을 쳐서 증인이 되지 말며 네 입술로 속이지 말지니라 너는 그가 내게 행함 같이 나도 그에게 행하여 그 한대로 그 사람에게 갚겠다 말하지 말지니라

28, 29절은 보복에서뿐만 아니라 법적인 증언에서의 정직을 이야기한다. 법정에서의 위증은 성경 시대에 분명히 너무나 중대한 문제여서, 그것을 그치게 하기 위해 제9계명(네 이웃에 대하여 거짓 증거하지 말지니라)이 기록되었을 정도이다. 그 시대에는 (즉, 컴퓨터, 거짓말 탐지기, 법의학이 생기기 전) 삶과 죽음의 문제 또는 적어도 명예의 질문들은 오로지 증언의 진실함에 달렸었다. 위증은 비참한 결과를 가져올 수도 있었다.

29절의 "그가 내게 행함 같이 나도 그에게 행함"은 황금률(눅 6:31)에 위배된다. 원수갚는 것은 여호와께 속한 것이기 때문에(잠 20:22 참조), 우리에게는 우리가 당한 것을 갚을 자격이 없다.

[24:30-34] 내가 게으른 자의 밭과 지혜로운 자의 포도원을 지나며 본즉 가시덤불이 그 전부에 퍼졌으며 그 지면이 거친 풀로 덮였고 돌담이 무너져 있기로 내가 보고 생각이 깊었고 내가 보고 훈계를 받았노라 네가 좀더 자자 좀더 졸자 손을 모으고 좀더 누워 있자 하니 네 빈궁이 강도 같이 오며 네 곤핍이 군사 같이 이르리라

30-34절은 윤리를 수반한 삶 또는 서민적인 이야기로부터 온 일종의 교훈으로 구성된 긴 부분들 중 하나이다. 이것은 팔레스타인에 농부의 땅으로부터 온 이야기이다. 30절에서 우리는 정확히 어떤 성품의 농부가 그 땅을 소유한지 알 수 있다. 즉, 그는 게으르고 어리석다. 그의 땅은 가시덤불, 거친 풀, 무너진 돌담뿐이다.

이 부분의 첫 교훈은 잡아내기가 쉽다. 다른 이들이 우리의 소유물, 즉 쓰레기장 같은 창고, 벗겨진 페인트, 누가봐도 수리가 필요한 물품 등을 보고 어떠한 생각을 갖겠는가! 우리의 어설프고 게으름이 가져온 부주의로 인해 방치된 것들을 보고 사람들이 놀라지 않겠는가!

32절은 잠언 6:10-11로부터 가져온 축어적 인용으로 이 이야기를 이어간다. 단지 조금 졸기 시작하는 것이 결국 생활습관이 될 수 있다. 지혜로운 자는 그런 생활방식의 최종 결과는 "네 빈궁이 강도같이 오며 곤핍이 군사같이 이르리라"고 한다. 잠언의 의미는 명백하다. 열심히 행하라. 그러면 굶지 않을 것이다.

Jesse, David, Salomon : la rétive supériorité des « ancêtres ».

제4장

히스기야의 신하들이 편집한 솔로몬의 잠언 (25:1-29:27)

[25:1] 이것도 솔로몬의 잠언이요 유다 왕 히스기야의 신하들의 편집한 것이니라

25-29장이 어떻게 형태를 취했는지 그리고 편집자와 필사자들이 고대 잠언을 모으고 기록하기 위해 어떻게 일했는가를 알 수 있기 때문에, 잠언 25:1은 가치가 있다. 히스기야는 그가 왕좌에 있는 동안 평화와 번영이 널리 퍼졌으므로 훌륭한 왕이었다고 할 수 있다. 그런 조건들 때문에 예술, 문학, 진실한 종교가 융성해질 수 있었다. 비록 이 잠언들이 솔로몬에 의해 기록되었지만 우리가 잠언이라는 책 자체에 대해 아는 바는 없다.

[25:2] 일을 숨기는 것은 하나님의 영화요 일을 살피는 것은 왕의 영화니라

2-7절은 모두 왕에 대해 언급하고 있다. 2절은 언뜻 보면 비록 이상해 보일지도 모른다. "하나님에 의해 숨겨지는" 문제들이 어떻게 또한 "왕의 영화"가 될 수 있을까? 이해를 돕기 위해 우리는 우선 고대 팔레

스타인에서는 왕이 예술뿐만 아니라 과학에도 애호가였다는 사실을 인식해야 한다. 그래서 지혜에 있어서 철학적인 사고와 자연의 차원이 함께 했다. 우리를 둘러싼 세계에 대한 어떤 것을 발견한다는 것은 하나님을 극복하는 것이 아니라 오히려 하나님께 영광을 돌리는 것이다. 일반적으로 발견은 탐구하려는 그 영역으로 나아가게 한다.

[25:3] 하늘의 높음과 땅의 깊음 같이 왕의 마음은 헤아릴 수 없느니라
2절의 "숨기다"와 3절의 "헤아릴수 없는"을 가리키는 히브리어는 두 구절을 연결시킨다. 하나님의 생각이 왕으로부터 숨겨진 것처럼, 왕의 생각 또한 우리로부터 숨겨져 있다. 이 "헤아릴 수 없는" 기질은 전제군주의 뛰어난 지혜나 그의 설명할 수 없는 변덕, 즉 다른 이에게 그의 행동을 설명하지 않고 그가 원하는 대로 사고하고 행동하는 것을 말하는 다른 것일 수도 있다. 그러한 군주는 영예롭게 모셔야 하지만 동시에 두려워 해야한다.

[25:4-5] 은에서 찌끼를 제하라 그리하면 장색의 쓸만한 그릇이 나올 것이요 왕 앞에서 악한 자를 제하라 그리하면 그의 왕위가 의로 말미암아 견고히 서리라
4, 5절은 서로 연관되어 있으며 특히 5절은 4절의 적용이다. 두 절 모두 "제하다"로 시작한다. 어떻게 왕은 그러한 악한 자를 찾아낼까? "왕은 그 악을 보면 안다"(잠 20:8, TEV).

[25:6-7] 왕 앞에서 스스로 높은 체하지 말며 대인들의 자리에 서지말라 이는 사람이 네게 이리로 올라오라고 말하는 것이 네 눈에 보이는 귀인 앞에서 저리로 내려가라고 말하는 것보다 나음이니라
잠언의 절들을 최초로 구분한 필사자들은 6절에 7절을 포함하는 실

수를 했을지 모른다. 명백하게 7절의 끝부분은 8절에 속한다. 일부 새로운 번역(NEB, NAB, NIV)들은 8절에 7절의 줄을 합침으로써 이 문제를 해결한다.

6, 7절은 단어 "앞에서"에 의해 연결된다. 두 절은 교만과 무례함을 말하고 있다. 예수는 이를 다르게 표현한다. 그는 그가 앉아야 할 자리보다 더 높은 자리에 앉은 혼인잔치의 한 손님을 언급한다(눅 14:8-10).

[25:8] 너는 서둘러 나가서 다투지 말라 마침내 네가 이웃에게서 욕을 보게될 때 네가 어찌할 줄을 알지 못할까 두려우니라

8절에서의 교훈은 성급한 소송에 대한 경고이다. "변호사와 이야기하시죠" 혹은 "고발하겠어"와 같은 말들은 사실 기독교인들이 하기 어려운 것이다. "이웃에게서 욕을 보게 되면" 명예도 잃고 심지어 소송에서 질 수도 있다. 뒤따를 비극을 감수하고 비용을 들여 변호사에게 가는 것보다 다툼이 시작되기 전에 그 일을 그만 두거나(17:14) 법정밖에서 해결하는 것이 더 낫다(눅 12:58).

[25:9-10] 너는 이웃과 다투거든 변론만 하고 남의 은밀한 일은 누설하지 말라 듣는 자가 너를 꾸짖을 터이요 또 네게 대한 악평이 네게서 떠나지 아니할까 두려우니라

9, 10절의 히브리어는 약간 다루기 힘들다. 그러나 이 잠언의 핵심은 법정에서 누군가와 논쟁할때 스스로가 공격받기 쉽게 된다는 것이다. 꾸짖음을 당하는 이유는 형제를 비난했기 때문인가, 아니면 비밀 누설로(그리고 그로 인해 고소당했다는 사실로) 인한 것인가? 두 행동이 다 잘못이다. 마태복음 18:15의 길은 이러한 상황에서 모범을 제시한다(개역개정에는 없지만 NASB에는 in privately, 즉 "은밀하게"라는 표현이 첨가되어 있다-역주).

[25:11] 경우에 합당한 말은 아로 새긴 은 쟁반에 금 사과니라

11절은 잘 알려진 "은 쟁반에 금 사과"라는 상징적인 표현을 포함한다. "경우에 합당한 말"은 더 이상 덧붙일 것이 없는, 군더더기 없는 그러한 말이다. 랍비 이븐 에즈라는, 훌륭한 격언에는 세 개의 특징이 있다고 한다. "적은 수의 단어들", "올바른 의미", "좋은 상징". 존 러셀 경도 역시 격언에는 "많은 지혜와 한 번의 위트"가 있다고 말했으며, 아처 테일러도 격언은 "간결, 의미, 풍자"에 의해 특징지어진다고 말했다.[1] 11절은 이러한 정의들에 잘 어울린다.

[25:12] 슬기로운 자의 책망은 청종하는 귀에 금 고리와 정금 장식이니라

"금"이란 단어가 11절과 12절을 연결한다. 여기서 금 고리와 정금 장식은 "슬기로운 자의 책망"의 비유이다. 이 절에서의 "책망"은 "경우에 합당한 말"일 뿐만 아니라 비판을 받아들이고 충고를 취하라는 가르침과도 연결되어있다.

[25:13] 충성된 사자는 그를 보낸 이에게 마치 추수하는 날에 얼음 냉수 같아서 능히 그 주인의 마음을 시원하게 하느니라

충성된 사자는 항상 그를 가장 필요로 할 때 의존할 수 있게 그 곁에 있다. 그의 주인은 그에게서 시원함을 얻는다.

[25:14] 선물한다고 거짓 자랑하는 자는 비없는 구름과 바람 같으니라

14절에서 "비없는 구름과 바람"의 상징은 그들의 작물을 살리기 위해 물을 간절히 바라는 사람들에게 특별한 의미가 있다. 고대 팔레스타

---

1 From *The Proverb*, Cambridge, Mass., 1931, pp. 7-8, 95.

인 농부들에게 비없는 먹구름은 격분할 정도로 비생산적인 것이었다. 이러한 구름은 자랑하고 약속하고 호언장담하지만 결코 생산적이지 못한 사람들 같다. 우리는 모두 이런 유형을 안다. 그러나 다시 자신을 돌아보라. "나는 허례허식하진 않는가"? 나는 허풍선이가 아닌가"?

[25:15] 오래 참으면 관원도 설득할 수 있나니 부드러운 혀는 뼈를 꺾느니라

15절은 어떻게 인내가 폭력보다 더 효과적으로 관원을 설득할 수 있는지를 설명하기 위해 "부드러운 혀는 뼈를 꺾는다"는 흥미로운 히브리 관용구를 사용한다(잠 15:1; 16:15 참조). 혀로 뼈를 꺾을 정도로 뼈가 부드러지기 위해서는 시간이 걸린다. 때로는 행정, 정부, 교회의 변화를 꾀하기 위해서 몇년을 노력하기도 해야 한다.

[25:16-17] 너는 꿀을 보거든 족하리만큼 먹으라 과식함으로 토할까 두려우니라 너는 이웃집에 자주 다니지 말라 그가 너를 싫어하며 미워할까 두려우니라

"과식"을 가리키는 단어는 16절과 17절을 연결한다. "너무 많은" 꿀이 사람을 토하게 만든다는 것과 자주 이웃을 (그것도 불시에!) 찾아가는 것은 같아서 둘 다 싫증을 느끼게 한다. 어떤 것이라도 지나치면 그것의 본래의 유익과는 상관없이 싫증이 나기 마련이다. "친해지면 무례하기 쉽다"는 말은 17절과 유사한 현대적인 표현이다. 친구의 집에서 너무 많은 시간을 보내 스스로를 성가신 사람으로 만들지 말라. 지혜는 환영받을 때와 그렇지 못할 때를 아는 것이며 또한 타인의 감정에 민감한 것이다.

[25:18] 자기의 이웃을 쳐서 거짓 증거하는 사람은 방망이요 칼이요 뾰족한 살이니라

18절은 거짓 증거에 대한 또 다른 경고이다. 여기서 "방망이, 칼, 뾰족한 살"은 이웃에 대한 적대감을 상징한다. 이 세 개의 무기 중 방망이는 평범한 것이 아니다. 그것은 성경의 다른 곳에서 2번 언급되고 있고 동사 "뿌리다"와 관계가 있다. 확실히 다른 사람에 대한 거짓말은 그를 상처 입힌다. 그는 무기만큼이나 잔인한 말에 의해 맞고 베이고 상처를 입을 수 있다.

[25:19] 환난 날에 진실하지 못한 자를 의뢰하는 것은 부러진 이와 위골된 발 같으니라

19절의 "부러진 이"와 "위골된 발"은 누군가를 가장 필요로 할때 그가 배신하는 것을 가리키는 적절한 표현이다. 식사와 걷기, 삶의 기본적인 기능은 이와 다리에 의존한다. 환난 날에 내가 의존할 수 있는 사람은 참으로 중요하다. 하지만 만약 그 사람이 믿을 수 없는 존재라면 얼마나 실망스럽겠는가!

[25:20] 마음이 상한자에게 노래하는 것은 추운 날에 옷을 벗음 같고 소다 위에 식초를 부음 같으니라

20절의 히브리어 본문에는 어려움이 있다. 전반부의 의미가 "마음이 상한 자가 노래하는 것"인지 아니면 "마음이 상한 자에게 노래하는 것"인지 명확하지 않다. 비록 후자가 주로 선택되지만, 어쨌든 둘 다 노래가 적당하지도, 시기에 알맞지도 않음을 설명한다. 상처입은 영혼에 기름같은 진실함이 아니라(사 1:6), 노래하는 것은 겨울에 옷을 뺏거나 "소다 위에 식초를 부음"과 같다. 핵심은 타인의 감정에 대한 민감함이다.

[25:21-22] 네 원수가 배고파하거든 음식을 먹이고 목말라하거든 물을 마시게 하라 그리하는 것은 핀 숯을 그의 머리에 놓는 것과 일반이요 여호와께서 네게 갚아주시리라

21, 22절은 로마서 12:20에서 인용된다. 대부분이 이 구절을 쓴 자가 누구인지 물어보면 솔로몬 보다는 바울을 떠올릴 것이다. 그러나 자비의 교훈은 신약성경에만 제한되어 있는 것은 아니다. 사실 모세는 출애굽기 23:4-5에서 일찍이 원수의 나귀나 소가 길을 잃으면 원수의 것이라도 그에게 돌려 보내야 한다는 것을 가르친다. 또한 사울에 대한 다윗의 대우는 그를 박해하는 사람에 대한 자비의 생생한 예이다. 이는 그리스도의 사역에서, 특별히 팔복선포에서 잘 드러난다(마 5:3-10). 22절에서 "핀 숯"은 우리가 "음식"과 "물"로 적을 대하면 확실히 그가 스스로의 부끄러움을 보게 된다는 것을 깨닫는다로 이해할 수 있다. 친절한 행위는 원수는 예상치 못하기에 그의 양심에 불을 지피고 그에게 모욕없이 교훈을 가르친다. 그러한 행동은 그의 적의를 파괴하면서 또한 그를 구원하기에 가장 훌륭한 것이다.

[25:23] 북풍이 비를 일으킴같이 참소하는 혀는 사람이 얼굴에 분을 일으키느니라

23절의 "참소하는 혀"는 명백히 다른 사람에게 피해를 주는 말이다. "북풍이 비를 일으킴"과 같은 행동은 관계를 깨뜨린다.

[25:24] 다투는 여인과 함께 큰 집에서 사는 것 보다 움막에서 혼자사는 것이 나으니라

24절은 잠언 21:9과 동일하다. 이것은 문제를 충분히 논할 수 있을 정도로 상대방의 화가 가라앉을 때까지는 떨어져 있어야 한다는 것을 강조한다.

[25:25] 먼 땅에서 오는 좋은 기별은 목마른 사람에게 냉수와 같으니라

먼 땅에서 오는 소식은 특별한 필요로 다른 사람들을 위해 며칠 혹은 수개월 동안 기도했을지도 모르는 사람들에게 구원이고 축복이며 특별한 선물이다.

[25:26] 의인이 악인 앞에 굴복하는 것은 우물이 흐려짐과 샘이 더러워짐과 같으니라

샘이 깨끗해지는데는 긴 시간이 걸리고 선한 사람이 악에 한번이라도 굴복하면 그의 명예는 결코 회복될 수 없을 수도 있다. 이전처럼 다시 그 샘이 깨끗해지기 전에 그곳의 물을 마신 사람은 고통을 당하거나 심지어 죽을 수도 있다. 타인을 새롭게하며 순수해야 할 의인은 결코 "악인에 굴복"하지 않아야 한다.

[25:27] 꿀을 많이 먹는 것이 좋지 못하고 자기의 영예를 구하는 것이 헛되니라

27절의 전반부는 명백하다. 그러나 후반부는 전반부와 어울리지 않은 것 같다. 히브리어를 직역하면, "명예, 그들의 명예를 구하는 것"이다.

만약 부정어를 후반부에도 반복시켜준다면, "그들의 명예를 구함은 명예가 아니다"가 된다. 문제는 이 후반부가 전반부와 어울리지 않는다는 것이다. 자신이 지나치게 영예를 추구하는 것과 토할 정도로 꿀을 먹음이 되는 것인가? 아마 이것은 정말로 존경할만하고 칭찬할만한 사람은 다른 사람의 칭찬을 탐내지 않는다는 것을 의미할 수 있다.

[25:28] 자기의 마음을 제어하지 아니하는 자는 성읍이 무너지고 성벽이 없는 것과 같으니라

이 장의 마지막 절인 28절은 인내를 가르친다. 방어하지 않고 모욕, 패배, 실망을 받아들이는 것을 배우는 것은 삶에 도움을 준다. 성급함과 조급함은 더 큰 문제만 가져올 뿐이며 그로 인해 타인으로부터 공격을 받아 상처만 늘게 될 것이다.

[26:1] 미련한 자에게는 영예가 적당하지 아니하니 마치 여름에 눈 오는 것과 추수때 비오는 것 같으니라

잠언은 종종 부적당한 모습들을 묘사한다. 돼지 코에 금 고리, 다스리는 종, 사치하는 미련한 자, 다투는 아내 등. 잠언 26:1은 미련한 자의 영예를 "여름에 눈오는 것"과 "추수때 비오는 것"과 비교하는데, 이도 역시 부적당한 것을 묘사한다. 사실, 영예를 얻은 미련한 자는 계절에 어울리지 않는 눈 혹은 비만큼이나 파괴적일지도 모른다. 이 교훈은 단순하다. 미련한 자를 칭찬하지 말라.

[26:2] 까닭없는 저주는 참새가 떠도는 것과 제비가 날아가는 것같이 이루어지지 아니하느니라

잠언에서 나타나는 새와 동물들에 대한 언급(잠 26:2, 3, 11, 13, 17)은 솔로몬의 폭넓은 동물학적 지식만큼은 보여주지 않는 듯하다(왕상 4:33은 솔로몬은 "짐승과 새와 기어다니는 것과 물고기에 관해 논할 수 있었다"고 말한다).

우리는 "막대기와 돌들은 나의 뼈를 다치게 할 수 있으나 험담은 결코 나를 해할 수 없다"는 격언을 안다. 하지만 2절은 그러한 격언에 이의를 제기한다. "악한 눈"이나 "까닭없는 저주"는 해악을 가져온다(BHS 본문에는 부정어 "로" 대신 비분리 전치사 "레"로 읽어야 한다는 케티브-케레가 난

외주로 되어있다-역주). 이 말은 솔로몬의 시대에 매우 의미가 있었다. 저주 뿐만 아니라 축복도 많은 중요성을 갖고 있다. 불안한 새들이 떠돌고 날아다니는 것 같이 저주(심지어 까닭없는 저주)는 저주받은 사람에게 근심, 불안, 두려움을 야기한다. 역설적인 것은 종종 저주를 한 사람이 저주받은 사람보다 더 빨리 그것을 잊는다는 것이다.

[26:3] 말에게는 채찍이요 나귀에게는 재갈이요 미련한 자의 등에는 막대기니라

3절은 연속된 교훈적인 이야기로 각각 무엇에는 어떠한 것이 적절함을 가리키는 세 목록들이 있는데, 그 목록들은 서로 유사한 의미를 지닌다. 채찍은 말을 위해, 재갈은 당나귀를 위해, 막대기는 미련한 자를 위한 것이다.

[26:4-5] 미련한 자의 어리석은 것을 따라 대답하지 말라 두렵건데 너도 그와 같을까 하노라 미련한 자에게는 그의 어리석음을 따라 대답하라 두렵건대 그가 스스로 지혜롭게 여길까 하노라

4, 5절은 잠언에서 가장 흥미로운 역설 중 하나이다. 한 절은 "대답하지 말라"고 하는 반면, 다른 절은 "대답하라"고 한다. 아마 여기서 참된 교훈은 내가 무엇을 하느냐가 중요한 것이 아니라, 어리석은 자를 상대하면 이길 수 없다는 사실일 것이다. 또한 다음의 유대 격언들은 어리석은 자 앞에서 느낄 수 밖에 없는 좌절감을 반영한다. "미련한 자 한 명은 한 시간 안에 지혜로운 자 열 명이 1년이 걸려야 대답할 수 있는 질문을 쏟아낸다", "미련한 자의 가장 큰 미련함은 스스로를 현명하다고 생각하는 것이다", "지혜로운 자가 미련한 자에게 말을 거는 그 순간 말을 나누는 두 사람 모두가 미련한 자가 된다".

[26:6] 미련한 자 편에 기별하는 것은 자기의 발을 베어버림과 해를 받음과 같으니라

이전의 두 개의 잠언들이 6절에서 합쳐진다. 잠언 25:16의 "충성된 사자"와 잠언 25:19의 "위골된 발"에 비교되는 신뢰할 수 없는 사자가 6절에서 그의 메시지를 전하기 위해 어리석은 자에 기별하면 그의 발을 베어버린 자와 같이 된다. 확실히 그런 행동은 실패자가 되기로 하는 것이다. 오직 지혜롭고 충성스런 자에게 기별이 맡겨져야 한다.

[26:7] 저는 자의 다리는 힘없이 달렸나니 미련한 자의 입의 잠언도 그러하니라

7절은 또한 비록 절고 위골됐지만 6절에서처럼 베어지지는 않은 "다리"라는 단어가 사용된다. 이 잠언은 미련한 자에게 지혜를 주는 것이 적당치 않음을 가르친다. 그는 마치 위골된 발로 걷는 것처럼 지혜를 이해하고 사용하는 데 있어서도 무능하다.

[26:8] 미련한 자에게 영예를 주는 것은 돌을 물매에 매는 것과 같으니라

무기의 남용은 상처를 준다. 그처럼 칭찬의 남발은 미련한 자나 그를 칭찬하는 자 모두에게 해를 입힌다.

[26:9] 미련한 자의 입의 잠언은 술취한 자가 손에 든 가시나무 같으니라

9절의 전반부는 정확히 7절과 같지만 후반부의 의미는 명확하지 않다. 대부분의 번역자들은 그것이 "술취한 자가 손에 든 가시나무"라는 데 동의하지만 그 의미에 대한 답은 여러 갈래로 나뉜다.

첫째, 술취한 자는 고통에 무감각해서 그의 손에 든 가시를 느끼지

못한다. 그와 같이 미련한 자도 지혜에 무감각해서 자신이 지혜로운 말을 해도 그것을 모른다.

둘째, 손에 가시나무를 든 술취한 자가 그것을 흔드는 것은 미련한 자가 격언을 말하는 것 만큼 위험하다(얕은 지식은 위험한 것이다).

셋째, 너무 취해서 그의 손에 가시를 뽑을 수 없는 자는, 그의 입에서 말한 지혜를 어떻게 적용할지 모르는 미련한 자와 같다.

어떤 의미를 선택해도 된다. 중요한 것은 미련한 자의 입에는 지혜가 없다는 것이다.

[26:10] 장인이 온갖 것을 만들지라도 미련한 자를 고용하는 것은 지나가는 행인을 고용하는 것과 같으니라

10절의 히브리어는 확실히 "미련한 자" 혹은 "지나가는 행인"을 고용한 주인에 대한 경고이지만 명료하지는 않다. 이처럼 무분별한 자는 "온갖 것을 만드는 장인"과 같다. 미련한 자들을 고용하는 것은 그들을 더욱 미련하게 만드는 것이다.

[26:11] 개가 그 토한 것을 도로 먹는 것 같이 미련한 자는 그 미련한 것을 거듭 행하느니라

11절은 미련한 자의 행위를 설명하기 위해, 베드로는 배교한 신자를 묘사하기 위해 "토한 것을 도로 먹는 개"의 이미지를 사용한다(벧후 2:22). 이 비유는 매우 불쾌함을 유발하는 것이며, 미련한 자와 타락한 기독교인이 바로 그러함을 나타낸다. 미련한 자와 타락한 자 모두 예전의 더러운 습성과 신념으로 다시 돌아간 자이다.

[26:12] 네가 스스로 지혜롭게 여기는 자를 보느냐 그보다 미련한 자에게 오히려 희망이 잇느니라

12절은 미련한 자보다 더 나쁜 것은 자만하는 자라고 말한다. 그러한 사람은 너무 자만해서 어떤 이의 말도, 심지어 그가 죄인임을 알려주는 이의 말도 들을 수 없다. 죄를 인정하지 않는 사람은 구세주를 구하지 않는다. 자만은 사탄의 가장 강력한 무기이다. 구원이 필요하다고 생각하지 않는 사람들이야 말로 참으로 구원이 필요한 이들이다.

[26:13] 게으른 자는 길에 사자가 있다 거리에 사자가 있다 하느니라

13-16절은 모두 "게으른 자"에 대해 말한다. 13절은 잠언 22:13과 유사하다. 이 사람은 "길에"있는 한 사자와 "거리에"있는 다른 한 사자에 대해 걱정하고 있다. 게으른 자는 사자 울음소리가 들린다는 억지스러운 변명을 댄다.

[26:14] 문짝이 돌쩌귀를 따라서 도는 것 같이 게으른 자는 침상에서 도느니라

14절은 게으른 자의 침상에서의 행동을 문짝이 돌쩌귀를 따라서 도는 것에 비유한다. 그는 마치 무엇인가 생산적인 일을 하기 위해 일어날듯이 보이지만 다시 눕는다. 그는 단순히 침상에서 나오고 일을 진행하기 위해 필요한 야망, 박력, 자기훈련이 부족한 것이다.

[26:15] 게으른 자는 그 손을 그릇에 넣고도 입으로 올리기를 괴로워하느니라

15절은 잠언 19:24과 매우 비슷하다. 이 게으른 자는 너무 어리석어 그릇에서 입으로 음식을 가져올 수 없기 때문에 굶어 죽을지도 모른다.

[26:16] 게으른 자는 사리에 맞게 대답하는 사람 일곱보다 자기를 지혜롭게 여기느니라

16절은 게으른 자를 설명하기 위해 "자기를 지혜롭게 여기는"이라는 표현을 사용한다. 이 자는 너무 현명해서 일곱 사람도 앞설 수 있다고 생각하지만, 사실 일곱 사람의 "사리에 맞는" 대답들에 필적할 만한 능력은 전혀없다.

[26:17] 길로 지나가다가 자기와 상관없는 다툼을 간섭하는 자는 개의 귀를 잡는 자와 같으니라

타인의 일에 간섭하는 자는 마치 개의 귀(헬라어 번역은 개의 꼬리)를 잡아 문제를 일으키려는 자와 같다. 미련한 자는 싸우는 이들 사이에 끼어 들려고한다. 그들은 그의 중재에도 오히려 화난 개처럼 그를 적대할 지도 모른다.

[26:18-19] 횃불을 던지며 화살을 쏘아서 사람을 죽이는 미친 사람이 있나니 자기의 이웃을 속이고 말하기를 내가 희롱하였노라 하는 자도 그러하느니라

유머는 하나님의 기쁜 선물이지만 오용될 수 있다고 18, 19절은 말하고 있다. "자기 이웃을 속이고 내가 희롱하였노라"라고 말하는 자는 치명적인 무기를 갖고 있는 미친 사람과 같다. 비록 이 자가 장난을 쳤을지라도 그것은 결코 재밌지 않을 것이다. 좋은 유머는 다른 사람의 불쾌함에 웃는 것이 아니다. 여기서 짓궂은 사람은 무감각하며 도덕적 판단 능력도 없는 자임을 보여준다.

[26:20] 나무가 다하면 불이 꺼지고 말장이가 없어지면 다툼이 쉬느니라

나무가 없어 꺼진 불과 말장이가 없어진 다툼 간의 비교는 놓쳐서는 안될 좋은 교훈을 담고 있다. 둘 중 하나가 없다면 결코 다른 하나도 있을 수 없다. 20절은 말장이를 주제로 한 세 절들 중(잠 26:20-22) 첫 번째이다. 말장이는 다툼의 연료와 같다.

[26:21] 숯불 위에 숯을 더하는 것과 타는 불에 나무를 더하는 것과 같이 다툼을 좋아하는 자는 시비를 일으키느니라

21절도 계속해서 "나무와 불"의 이미지를 이용해 말장이의 주제를 이어간다. 그러나 여기에는 숯불 위에 숯을 더하고 다툼에 싸움을 좋아하는 자의 이미지가 덧붙여진다. 문제를 일으키는 자나 싸움을 좋아하는 자들은 실제로 시비를 뜨겁게 달군다(히브리어로 "일으킨다"는 문자적으로는 "뜨겁게 하다"이다). 심지어 오늘날 우리도 화난 사람들을 같은 상징인 불 혹은 불타는 것과 연결하는 경향이 있다. 격해지고 성급해진 사람들 사이의 "뜨거워진 논쟁"이라는 표현을 생각해보라!

[26:22] 남의 말하기를 좋아하는 자의 말은 별식과 같아서 뱃속 깊은 데로 내려가느니라

22절은 잠언 18:18과 동일하다. 그러나 여기서는 앞의 절들과 더 조화를 이룬다. 그 교훈은 명료하다. 남의 말하기를 좋아하는 자는 나쁘고 악의가 있는 그러한 "별식"을 거의 자제하지 못한다.

[26:23] 온유한 입술에 악한 마음은 낮은 은을 입힌 토기니라

23절은 단번에 이해하기 어렵지만, 성경에 많은 문제를 지닌 지역들을 밝히는 시리아 해안을 따라 발견된 고고학적 발견들은 이 절을 이해

하는 데 도움을 준다. 옛 번역들은 "낮은 은을 입힌 토기"로 번역하지만 (개역개정이 그러하다-역주) 오늘날은 "유약을 바른 토기"로 번역한다. 사람들은 그들의 도자기를 윤이 나게 하기 위해 유약에 담근다. 윤이 나는 도자기는 이 절에서 "온유한 입술에 악한 마음"으로 비유되고 헬라어 번역은 "온유한" 대신에 "부드러운"으로 읽는다. 그러나 그 이 불확실한 단어의 의미가 무엇이든지, 이 잠언의 교훈은 명백하다. 이러한 입의 위선은 저속하고 세속적인 마음을 가지고 있지만 겉만 꾸미는 것이다. 예수는 이를 "회칠한 무덤"이라고 했다(마 23:27).

[26:24-26] 원수는 입술로 꾸미고 속으로 속임을 품나니 그 말이 좋을 지라도 믿지 말것은 그 마음에 일곱가지 가증한 것이 있음이니라 속임으로 그 미움을 감출지라도 그의 악이 회중앞에 드러나리라

24-26절은 23절의 주제와 더불어 위선자에 대한 경고를 확장한다. 이 세 절 모두 이러한 악을 가진 자는 너무 영리하여 좋은 말로 입술을 꾸미고 그 악의를 감춘다고 설명한다. 위선의 본질은 "꾸밈"이다. 보여주는 것과 감춘 것이 다르다. 이 사람은 끓어오르는 증오로 가득찬 마음을 갖고 있으나 아첨의 말을 한다.

그러나 그는 결국 드러난다. 사람들은 그의 거짓말을 통해 어떤 자인지 알아보고 그의 악을 폭로한다. 하지만 폭로는 그의 회개, 용서, 회복이라는 결과를 가져올 것이다.

[26:27] 함정을 파는 자는 그것에 빠질 것이요 돌을 굴리는 자는 도리어 그것에 치이리라

누군가를 함정에 빠뜨리기 위해 함정을 파는 자는 자신이 거기에 빠질 것이라는 이미지는 시편에도 있다(시 7:15; 9:15; 57:6). 돌을 굴리는 자를 치는 돌이라는 것은 인과응보, 즉 모든 것은 대가를 치른다는 자

연의 이치를 말한다. 우리가 자연의 질서를 어지럽히면 바로 그 자연의 질서에 의해 앙갚음을 당할 것이다. 후반부의 이미지는 신화 속의 인물, 고린도의 왕이었던 시지푸스를 생각나게 한다. 그는 언덕으로 돌을 굴려 올려야 했지만 정상에 이르기 전에 그것은 굴러 떨어진다.

[26:28] 거짓말하는 자는 자기가 해한 자를 미워하고 아첨하는 입은 패망을 일으킴이니라

앞의 열두 개의 절에 나타난 악한 혀라는 테마는, "거짓말하는 자"와 "아첨하는 입"은 상처와 패망을 가져온다는 마지막 경고를 주면서 28절에서 끝난다. 우리는 여기서 "패망"을 겪는 이가 거짓말한 자인지 피해자인지 확실히 알 수 없다. 이 절의 첫 부분은 피해자를 암시하지만 27절이나 기타 절들은 거짓말하는 자 자신이 패망하게 된다고 말한다.

[27:1] 너는 내일 일을 자랑하지 말라 하루동안에 무슨 일이 일어날는지 네가 알 수 없음이니라

27장의 첫 절은 자주 인용된다. 삶을 당연하다고 생각하지 말고, 일어나지 않을 지도 모르는 것에 대해 확실히 자랑하지 말라며 불길한 어조로 경고한다. 이 절은 장기적인 계획에 대해 고발하는 것이 아니라 우리 삶의 모든 일들을 통제할 수 있다는 자신만만한 태도에 대한 경고이다.

[27:2] 타인이 너를 칭찬하게 하고 네 입으로는 하지 말며 외인이 너를 칭찬하게 하고 네 입술로는 하지 말지니라

2절의 가르침은 명백하지만 실천하기는 어렵다. 자신을 칭찬하는 사람은 다른 사람을 칭찬할 수 없다. 그는 자만을 드러낸다. 정의상, 칭찬은 타인에게 받는 것이다. 그러나 우리가 얼마나 많이 정당한 방법으로

우리 자신을 칭찬한적이 있던가! 인맥, 경험, 소유 등을 넌지시 자랑하는 것 모두가 교만의 표현이다.

[27:3] 돌은 무겁고 모래도 가볍지 아니하거니와 미련한 자의 분노는 이 둘보다 무거우니라

3절의 돌과 모래는 고대 이스라엘 사람들이 아주 잘 알았던 이미지들이다. 그 가볍지도 않고 무거운 많은 문제들은 미련한 자에 의해서 야기되었다. 사실 얼굴에 날리는 사막의 모래와, 땅이 경작되기 전에 제거되어야만 하는 바위들 조차도 "미련한 자의 분노" 만큼이나 화나는 것은 아니다.

[27:4] 분은 잔인하고 노는 창수같거니와 투기 앞에야 누가서리오

4절은 3절과 같은 구조를 사용하고 있다. 투기도 역시 3절의 그 둘보다 무거우며 또한 분이나 노함은 투기에 포함된다.

[27:5] 면책은 숨은 사랑보다 나으니라

5절은 사랑 안에서의 비판이라는 섬세한 일을 설명하는 "보다 나은" 형태의 잠언이다. 종종 우리는 아는 사람이 잘못하고 있는 것에 대해서 확실히 말하지 못한다. 우리는 솔직하게 그를 비판해야 하는가, 아니면 입을 다물고 침묵을 지켜야 하는가? 5절은 만약 그 사람에 대한 우리의 사랑이 특별하다면 그를 바로 잡아 주어야 한다고 말한다.

[27:6] 친구의 아픈 책망은 충직으로 말미암는 것이나 원수의 잦은 입맞춤은 거짓에서 난 것이니라

히브리어로 6절은 완벽한 대조를 이루는 평행이다. 친구는 적과, 책망은 입맞춤과, 충직은 거짓과 짝을 이룬다.

책망은 친구로부터, 입맞춤은 적으로부터 오는 것을 알지만 얼마나 쉽게 입맞춤을 받아들이고 책망을 거절하는가! 우리는 고통을 아주 두려워 한다. 비판을 받아들이는 것을 배우는 지혜로운 사람들에 대한 많은 잠언의 가르침을 여기서 다시 생각해보라.

[27:7] 배부른 자는 꿀이라도 싫어하고 주린 자에게는 쓴것이라도 다니라

7절은 먹는 것에 대해 이야기하고 있지만 그것은 단순한 의미가 아니다. 배고픈 사람은 쓴 것일 지라도 만족하는 반면, 배부른 사람은 꿀을 거절한다. 여기서 묘사하는 바는 삶의 불평등인가? 너무 많아 더 원치 않는 사람은 누구이며, 너무 부족해서 작은 것에도 기뻐하는 자는 누구인가? 틀림없이 오늘날의 이러한 양극단을 화해시키기 위한 길이 있을 것이다.

[27:8] 고향을 떠나 유리하는 사람은 보금자리를 떠나 떠도는 새와 같으니라

8절은 집을 떠난 사람을 둥지를 떠난 새에 비유하고 있다. 어떤 성경 해석자들은 이 교훈이 근거 없는 불안에 대한 설명이라고 말한다.[2] 예전에는 어땠을지 모르는 인물이지만 집을 떠났다고 반드시 악한 행동을 하는 것은 아니다. 진짜 문제는 그가 떠난다면 그를 사회의 필요한 구성원으로 만드는 모든 관계에서 분리된 것이다. 그는 더 이상 가족, 사회, 단체의 소속이라고 느끼지 못한다. 오늘날 변하기 쉬운 사회의 가장 비극적인 결과 중 하나는 사람들이 수년마다 우정의 끈에서 분리되고 친밀한 환경을 포기하고 새로운 삶의 방식에 맞춰야만 하기 때

---

2 William McKane, *Proverbs*, p. 612.

문에 더 이상 그들에게는 집이라고 부를 수 있는 장소가 없다는 것이다. 이러한 정처없는 상태는 반제도주의(anti-institutionalism)에 기여하며 가정을 파괴한다.

[27:9] 기름과 향이 사람의 마음을 즐겁게 하나니 친구의 충성된 권고가 이와 같이 아름다우니라

9절의 후반부의 히브리어는 너무 불분명해서 어떤 번역도 주의 깊게 살펴져야 한다. 비록 다양한 번역이 제공되더라도 가장 합리적으로 보이는 것은 후반부를 전반부와 맞추는 것이다(개역개정의 번역이 이와 같다-역주).

[27:10] 네 친구와 네 아비의 친구를 버리지 말며 네 환난 날에 형제의 집에 들어가지 말지어다 가까운 이웃이 먼 형제보다 나으니라

10절은 분명히 대부분의 잠언보다 길고 두 절로 나누어 질 수 있다. 첫 번째 부분은 우정과 세대를 거쳐 친구들과 친분을 돈독히 해야만 하는 책임감에 대해서 말하고 있다.

그 절의 두 번째 부분은 우리가 어려움에 빠졌을 때 육체적으로 가까운 사람으로 부터 도움을 청해야 함을 우리에게 상기시켜 준다. 멀리 떨어져 있는 혈연관계는 가까이에 있는 이웃보다 훨씬 못하다. 이 절은 또한 감정적으로 서로 멀리 떨어져있는 형제와, 마음으로 형제와 같은 친구를 대조적으로 언급하고 있다(잠 18:24 참조).

[27:11] 내 아들아 지혜를 얻고 내 마음을 기쁘게 하라 그리하면 나를 비방하는 자에게 내가 대답할 수 있으리라

11절의 첫 번째 문구는 많은 여러 잠언들과 비슷해 보인다. 아버지나 스승은 자식이나 제자가 지혜롭게 되기를 원하고 기쁨을 가져다주

길 바란다. 그러나 두 번째, 가운데 문구는 새로운 사고를 담고 있는데, "비방하는 자"라는 말은 시편 69:9; 119:42에 쓰였다. 그의 지혜로 그 아버지에게 기쁨을 주는 아들은 또한 그 아버지로 하여금 누구에게라도, 특히 그 아버지를 비난하는 자에게 당당할 수 있는 기쁨을 준다.

[27:12] 슬기로운 자는 재앙을 보면 숨어 피하여도 어리석은 자들은 나가다가 해를 받느니라

12절은 잠언 22:3과 비슷하다. 어리석은 자들은 그들의 부주의함으로 인해 해를 받는다.

[27:13] 타인을 위하여 보증 선 자의 옷을 취하라 외인들을 위하여 보증 선 자는 그의 몸을 볼모 잡을지니라

13절은 잠언 20:16과 같다. 당신은 반드시 "변덕스러운 여인"과 같은 위험한 배우자와 공동서명한 자로부터 담보물(예를 들면, 옷)을 취해야 한다.

[27:14] 이른 아침에 큰 소리로 자기 이웃을 축복하면 도리어 저주 같이 여기게 되리라

14절은 아침 일찍 일어난 자는 아직 자고 있을지도 모르는 이웃들에 대해서 민감해야 한다고 말한다. 모든 것들, 심지어 축복하고 칭찬하는 것조차도 적당한 때가 있다(전 3:1-8). 큰소리로 노래하거나 과도하게 "하나님을 찬양" 하는 것은, 그것이 비록 진실할지라도, 결코 이웃들의 권리를 침해해서는 안 된다. 찬양할 때도 지혜가 필요하다.

[27:15-16] 다투는 여자는 비오는 날에 이어 떨어지는 물방울이라 그를 제어하기가 바람을 제어하는 것 같고 오른손으로 기름을 움키는 것 같으니라

15, 16절의 "다투는 여자"는 잠언 19:13에서 언급된 사람과 동일인이나, 여기에서는 그녀에 관해 더 많은 것이 언급되고 있다. 그녀는 "비오는 날에 이어 떨어지는 물방울"에 비견될 수 있다. 누구도 그녀가 불평하는 것을 막을 수 없다. 그녀를 제어하기가 "바람을 멈추게 하는 것" 같고 "손으로 기름을 움켜잡으려고 애쓰는 것" 과 같다. 그녀를 다루는 유일한 방법은 그녀의 분노가 가라앉을 때까지 떨어져 있는 것이다(잠 21:9, 19 참조).

[27:17] 철이 철을 날카롭게 하는 것 같이 사람이 그의 친구의 얼굴을 빛나게 하느니라

17절의 "날카롭게 하다"(후반부의 "빛나게 하다"와 단어가 같다)는 성경에서 단지 6번 정도 밖에 나타나지 않는다(합 1:8; 겔 21:9-11). 여기에서의 이미지는 다음과 같은 것들로 연상된다. 칼이 다른 연장들에 의해 날카로워지는 것 같이 학자, 예술가, 운동선수들은 각자 서로에 대한 경쟁과 아이디어의 교환, 건설적인 비판을 통해 "날카롭게" 된다.

[27:18] 무화과나무를 지키는 자는 그 과실을 먹고 자기 주인에게 시중드는 자는 영화를 얻느니라

18절은 보상에 관해 말하고 있다. 여기에서의 교훈은 상징적이며 동시에 문자적이다. 우리는 수확을 얻기 위해서 뿐만아니라 영화롭게 되기 위해서도 밭을 경작하고 열심히 일한다. 심지어 우리의 하늘의 주도 자신을 영화롭게 하는 자를 영화롭게 대한다.

[27:19] 물에 비치면 얼굴이 서로 같은 것 같이 사람의 마음도 서로 비치느니라

물웅덩이에 비치는 잔상은 거짓말하지 않는다고 19절은 말한다. 사람의 감정 혹은 마음도 소위 그 자신과 뭔가 다르게 드러나는 것은 아니다. 이 절의 히브리어 원문에는 동사가 없고 두 쌍의 단어들만 반복되어 모호한 형태를 띈다. 하지만 의미는 잘 알 수 있다. 우리의 행위가 우리 내면에서 무슨 일이 일어나고 있는지를 다른 이들에게 말해준다.

[27:20] 스올과 아바돈은 만족함이 없고 사람의 눈도 만족함이 없느니라

스올과 아바돈 같은 죽음의 장소들은 항상 더 많은 것을 원한다. 인간들의 지나친 욕구 역시 결코 만족되지 않는다. 만족하지 않는 눈과 스올과 아바돈 간의 비교는 비난을 목적으로 한다. 스올과 아바돈, 즉 묘지에는 부가 행복을 가져다 줄 것이라고 여전히 믿다가 죽은 자들로 가득하다.

[27:21] 도가니로 은을, 풀무로 금을, 칭찬으로 사람을 단련하느니라

21절의 전반부는 잠언 17:3과 동일하다. 후반부의 의미는 약간 불확실하다. 이 칭찬은 그가 받은 칭찬을 의미하는가, 아니면 칭찬하는 어떤 대상(꼭 사람이 아니더라도)을 의미하는가? 만약 후자의 의미가 옳다면 우리들을 흥분시키고 즐겁게 하는 것들은 과연 칭찬할 만한 것들인지 자문해야한다. 우리는 돈과 시간을 들여 무엇을 보고 무엇을 하는가? 예수는 "너희 보물 있는 곳에는 너희 마음도 있으리라"고 말했다(눅 12:34).

[27:22] 미련한 자를 곡물과 함께 절구에 넣고 공이로 찧을지라도 그의 미련은 벗겨지지 아니하느니라

일부 영어 번역들은 이 절의 중간 부분, 곡물을 공이로 찧는 것을 생략하여 문장 전체를 의역한다. 어떤 번역이 사용되었든지 간에 이 절의 교훈은 명백하다. 미련한 자들은 완고해서 비록 그들이 절구 안에 있을지라도 그들의 미련함을 여전히 단념하지 않는다. 유대 격언 중에는 "술 주정뱅이는 언젠가 술을 깨지만 미련한 자는 늘 미련하다"는 말이 있다.

[27:23-27] 네 양 떼의 형편을 부지런히 살피며 네 소 떼에게 마음을 두라 대저 재물은 영원히 있지 못하나니 면류관이 어찌 대대에 있으랴 풀을 벤 후에는 새로 움이 돋나니 산에서 꼴을 거둘 것이니라 어린 양의 털은 네 옷이 되며 염소는 밭을 사는 값이 되며, 염소의 젖은 넉넉하여 너와 네 집의 음식이 되며 네 여종의 먹을 것이 되느니라

23-27절의 아름다운 작은 한 묶음으로써 전원 생활로부터 끌어낼 수 있는 교훈들을 가르친다. 이 구절들은 다섯 마리의 동물들과(23, 26, 27절)과 세 종류의 풀들(25절)을 포함하여 농장 용어들로 풍부하다. 가축에 대한 투자는 다른 재물보다는 덜 위험하다고 23, 24절은 말한다. 이러한 관점은 부에 대해 초월해야 된다는 중압감을 지니는 반면, 명백한 농업적 성향을 띄는 고대 이스라엘인들의 생각을 반영한다(잠 10:2; 13:11; 18:11; 20:21; 21:6; 28:20, 22 참조). 가축은 잘 돌보아져야 하고, 밭도 잘 가꾸어져, 언제라도 추수할 수 있도록 뿌려진 씨앗들이 풍작을 거둘 수 있어야 한다. 알맞은 때에 꿀을 수확해 양과 염소들에게 먹이를 준다면 그것들은 차례로 털과 젖을 제공하며 더 많은 땅(밭)을 살 수 있게 해준 것이다.

이 글의 주요 교훈은 우리가 우리의 재산을 적절히 돌보아야 하고 가축이 우리를 위해 일할 수 있도록 계획적으로 반드시 지혜를 이용해

야 한다는 것이다. 건강한 동물들, 비옥한 벌판, 시기적절한 수확, 거둔 것들의 지혜로운 사용 등, 모든 것들에 지혜가 필요하다.

[28:1] 악인은 쫓아오는 자가 없어도 도망하나 의인은 사자 같이 담대하니라

악인은 왜 그를 쫓아오는 사람이 없어도 도망가는가? 아마도 그가 나쁜 마음을 갖고 있기 때문일 것이다. 하나님은 만약 그의 백성들이 불순종한다면 그들도 비록 적이 없을지라도 도망할 것이라고 말씀하신다(레 26:17 또한 신 28:25; 32:30 참조). 반면, 의인은 "사자처럼 담대해서" 악인을 누를 수 있는 준비가 돼 있다. 그들의 용기는 그들 곁에 계신 하나님으로부터 나온다. 그들의 근거는 틀림없다. 작은 용기만 있어도 적을 패배시킬 수 있다(레 26:7, 8).

[28:2] 나라는 죄가 있으면 주관자가 많아져도 명철과 지식 있는 사람으로 말미암아 장구하게 되느니라

고대 이스라엘의 진리였던 것은 오늘날에도 진리이다. 불안정과 경제적 어려움은 나라에 정치적 조직과 통치를 흔드는 일종의 불안을 초래하지만 현명하고 박식한 지도자(솔로몬 같은)는 치안을 유지한다. 2절은 이스라엘의 역사를 생생하게 설명해 준다. 일반적으로 왕이 선하면 오래 통치하며 나라도 번성해진다. 그러나 악한 왕들은 빨리 폐위되고 나라는 외부의 박해자 들에 의해 혹은 내부의 가뭄과 기근으로 고통받게 된다.

[28:3] 가난한 자를 학대하는 가난한 자는 곡식을 남기지 아니하는 폭우 같으니라

3절은 불명확한 단어 하나를 사용한다. 학대하는 "가난한 자"인가,

아니면 학대하는 "관원"인가? 단어의 선택과 상관없이 핵심은 "곡식을 남기지 아니하는 폭우와 같은" 사람이다. 그는 잔인하고 어리석고 비열하다. 그는 누군가가 스스로를 발전시킬 수 있는 재산마저도 파괴한다.

[28:4] 율법을 버린 자는 악인을 칭찬하나 율법을 지키는 자는 악인을 대적하느니라

28장에서의 가장 지배적인 테마는 "율법과 국가에 대한 순종" 이다. 4절의 대조적인 평행은 율법을 버린 자와 율법을 지키는 자를 비교한다. 율법은 악인으로부터 의인을 보호한다. 악인들은 율법에 대항하며 율법을 지키는 자들은 악인에 대항한다. 덧붙여 말해 여기에서 율법이란 단어는 "토라"이기에 이는 시민법이기보다는 오히려 성경의 모든 가르침이라고 추론할 수 있다.

[28:5] 악인은 정의를 깨닫지 못하나 여호와를 찾는 자는 모든 것을 깨닫느니라

5절의 교훈은 바로 앞의 절과 매우 같다. 악인은 정의를 깨닫지 못하지만 여호와를 찾는 자 또는 여호와의 율법을 지키는 자는 정의를 깨닫는다. 여기에서 정의(Justice)란 단어는 법률적 의미 그 이상이다. 여기서 말하는 정의는 법률적 의미를 포함하며 더 나아가 도덕적이고 종교적인 규범까지 암시한다.

[28:6] 가난하여도 성실하게 행하는 자는 부유하면서 굽게 행하는 자보다 나으니라

6절은 잠언에서 보이는 전형적인 일반성의 원리를 드러내는 구절이다. 삶에는 모든 가능한 조합들이 있는데 우리는 여기에서 단지 두 가지를 볼 수 있다. 지혜로운 자는 부유하고 불성실한 사람보다 가난하여도 성실한 자가 낫다고 말한다. 당연히 우리는 부와 성실, 둘 다 택해야 한다(솔로몬처럼!). 그러나 그 후에 아마도 그는 물었을 것이다, "더 중요한 것은 무엇인가? 부인가, 아니면 성실함인가?

[28:7] 율법을 지키는 자는 지혜로운 아들이요 음식을 탐하는 자와 사귀는 자는 아비를 욕되게 하는 자니라

7절은 새로운 설명을 소개한다. 아들에게 율법을 지키도록 하여 아들로 하여금 "음식을 탐하는 자와 사귀는 자"(JB는 "방랑자"로, TEV는 "쓸모 없는 자"로 번역)가 되지 않도록 충고한다. 음식을 탐하는 자는 술주정뱅이, 게으름뱅이, 게으름과 사치로 인해 가난해진 자(잠 23:20, 21) 등을 나타낸다. 그런 사람들의 주위를 배회하는 아들은 그들처럼 되어 그의 아비와 가르침을 욕되게 한다.

[28:8] 중한 변리로 자기 재산을 늘이는 것은 가난한 사람을 불쌍히 여기는 자를 위해 그 재산을 저축하는 것이니라

8절은 잠언에서 유일하게 이자에 관하여 언급하는 구절이다. 실제로 모세의 율법은 이자(고리대금)를 금한다(출 22:25; 레 25:36, 37; 신 23:19). 그러나 사실상 이 잠언은 터무니없는 이자(변리)를 부과한 사람에게 무슨 일이 일어났는지를 말하지만 이자를 받는 것을 금지하지 않는다. 처벌은 참으로 적절하다. 그가 축적한 재산은 가난한 자들에게 재분배될 것이다. 사실 누가 그를 법정으로 데려가 그의 죄를 확인하겠는가? 상속인 없이 죽겠는가? 하나님이 갑자기 그가 죽기를 바라시겠는가? 실제로 이와같은 일들이 일어날지는 중요한 것이 아니다. 하지만 그들은 뿌린대로 거둘 것이다.

[28:9] 사람이 귀를 돌려 율법을 듣지 아니하면 그의 기도도 가증하니라

만약 우리가 히브리인의 "듣다"와 "순종하다"가 같은 단어임을 안다면 9절에서 "듣지 않는다"는 말의 의미는 더욱 심각해진다. 둘 중 어느 것 하나를 하지 않으면 둘 다 하지 않는 것과 마찬가지인 경우이다. 단순히 말해 이 잠언은 만약 우리가 하나님께 귀 기울이지 않고 순종하지도 않는다면 하나님도 우리가 기도할 때 우리에게 귀 기울이지 않는다고 말한다.

[28:10] 정직한 자를 악한 길로 유인하는 자는 스스로 자기 함정에 빠져도 성실한 자는 복을 받느니라

10절은 번역가에 따라 세 문장 혹은 네 문장으로 나누어지는데, 그러한 차이가 나는 이유는 일부 번역가들이 세 문장을 불완전한 것으로 보기 때문이다. 그것의 길이와 상관없이 여기에서의 교훈은 분명하다. 악을 행하는 것은 충분히 나쁜 짓이지만 또한 다른 사람들을 속여 악을 행하게 하는 것도 증오할만 하여 즉시 처벌받는다. 반면, "성실한 자"는 악인처럼 처벌받는 것이 아니라 대신에 복을 받을 것이다(잠 26:27 참조).

[28:11] 부자는 자기를 지혜롭게 여기나 가난해도 명철한 자는 자기를 살펴 아느니라

11절에서 "자기를 지혜롭게" 여기는 부자는 모든 것을 안다고 자만하나, 통찰력을 가진 가난한 자는 아마도 "자신을 살펴" 알 수 있다. 우리는 부유하고 유명한 자의 겉모습에서 "통찰력"을 볼 수 있을까? 가끔씩 우리는 돈을 버는 능력, 예를 들어, 운동 선수가 득점을 한다던가 청중들을 전율시키는 기술들을 지혜와 동등시하진 않는가? 우리는 겉모습만으로 진정한 자신을 볼 수 있는가?

"지붕 위의 바이올린"(Fiddler on the Roof)이란 영화의 명대사 중 "당신이 옳든 그르든 그것은 중요하지 않아. 돈이 생기면 그때 진짜 자신의 모습을 발견하게 될 거야"가 있다. 우리는 더 잘 알아야만 한다. 우리는 스스로를 잘 알고 있는가?

[28:12] 의인이 득의하면 큰 영화가 있고 악인이 일어나면 사람이 숨느니라

12절은 다른 절들과 비슷하지만 동시에 다른 절들과 두드러지게 차이가 난다. 12절은 의인이 득의하면 영화가 수반되나 대조적으로 악인이 힘을 갖게 되면 두려움이 생긴다고 말한다. 정직한 지도자들에 의해 통치되는 강하고 안정적인 나라는 굉장한 축복을 받는다. 그러나 이 세상의 훨씬 많은 사람들은 부당한 지도자들의 횡포로 괴로워한다. 악인이 통치할 때 "숨는 것"이 가장 지혜로운 행동일 것이다. 그들은 "숨어서" 그러한 횡포가 가져 올 통치의 실패의 씨앗이 언젠가 싹이터서 열매 맺기를 소망한다.

[28:13] 자기의 죄를 숨기는 자는 형통하지 못하나 죄를 자복하고 버리는 자는 불쌍히 여김을 받으리라

어떤 사람들은 규칙을 깨뜨린 죄인들이 항상 승리하며 반면, 규칙을 지킨 의인들은 항상 패배한다고 생각한다. 그러나 13절에서는 반대이다. 만약 당신이 인생에서 성공하기를 원한다면 반드시 그 규칙들을 지켜야 한다. 이 잠언은 대조적인 평행으로 "죄를 숨기고 형통하지 못한 자"와 "죄를 자복하고 불쌍히 여김을 받는 자" 간의 절묘한 비교를 이룬다. 사도 요한은 편지를 쓰며 이 구절을 떠올렸을지도 모른다(요일 1:8, 9 참조).

[28:14] 항상 경외하는 자는 복되거니와 마음을 완악하게 하는 자는 재앙에 빠지리라

14절의 몇몇 번역들은 "여호와"를 첨가한다. 그렇다면 이것은 "항상 여호와를 경외하는 자는 복되거니와"로 읽을 수 있다.

[28:15] 가난한 백성을 압제하는 악한 관원은 부르짖는 사자와 주린 곰 같으니라

이 장에서의 많은 다른 부분들처럼 15절도 가혹한 정부에 관하여 말하고 있다. 12절에 의하면 사람들은 악인이 통치할 때는 숨었으며 또한 마땅히 그래야만 한다. 이들 사나운 동물들은 잔인한 통치자들의 생생한 예이며 팔레스타인에서 매우 흔하다(잠19:12; 20:2 참조).

[28:16] 무지한 치리자는 포학을 크게 행하거니와 탐욕을 미워하는 자는 장수하리라

16절도 통치자에 관해서 얘기하고 있으며 여기에서 "무지한 치리자"를 비난하며 동시에 "탐욕을 미워하는 자"를 칭찬한다. 무리한 치리자는 생각이 짧은 반면, 잔인함을 오랫동안 간직하지만 올바른 생각을 가진 자는 장수할 것이다.

[28:17] 사람의 피를 흘린 자는 함정으로 달려갈 것이니 그를 막지 말지니라

여기에서 등장하는 인물은 살인자이다. 그는 죄책감으로 고통받고 있기에 자살하고자 애쓴다("함정"은 죽음을 의미한다!). 이 절의 마지막 부분에선 정말로 이 불쌍한 자를 돕지 말라고 충고하는 것일까? 그럴지도 모른다! 범죄를 조력하거나 선도하는 것은 그 자체로 범죄가 된다. 이 절은 또한 우리가 인간이 자신을 스스로 처벌하는 것을 방해하지 않

아야 한다고 설명한다. 누구도 예수를 배반한 후 유다가 스스로 목메고 죽는 것을 멈추려고 하지 않았다. 이 잠언의 다른 번역들을 참고하라.

> 살인자의 양심은 그를 지옥으로 몰아 넣는다. 그를 멈추지 말라 (LB).
> 살인자는 체포를 피하고자 우물 안으로 뛰어들 것이다(NEB).
> 살인자는 그가 할 수 있는 한 빨리 그 자신의 무덤을 판다. 그를 멈추려고 애쓰지 마라(TEV).
> 살인자는 함정으로 도피하나 아무도 그를 돕지 안을 것이다(Beck).

[28:18] 성실하게 행하는 자는 구원을 받을 것이나 굽은 길로 행하는 자는 곧 넘어지리라

히브리어 원문으로는 "두 갈래 길에서 굽은 길로 행하는 자가 있다. 그는 곧 넘어질 것이다"이다. 번역 안에서 이 문장의 의미가 모호해지는 경우가 있다. NIV는 굽은 길로 행하는 자는 "갑자기 넘어질 것이다"라고 말한다. 여기에는 원문의 생생한 묘사가 잘 나타나지 않는다. 두 길 중에서 굽은 길로 행하는 자는 위선적이며 일구이언하는 자이다. 마치 지킬박사와 하이드와 같다. 언젠가 그의 위선적인 인생은 그의 발목을 잡게 될 것이다.

[28:19] 자기의 토지를 경작하는 자는 먹을 것이 많으려니와 방탕을 따르는 자는 궁핍함이 많으리라

19절에는 같은 동사가 두 번 쓰였다. 열심히 일하는 자는 먹을 것이 "많아질 것이고" 반면, 쓸데없이 다른 것들을 따르는 자는 궁핍함이이 "많아질 것이다". 이 절은 마지막 두 단어들만 제외하면 잠언 12:11과 같다.

[28:20] 충성된 자는 복이 많아도 속히 부하고자 하는 자는 형벌을 면하지 못하리라

잠언은 종종 속히 부하고자 하는 자에 관하여 경고하며(잠 10:2; 13:11; 20:21; 21:6; 28:22) 성실함과 사회의 경제적 경계 내에서 장기적인 계획을 세우라고 가르쳐준다. 속히 얻은 부는 좋지 않은 결과를 초래한다. 돈을 다루는 방법은 천천히 그리고 오랜 경험을 통해서 숙련된다. 이것을 알지 못하는 자는 부는 기대하는 것과는 달리 짐이 될 뿐임을 발견할 것이다.

[28:21] 사람의 낯을 보아 주는 것이 좋지 못하고 한 조각 떡으로 말미암아 사람이 범법하는 것도 그러하니라

어떤 사람들은 많은 이들이 돈만 많이 준다면 훔치고, 살인하고, 매춘하고, 범법할 것이라고 말한다. 21절에서 범법하려는 자는 "빵(떡) 한 조각으로 잘못을 행하는 자"이다. 범법하는 자와 그 보잘 것 없는 보상 간의 대조는 가치의 대조를 강조하는 것이다. 하루하루의 삶에서 완전함, 도덕성, 정직, 성실함은 얼마나 중요한가? 우리는 "떡 한 조각"에 기꺼이 타협하지 않는가?

[28:22] 악한 눈이 있는 자는 재물을 얻기에만 급하고 빈궁이 자기에게로 임할 줄은 알지 못하느니라

22절은 모든 것을 가진 왕의 부에 대한 또 다른 경고이다. 만약 솔로몬이 약간 더 적은 부를 가졌더라면 하나님을 더 신실하게 섬길 수 있지 않았을까? 인색한 자(악한 눈이 있는 자)는 오직 재물을 얻기에만 급급하다. 부자가 되었기 때문에 인간의 인색함은 더욱 사라지지 않는다. 그러나 죽음이 그의 모든 것을 앗아간다면 그는 그야말로 가난한 자가 된 것이다.

[28:23] 사람을 경책하는 자는 혀로 아첨하는 자보다 나중에 더욱 사랑을 받느니라

감히 다른 사람을 꾸짖는 자는 일시적인 소외감을 일으킬지도 모른다. 그러나 23절은 그 사람이 진실로 현명하다면 그는 나중에 사랑을 받을 것이라고 말한다. 경책을 받아야만 하는 자에게 아첨하는 것은 바보를 독려하는 것과 같다. 지혜로운 자는 그 차이를 알며 충고를 고맙게 여긴다.

[28:24] 부모의 물건을 도둑질하고서도 죄가 아니라 하는 자는 멸망 받게 하는 자의 동류니라

부모의 물건을 도적질한 자는 생각할 가치도 없이 죄인이며, 뻔뻔스럽게 그것이 "죄가 아니다"라고 말하는 자는 전적으로 그런 도둑이나 마찬가지라고 24절은 말한다. 잠언은 그런 자는 멸망 받게 하는 자, 즉 악마같은 자라고 말한다.

[28:25] 욕심이 많은 자는 다툼을 일으키나 여호와를 의지하는 자는 풍족하게 되느니라

25절은 다툼을 일으키는 "욕심"에 관해 말하는데, 이것은 성급함(잠 15:18; 29:22), 험담(잠 16:28), 흥분(잠 26:21)이 어떻게 다툼을 일으키는지에 관한 이전의 테마를 반복한다. 이에 반대되는 태도는 하나님에 대한 신뢰이다. 이러한 영원적인 관점은 우리들에게 타인의 부족함을 효과적으로 다룰 수 있게하는 능력을 준다.

[28:26] 자기의 마음을 믿는 자는 미련한 자요 지혜롭게 행하는 자는 구원을 얻을 자니라

잠언 3:5은 앞서 "네 마음 다하여 여호와를 의지하고 네 명철을 의지하지 말라"고 우리에게 말해주었다. 26절은 "자신을 믿는 자는 미련한 자"라는 견해를 되풀이한다. 지혜롭게 행하는 자는 자신을 믿기보다, 그의 견해가 오류를 범하기 쉽고 죄에 의해 제한됨을 더 잘 알고 있다. 오직 하나님과 그의 지혜의 길만이 신뢰할 수 있다.

[28:27] 가난한 자를 구제하는 자는 궁핍하지 아니하려니와 못 본 체하는 자에게는 저주가 크리라

고대 세계, 즉 생명보험, 건강보험, 복지, 사회안전망 등이 없던 시대에 재정난에 허덕였던 사람들이 그 어려웠던 시기를 헤쳐나가기 위해서는 타인의 자선행위에 의존해야 했다. 오늘날은 우리의 모든 재정보조 제도의 복잡성으로 인해 가진 자들은 좀처럼 가난한 자와 접촉하지 않으며 심지어 그들은 도움을 베푸는 것조차도 알지 못한다. 성경 시대에 가난한 자들을 숨겨져있지 않았고 그들의 필요는 누구에게나 보여졌다. "못 본 체하는 자"는 그러한 자들을 의도적으로 보지 않으려는 자이다. 그렇게 자기 유도된 맹목과 냉혹함은 당연히 가난한 자로부터 저주를 받았다.

[28:28] 악인이 일어나면 사람이 숨고 그가 멸망하면 의인이 많아지느니라

28절의 전반부는 12절과 매우 비슷하지만 후반부는 다르다. 악인의 가혹한 통치가 끝나면 의인이 숨은 곳에서 나오며 더 나아가 통치를 하게 된다. 그렇게 해서 그 좋은 시기에 의인은 "성공하게"(NIV) 혹은 "많아지게"(RSV)된다.

[29:1] 자주 책망을 받으면서도 목이 곧은 사람은 갑자기 패망을 당하고 피하지 못하리라

우리는 충고에 대해 두 가지 입장을 취할 수 있다. 그것을 받아들이거나 혹은 거부하거나! 잠언 29:1은 만약 우리가 충고를 무시한다면 우리는 둔감해 지거나 목이 뻣뻣해져 다른 사람의 도움을 거절할지도 모른다. 결국 이것은 "불화의 씨앗"이 될 뿐이며, 이러한 자만은 언젠가 우리가 우리의 패망을 예방할 수 있는 치료제를 거부하게 만든다.

[29:2] 의인이 많아지면 백성이 즐거워하고 악인이 권세를 잡으면 백성이 탄식하느니라

2절은 의인이 통치하는 정부는 백성을 행복하게 하지만 악인의 통치는 백성을 탄식하게 만든다고 말한다. 사람들의 도덕성이 좋은 정부를 만든다. 따라서 우리가 선하지 않다면 정부가 악한 것에 대해 불평해서는 안 된다(잠 11:10; 28:12, 28 참고).

[29:3] 지혜를 사모하는 자는 아비를 즐겁게 하여도 창기와 사귀는 자는 재물을 잃느니라

3절은 앞선 장들에서 매춘부에게 정욕을 느끼지 말라고 아들에게 충고하는 아버지의 가르침을 상시시켜준다. 여기에서는 두 아들이 비교된다. 한 사람은 지혜를 사랑하고 아비를 즐겁게 하는 자이며, 다른 한 사람은 창기를 사랑하고 아비의 재물을 잃게 하는 자이다.

[29:4] 왕은 정의로 나라를 견고하게 하나 뇌물을 억지로 내게 하는 자는 나라를 멸망시키느니라

4절은 그의 아들 르호보암에 관한 솔로몬의 회고록과 거의 비슷하다. "원로들의 가르침을 버린" 르호보암은 백성들을 무거운 과세로 억

압하였고(대하 10:13-16), 뇌물을 억지로 내게하여 나라를 멸망시켰다. 반면, 솔로몬은 지혜롭고 정의로운 자로 알려져 있다. 예를 들면, 그가 살아있는 한 아기를 두고 싸우는 두 여인의 사건을 어떻게 해결했는지 살펴보자. 그러한 "정의"는 나라에 안정을 주었고 그로인해 이스라엘은 그 어떤 화려함과도 비교할 수 없는 황금 시대를 향유했다.

[29:5] 이웃에게 아첨하는 것은 그의 발 앞에 그물을 치는 것이니라

이 그물은 아첨하는 자에게 쳐 지는가, 아니면 그가 아첨한 자에게 쳐 지는가? 어떤 번역(TEV)에선 아첨하는 자 자신이 덫에 걸린다고 설명한다. 너무나도 아름다운 수많은 여인들과 단지 편지를 교환했을 뿐이라고 말하는 돈 쥬앙을 떠올려보라. 그 덫은 재빨리 이 말장이를 덮칠 것이다. 그러나 대부분의 번역에서 아첨 받은 자가 해를 당한다고 말한다. 아첨은 단지 누군가의 어리석음을 북돋우어 그가 지혜롭게 되는 것을 방해할 뿐이다.

[29:6] 악인이 범죄 하는 것은 스스로 올무가 되게 하는 것이나 의인은 노래하고 기뻐하느니라

6절은 또 다른 덫에 관해 이야기한다. 여기선 "그물" 대신에 "올무"가 쓰였다. 이 절은 "뿌린대로 거둠"에 관한 또 다른 잠언이다.

[29:7] 의인은 가난한 자의 사정을 알아 주나 악인은 알아 줄 지식이 없느니라

7절은 또 다른 대조적인 평행이다(이 장의 절반이 그러하다). 다른 이들에게 도움을 주며 측은히 여기는 것은 하나님과 함께 하는 올바른 관계로 나아가지만 악인은 죄로 인해 눈멀었기 때문에 가난한 자에게 둔감하다.

[29:8] 거만한 자는 성읍을 요란하게 하여도 슬기로운 자는 노를 그치게 하느니라

여기서 "거만한 자"(문자적으로는 조롱하는 자)를 가리키는 단어는 여기와 잠언 1:22에서만 사용되었다. 이러한 문제를 만드는 자들은 두드러지게 파괴적이다. 그의 조롱은 너무 강력해서 "성읍을 요란하게" 한다. 그는 정부와 통치자에 대해 분노하며 그들의 정책에 대해 항의하는 것일까?

반면, 슬기로운 자는 평화롭게 한다. 슬기로운 자는 정부의 정책에 동의하지 않을지도 모르나, 지혜를 이용해 공개적으로 "비판"할 수도 있고 "숨을 수도" 있다. 어느 경우에도 그는 화를 내지도 않으며 그 어떤 것들도 요란하게 하지 않는다.

[29:9] 지혜로운 자와 미련한 자가 다투면 지혜로운 자가 노하든지 웃든지 그 다툼은 그침이 없느니라

미련한 자는 그 무엇에도, 심지어 소송에서도 진지하지 않다고 9절은 말한다. 미련한 자는 감사하지 않으며 의인과 악인, 추함과 아름다움, 위험과 안전을 구별하지 못한다. 그는 사람들이 마땅히 받아야 할 명예는 아랑곳하지 않고 똑같이 미련하게 사람들을 대한다. 어떤 잠언들은 생각을 일깨워주고 조금씩 변화를 가져올 방법으로 체벌을 권한다(잠 10:13; 18:6; 19:29; 26:3 참조).

[29:10] 피 흘리기를 좋아하는 자는 온전한 자를 미워하고 정직한 자의 생명을 찾느니라

악인 사이에 있는 정직한 자의 존재는 그 존재만으로도 악인에 대한 책망이 된다고 10절은 말한다. 악인은 의인을 매우 싫어해 의인이 죽는 것을 보길 원한다.

[29:11] 어리석은 자는 자기의 노를 다 드러내어도 지혜로운 자는 그것을 억제하느니라

11절에서 "노"라는 단어는 히브리어로 "바람", "영혼", "마음"이며 미련한 자의 충만한 표출 혹은 그를 미치게 만드는 것들에 대해 경솔하게 떠벌리는 것 등을 함축한다. 반면, 지혜로운 자는 지나치게 말하는 것을 삼가고 말하기 전에 그를 괴롭히는 것이 무엇인지 생각해 보는 시간을 갖는다.

[29:12] 관원이 거짓말을 들으면 그의 하인들은 다 악하게 되느니라

왕은 자신의 정책을 펴지만 그는 공식적으로 정책을 도와주는 조언자의 정보에 의존해야 한다. 만약 왕이 조언자로부터 거짓말만 들으려 한다면(왕상 22장에서 미가야의 예언을 거부한 아합왕처럼), 그 주위에 모든 사람들은 그의 부패에 비위를 맞추려하고 또한 사악해질 것이다.

[29:13] 가난한 자와 포학한 자가 섞여 살거니와 여호와께서는 그 모두의 눈에 빛을 주시느니라

22:2은 하나님이 부자와 가난한 자, 둘 다 만들었다고 말한다. 이 절은 하나님이 가난한 자와 그들을 박해하는 자, 모두에게 눈에 빛을 주었다고 말한다. 이는 둘이 동등하다는 의미인가, 아니면 하나님이 바로 그들을 지켜 보시며 그 눈은 압제하는 자를 심판하고 가난한 자에게 자비를 베풀려 하신다는 것을 그들이 안다는 뜻인가?

[29:14] 왕이 가난한 자를 성실히 신원하면 그의 왕위가 영원히 견고하리라

13절의 말씀을 확장한 듯 보인다. 왕이 가난한 자를 "성실하게 신원"하면 백성이 행복해지고 왕위가 안정되는 축복을 받을 것이다.

[29:15] 채찍과 꾸지람이 지혜를 주거늘 임의로 행하게 버려 둔 자식은 어미를 욕되게 하느니라

15절은 가난한 자를 대하는 정의와 정부에 대한 가르침 사이에 삽입되어 있는 구절이다. 이 구절은 반항하는 자녀에 대한 주제로 잠시 돌아간다. 꾸지람을 들으며 자라는 아이들은 지혜롭게 될 것이나 방목된 자신은 어미를 욕되게 할 것이다.

[29:16] 악인이 많아지면 죄도 많아지나니 의인은 그들의 망함을 보리라

16절은 다시 정부에 대한 테마로 돌아온다. 악한 통치자는 악을 용납하기에 선한 자들은 악이 스스로 망하기를 참을성 있게 기다린다. 이 절은 공의가 승리하게 될 것임을 약속하지만 얼마나 긴 시간이 걸릴지에 대해서는 말해주지 않는다.

[29:17] 네 자식을 징계하라 그리하면 그가 너를 평안하게 하겠고 또 네 마음에 기쁨을 주리라

17절은 부모들에게 그들의 자녀를 훈계해야 함을 가르쳐주는 반항하는 자녀에 대한 삽입 구절이다. 징계를 받은 자녀는 부모를 평안하게 하며 기쁨을 가져다 준다.

[29:18] 묵시가 없으면 백성이 방자히 행하거니와 율법을 지키는 자는 복이 있느니라

18절은 오랫동안 잘못 해석되어 왔다. 그 이유는 KJV이 취한 것과 같은 방식의 번역 때문일 것이다. KJV는 다음과 같이 읽는다. "목표(vision)가 없는 곳에 있는 백성은 죽게 된다". 이 전의 "묵시"는 만들어 낸 목표와 그것들을 이루어낼 누군가의 능력을 가리키는 것도 아니며

이해력이나 통찰력을 의미하는 것도 아니다. 이 단어는 예언자가 행하는 어떤 행동과 동의어라고 할 수 있다. 즉, 이것의 참된 의미는 하나님의 인도(TEV), 계시(NIV), 권위(NEB), 예언(NAB)등 이라고 할 수 있다.

[29:19] 종은 말로만 하면 고치지 아니하나니 이는 그가 알고도 따르지 아니함이니라

여기서 잠언은 모든 따르지 않는 어리석은 종들은 단지 체벌로만 교정될 수 있음을 말하는가? 이해와 따르지 않음 사이의 독특한 구별에 대해서 설명될 필요가 있다. 듣는 것처럼 보이나 순종하지 않는 종은 실상은 아무것도 듣고 있지 않음을 이 잠언은 말하고 있는 것이다.

[29:20] 네가 말이 조급한 사람을 보느냐 그보다 미련한 자에게 오히려 희망이 있느니라

잠언의 모든 구절들은 미련한 자보다 못한 자는 딱 두 종류 밖에 없음을 말한다. 그 사람은 바로 "스스로 지혜롭게 여기는 자"(잠 26:12)이며, 그리고 바로 여기 "말에 조급한 사람"이다. "말은 쉽다"라는 표현이 있다. 이 표현 역시 조급한 말은 무감각함을 드러내고, 악의가 있으며, 미련하고, 파괴적이며 아무런 가치가 없음을 나타내고 있다. 아무 말이나 내뱉는 사람은 타인과 자신에게 해를 입힐 수 있다. 잠언은 미련한 자에게 오히려 희망이 있다고 말한다.

[29:21] 종을 어렸을 때부터 곱게 양육하면 그가 나중에는 자식인 체하리라

21절은 여러 문제들을 포함한다. 우리가 공평하게 히브리어 동사를 다룬다면, 전반부는 "곱게 양육하면"으로 이해할 수 있는데 문제는 없지만, 후반부의 동사는 매우 생소하다는 것을 인정해야 한다. 어떤 번역가들은 종을 자식처럼 "곱게 양육하는" 주인은 그를 나중에 그의 "상속자로 삼을 것이다"(RSV)로 번역한다. 혹은 "곱게 양육받은" 종은 끝내 "파멸을 가져올 것이다"(NIV)로 번역하기도 한다. 그러나 의미가 무엇이든지 간에 주는 교훈은 분명하다. 종은 "자녀와 같기에" 혹은 "법적인 골칫거리가 될 수 있기에" (이유가 무엇이든지) 훈육되어야 할 대상이다.

[29:22] 노하는 자는 다툼을 일으키고 성내는 자는 범죄함이 많으니라

22절의 전반부는 "분노"와 관련된 히브리어가 다른 것만 제외하면 잠언 15:18과 같다. 그러나 잠언 15:18은 대조적인 평행인 반면, 이것은 동의어적 평행이다. 이 잠언은 스스로의 감정에 대해 자제력을 잃는 것에 대해 경고한다.

[29:23] 사람이 교만하면 낮아지게 되겠고 마음이 겸손하면 영예를 얻으리라

23절은 "낮아짐"과 "겸손"으로 언어유희를 하는데, 두 단어는 히브리어로 보면 어근이 같다. NIV는 이러한 문학적 장치를 잘 살려서 "low"와 "lowly"로 번역했다. NIV의 번역에 따르면 이 절은 다음과 같이 읽을 수 있다. "교만은 사람을 낮추고(low) 스스로를 낮추는(lowly) 사람은 영예를 얻게 될 것이다." 영예를 요구하는 사람은 아무것도 얻지 못하기에 낮아지게 될 것이지만 아무것도 요구하지 않는 사람은 영예를 얻게 될 것이다. 하나님은 사람들의 길을 역전시키신다(잠 3:34; 마 23:12).

[29:24] 도둑과 짝하는 자는 자기의 영혼을 미워하는 자라 그는 저주를 들어도 진술하지 아니하느니라

24절의 후반부의 문자적 번역은 다소 어색할 수 있지만 다음과 같다. "그가 들으나 진술하지 않는 맹세". 이것이 의미하는 아마도 도둑의 공범이 법정에서 취하는 맹세이지만 그것을 두려워하기에 그 맹세를 이행할 수 없음을 나타내는 것일 수 있다. 따라서 그는 위증하며 결국 자신의 죄를 더 가중시킨다. 레위기 5:1에 따르면, 이는 더 심각한데, 즉 "진술"하지 않는 사람은 실제로 그가 목격한 그 범죄에 대해 책임을 져야 한다.

[29:25] 사람을 두려워하면 올무에 걸리게 되거니와 여호와를 의지하는 자는 안전하리라

25절에서 말하는 것은 하나님보다 사람을 기뻐하는 인류의 보편적인 문제이다. 우리가 살면서 추구하는 대부분의 대가들은 사람으로부터 오기에 우리는 사람들을 기쁘게 하는데 온갖 힘을 쏟게 될 수도 있다. 그러나 그러한 보상들이 얼마나 영구할 것인가? 이렇게 사람을 기쁘게 하는 것이야 말로 덧없고 불완전한 목적에 우리를 빠뜨리는 올무가 아닌가? 여호와를 의지하는 자와 영원한 가치를 믿는 자는 얼마나 좋은가! 이 잠언은 모든 생각을 사로잡아 그리스도께 복종케 하는(고후 10:5) 말씀과 연관되어 있다. 가르침은 명백하다. 사람들이 기대하는 바로부터 떠나 하나님이 기대하는 바를 행하라는 것이다.

[29:26] 주권자에게 은혜를 구하는 자가 많으나 사람의 일의 작정은 여호와께로 말미암느니라

26절은 25절의 묘사이다. 여기서 사람은 하나님이 아니라 사람의 보상 혹은 사람의 승인을 추구한다. 이는 우리가 하나님보다 정부를 더 영예롭게 하는 사람들을 생각하면 보다 더 선명해진다. 많은 세금은 우리가 머뭇거리지 않고 내지만 하나님께 드려야 할 십일조는 어떠한가? 우리는 법정과 하나님 중 누가 더 우리의 권리를 보호해준다고 믿고 있

는가? 우리는 변호사, 판사, 하나님 중 누구를 더 먼저 찾는가? 26절은 통치자로부터 정의를 구하는 자가 많지만 우리가 정의를 얻는 것은 여호와께로 인한 것임을 말하고 있다.

[29:27] 불의한 자는 의인에게 미움을 받고 바르게 행하는 자는 악인에게 미움을 받느니라

27절은 시적인 대칭구조를 갖고 있다. 이 절은 잠언 10-29장의 결론이다. 이것은 하나님과 하나님을 섬기는 자는 사탄과 그를 섬기는 자를 미워한다(그리고 사탄과 그의 추종자들도 마찬가지로 하나님과 하나님을 섬기는 자를 미워한다)는 기본적인 가르침을 주고 있다. 우리는 우리가 어느 편에 서 있는지 삶 가운데 명확하게 드러날 것이다.

제5장

아굴의 잠언 (30:1-33)

[30:1] 이 말씀은 야게의 아들 아굴의 잠언이니 그가 이디엘 곧 이디엘과 우갈에게 이른 것이니라

잠언 30:1은 아마도 잠언 전체 중에서 가장 어려운 구절일 것이다. 여기에는 몇 가지 의견들이 있다.

첫 번째 문제는 아굴(Agur)이다. 그리고 두 번째 문제는 그의 아버지 야게(Jakeh)이다. 그들은 누구인가? 어느 누구도 이들이 누구인지를 모르기 때문에 일부의 번역가들은 히브리어 *Agr*(아굴)과 *Jkh*(야게)가 이름들을 나타내는 것이 아니라, 오히려 "수집하는 사람들"(gather)이라고 하는 의미 정도일 것이라고 제안한다. 즉, 이러한 말들은 어떠한 잠언의 "수집가"(collector)로부터 온 것이다.

다음 문제는 맛사(*Massa*)라는 단어이다(개역개정에는 단순히 "이 말씀"으로 번역되었다-역주). 그것은 장소인가, 아니면 신탁을 의미하는 일반명사인가? 아무도 맛사 같은 장소가 존재했는지 여부를 알지 못한다. 그 단어는 잠언 31:1에 다시 등장한다.

다른 불확실성은 얼마나 많은 구절들이 이 수집에 포함되었는가 하

는 것이다. 6개의 절인가, 아니면 33개의 절인가? 만약 6개의 절만 아굴의 잠언이라면 나머지(7-33절)은 누구의 것인가?

1절의 번역들을 비교해보면 이러한 문제점들이 금새 드러난다. "그가 이디엘과 우갈에게 이른 것이니라"고 읽은 표현이 있다. TEV는 이디엘을 "하나님과 함께 있지 않는 자"라고 풀어주며, NAB는 "나는 하나님이 아니다"로 번역한다. 한편, 우갈은 "나는 절망적이다"(TEV) 혹은 "나는 지쳤다"를 의미할 수 있다. 또 다른 문제는 잠언이라기보다는 오히려 전도서를 떠올리게 하는 이 전체 절들의 분위기이다. 여기의 단어들은 답변 보다는 오히려 슬픔과 좌절, 의문들을 자아내는 어두운 것들이다. 우리는 이 부분을 이해하기 위해 우리의 번역에 주의해야 할 것이다. 우리는 우리가 가진 원문 사본들마저도 완전하게 신뢰하기 힘들다.

[30:2] 나는 다른 사람에게 비하면 짐승이라 내게는 사람의 총명이 있지 아니하니라

2절은 자신의 이해력은 인간 이하라고 말하면서, 스스로의 어리석음과 무지를 헐뜯는다. 물론 그 표현들은 과장이다. 지식이 결여된 사람은 결코 이러한 말들을 기록하지 못한다. 중요한 점은 저자는 하나님이 그와 함께 있지 않으므로 몹시 불행하다는 것이다.

[30:3] 나는 지혜를 배우지 못하였고 또 거룩하신 자를 아는 지식이 없거니와

3절은 하나님으로부터 버려진 이 사람이 적어도 자신의 문제를 인식하고 있다는 증거를 명쾌히 제공해 준다. "나는 지혜를 배우지 못하였고"라는 표현은 바른 방향으로의 큰 전진이다. 만일 우리가 사람들에게 그들의 절망을 보여줄 수만 있다면 오히려 거기에 희망이 있다.

[30:4] 하늘에 올라갔다가 내려온 자가 누구인지, 바람을 그 장중에 모은 자가 누구인지, 물을 옷에 싼 자가 누구인지, 땅의 모든 끝을 정한 자가 누구인지, 그의 이름이 무엇인지, 그의 아들의 이름이 무엇인지 너는 아느냐

4절은 다섯 가지 질문들을 던지는데, 이는 독자들에게 "하나님"이라는 대답을 유도하기 위해 고안된 장치이다. 그 부분들은 우리에게 이사야 40:12-21 혹은 욥기 38-39장에서 제기된 질문들을 상기시켜 준다.

이 구절에서 "하늘에 올라갔다가 내려온 자"는 "하늘로부터 온" 인자와 많이 닮았다. 요한복음 3:13; 사도행전 2:34; 로마서 10:6; 에베소서 4:9 등이 표현하듯이 그는 다시 하늘로 올라갔다. "아들"이라는 단어가 항상 구약성경에서 그리스도를 가리키고 있지는 않으나, "아들"이라는 표현은 신약성경의 그러한 암시들을 위한 기초를 놓고 있는지도 모른다(시 2:7, 12 참조).

[30:5] 하나님의 말씀은 다 순전하며 하나님은 그를 의지하는 자의 방패시니라

5절은 이전의 구절들보다 조금 더 낙관적이다. 여기서 잠언은 우리에게 하나님에 관한 긍정적인 진술을 준다.

[30:6] 너는 그의 말씀에 더하지 말라 그가 너를 책망하시겠고 너는 거짓말하는 자가 될까 두려우니라

5절과 6절은 "하나님"(혹은 "그")이라는 단어와 "말씀"이라는 단어로 연결된다. 6절의 말씀은 주석을 쓰는 사람들에게는 특별히 중요한 구절이 될 것이다(신 4:2; 계 22:18).

[30:7-9] 내가 두 가지 일을 주께 구하였사오니 내가 죽기 전에 내게 거절하지 마시옵소서 곧 헛된 것과 거짓말을 내게서 멀리 하옵시며 나를 가난하게도 마옵시고 부하게도 마옵시고 오직 필요한 양식으로 나를 먹이시옵소서 혹 내가 배불러서 하나님을 모른다 여호와가 누구냐 할까 하오며 혹 내가 가난하여 도둑질하고 내 하나님의 이름을 욕되게 할까 두려워함이니이다

33개의 절들 가운데 일곱 부분이 숫자를 다루는데, "두 가지"(7-9절, 15절 전반부)와 "서넛"(15절 후반부-16절, 18-19절, 21-23절, 29-31절)의 어떤 것들이 소개된다.

저자는 범상치 않은 첫 번째 사람을 이야기함으로써 7절을 시작한다. 그 사람은 그가 죽기 전에 두 가지 일을 구한다. 허탄과 거짓말로부터의 보호와, 극한 가난과 풍요 사이에서의 필요한 양식의 실현을 구한다.

저자는 두 번째 요청에서 명확하게 말한다. 그는 원함과 필요들 사이의 구별을 암시하면서, "오직 필요한 양식으로 내게 먹이시옵소서"라고 한다.

9절은 왜 우리의 만족을 위해 필요한 것들만 구해야만 하는지 설명해 준다. 지나치게 풍족한 것은 우리를 너무 독립적으로 만들어 우리의 공급자이신 하나님과 관계가 없다고 말하게 만든다. 만약 우리가 지나치게 풍족하다면, 우리는 틀림없이 우리가 필요로 하는 모든 것을 공급하는 듯한 부에 의지하게 될지도 모른다.

다른 한편으로, 지나치게 가난한 것 또한 좋지 못하다. 빈곤은 도둑질의 유혹에 빠질 정도로 사람들을 좌절시키며 타인을 시기하게 만든다. 이것은 하나님의 이름을 불명예스럽게 하는 결과를 초래할 것이다. 여기서의 핵심은 바로 중용이다(전 7:15-18 참조).

[30:10] 너는 종을 그의 상전에게 비방하지 말라 그가 너를 저주하겠고 너는 죄책을 당할까 두려우니라

10절은 (그 가르침이 여전히 말의 조절에 대한 다른 충고와 조화됨에도 불구하고) 본 장의 다른 구절들과 특별히 다르다. 비록 이 절에서 누가, 누구를 훼방하였는지 명확하지 않지만, 확실한 것은 자신을 비방하는 자를 저주하는 자는 종이다. 자신의 일을 돌보지 않는 사람은 결국에 값을 치르게 될 것이다.

[30:11-14] 아비를 저주하며 어미를 축복하지 아니하는 무리가 있느니라 스스로 깨끗한 자로 여기면서도 자기의 더러운 것을 씻지 아니하는 무리가 있느니라 눈이 심히 높으며 눈꺼풀이 높이 들린 무리가 있느니라 앞니는 장검 같고 어금니는 군도 같아서 가난한 자를 땅에서 삼키며 궁핍한 자를 사람 중에서 삼키는 무리가 있느니라

11-14절은 모두 문자적으로 "세대"(generation)를 의미하는 "무리"라는 말로 시작된다. 그 구절들은 그와 같은 사람들의 잘못된 행동 및 그들과 같이 될 경향성에 대한 특별한 경고이다.

11절은 부모를 공경하지 않는 "무리"에 대해 경고한다. 여기에 어머니와 아버지 모두 포함된다는 사실에 주목하라. 부모를 공경하지 않는 것은 제5계명의 직접적인 위배이다.

12절은 스스로를 깨끗한 자로 여기는 "무리"에 대해 말하고 있다. 그러한 자기기만과 자기중심적인 성향은 사람들로 하여금 자신의 잘못들에 대해 눈감게 만든다. 그리고 그들의 잘못을 교정할 수 있는 타인의 책망과 비판에 대해 반응하지 못하게 한다.

13절은 또한 자신을 속이는 "무리"에 대해 말하고 있다. 여기에 나오는 관용구는 계속해서 하나님의 구속의 선물을 거절하는 사람의 거만이나 자만을 생생하게 묘사하고 있다. 하나님의 선물을 받아들이는 것

은 자기 의를 부인하는 것이며, 그의 피와 의를 주장하는 것이다.

14절은 가난한 자들을 학대하는 "무리"에 대한 선명한 묘사이다. 그들의 입은 검과 군도로 비유된다. 이러한 무기들로, 그들은 "가난한 자들을 땅에서 삼킨다". 이와 같이 힘없는 자들을 잔혹하게 먹는 이미지는 또한 시편 14:4에서도 등장한다.

[30:15-16] 거머리에게는 두 딸이 있어 다오 다오 하느니라 족한 줄을 알지 못하여 족하다 하지 아니하는 것 서넛이 있나니 곧 스올과 아이 배지 못하는 태와 물로 채울 수 없는 땅과 족하다 하지 아니하는 불이니라

15절은 "거머리"로 널리 번역된 히브리어를 사용하고 있다. 그것은 비록 성경에서 오직 여기서만 나오기 때문에, 그것의 의미는 매우 부정확하지만 의미는 명백하다. 피를 빨아들이는 탐욕스러운 사람은 족할 줄 모르는 두 딸을 낳는다. 그 구절은 "족한 줄을 알지 못하는" 서넛을 소개한다. 거머리와 그의 두 딸들 같은 것들은 누군가 줄 수 있는 것들보다 더 많은 것들을 요구한다. 16절은 그들에게 다음과 같이 이름 붙인다. 더 많은 시체들을 원하며 자리를 갖춘 무덤(잠 27:20), 아이를 배지 못하는 태, 비가 오지 않아 (팔레스타인의 바싹 말라버린 흙과 같은) 건조해진 땅, 무엇을 집어넣든 완전히 태워버리는 불. 이러한 것들은 "족하다" 혹은 "충분하다"고 말하지 않는다.

여기서의 교훈은 명백하다. 탐욕은 불만족스러운 갈망들을 초래하면서 단지 자신을 먹이로 삼는다. 우리가 삶에서 찾는 것은 무엇인가? 우리는 우리를 결코 채울 수 없는 장소들, 사람, 물건들 속에서 만족을 갈망하는 스올, 빈 태, 마른 땅, 태우는 불과 같은 존재가 아닌가?

[30:17] 아비를 조롱하며 어미 순종하기를 싫어하는 자의 눈은 골짜기의 까마귀에게 쪼이고 독수리 새끼에게 먹히리라

17절은 11절과 매우 비슷하다. 두 절 모두 부모 공경하기를 거절하기 때문에 언젠가 처벌받게 될 자녀들의 이야기에 관해 다룬다. 여기서 그와 같은 행동의 결과들은 대단히 무섭다. 그들은 까마귀와 독수리 새끼에 의해 눈이 쪼여 죽어 불명예스럽게 된다.

[30:18-19] 내가 심히 기이히 여기고도 깨닫지 못하는 것 서넛이 있나니 곧 공중에 날아다니는 독수리의 자취와 반석 위로 기어 다니는 뱀의 자취와 바다로 지나다니는 배의 자취와 남자가 여자와 함께 한 자취며

18, 19절에 나오는 네 가지 것들의 공통점은 흔적이 없다는 것이 널리 알려진 견해이다. 네 가지 것들은 그것이 거기 있었다는 어떤 증거들도 남겨놓지 않는다. 그래서 18절은 이를 기이하다고 표현한다.

마지막 부분의 "여자"를 가리키는(일부 번역에서는 "처녀") 단어는 잘 사용되지 않는 것이다. 나는 그 단어로 인해 이 네 종류의 것들의 유사성은 그 어느 것도 실제로 "지나가지 않았다는 것"에 있다고 주장하고자 한다. 독수리, 뱀, 배, 이 모두가 정해진 길 외에 갈 수 없다. 네 번째의 남자는 아직 자취를 남기지 않은 "처녀"의 영역으로 이동한다. 그 남자와 여자는 아직 함께하지 않았다.

[30:20] 음녀의 자취도 그러하니라 그가 먹고 그의 입을 씻음 같이 말하기를 내가 악을 행하지 아니했다 하느니라

20절의 음녀는 19절의 "기이한" 처녀와 반대이다. 젊은 남녀가 사랑하는 것이 아름다운 반면, 음녀는 그녀의 맹세를 웃음거리로 만들고, 밥 먹듯 쉽게 간음을 저지른다(히브리어에서 먹는다는 것은 성관계를 가리키는

완곡한 표현이다). 이와 같이 19, 20절은 잠언의 중요한 테마 중 하나인 "간음에 대한 경고"를 주고 있다.

[30:21-23] 세상을 진동시키며 세상이 견딜 수 없게 하는 것 서넛이 있나니 곧 종이 임금된 것과 미련한 자가 음식으로 배부른 것과 미움 받는 여자가 시집 간 것과 여종이 주모를 이은 것이니라

21-23절은 부적절하기 때문에 용납할 수 없는 네 가지 것들을 담고 있다. 첫 번째는 잠언 19:10과 같다. 종이 다스리는 것은 옳은 것이 아니다. 배부른 미련한 자는 참을 수 없게 거만할 수 있다. 미움받는 여자가 묘사하는 바는, 사랑이 기초가 되지 않는 불행한 결혼이다. 마지막 네 번째 것은 첫 번째 것과 같다.

여기서 잠언의 핵심은 자연적인 순서는 뒤바꾸지 않는 것이 최고라는 것이다. 무능한 자들에게 힘을 주거나 혹은 받을 가치가 없는 자들에게 상을 줌으로써 교란시키는 것은 사회적 변동을 요구한다. 사회 속에서의 조화는 가족과 공동체의 구성원이 자신이 누구이며, 자신에게 기대되는 것이 무엇인지를 알게 될 때 일어나게 된다. 또한 부족한 자 혹은 경험 없는 자가 그들을 다스리던 자들을 오히려 다스리고자 할 때 혼란은 찾아온다.

이러한 말들은 자유, 기회의 평등, 고상한 법률 등에 반대되는 것 같다. 그러나 우리는 이것이 3,000년 전의 사람들을 위해 기록된 것임을 명심해야 한다. 우리는 다윗의 자손들만이 왕이 될 수 있고, 레위 족속들만이 사역에 동참할 수 있는 것에 대해 매우 불공평하다고 말할 수 있다. 우리는 그러한 구조 아래서 살고있지 않기에, 이것은 우리 자신, 우리의 능력, 우리의 수준 등을 알고 우리가 실제로 할 수 있고 얻을 수 있는 것 가운데 행하면서 만족을 찾아야 한다는 건전한 원리로 적용될 수 있다.

[30:24-28] 땅에 작고도 가장 지혜로운 것 넷이 있나니 곧 힘이 없는 종류로되 먹을 것을 여름에 준비하는 개미와 약한 종류로되 집을 바위 사이에 짓는 사반과 임금이 없으되 다 떼를 지어 나아가는 메뚜기와 손에 잡힐 만하여도 왕궁에 있는 도마뱀이니라

24-28절까지는 우리에게 "작지만 지혜로운" 네 가지 것들을 소개해 준다. 첫째, "힘이 없지만" 겨울을 위해 곡식을 예비하는 뛰어난 예측을 지닌 개미이다. 우리에게 주는 교훈은 명확하다(잠 6:6-8 참조).

둘째, 바위 사이에 집을 짓는 사반이다. 그것의 명성은 반석 사이에 가장 불가능한 장소에 집을 짓는 능력에 있다. 아마도 여기서의 교훈은 우리가 곤경이나 어려운 상황 속에서 임시변통 할 수 있어야 한다는 것이다.

셋째, "임금이 없는" 메뚜기이다. 왕이 없을지라도 그들은 동원되고, 행진하고, 정복한다. 이러한 모습은 그룹과 사회의 구성원들이 자신의 이익보다는 오히려 모두의 이익을 위해 일할 때 주어지는 통일성과 조화를 암시한다.

넷째, "손에 잡힐만 하여도" 왕궁에서 길을 쉽게 찾는 도마뱀이다. 뇌물이나 속임수 없이 이 동물은 (우리의 일생의 노력으로도 미칠 수 없는) 방안으로 들어간다. 저자는 여기서 지위를 추구하고, 사회적으로 오르려고 하는 것은 종종 실패를 낳는 반면, 겸손과 진실은 그에 마땅한 보상을 얻는다는 것을 강조하고 있다. 이에 덧붙여 도마뱀이 하는 일은 천한 것이지만, 봉사를 제공한다. 그것들은 벌레를 먹어 없애준다!

[30:29-31] 잘 걸으며 위풍 있게 다니는 것 서넛이 있나니 곧 짐승 중에 가장 강하여 아무 짐승 앞에서도 물러가지 아니하는 사자와 사냥개와 숫염소와 및 당할 수 없는 왕이니라

29-31절은 "잘 걸으며 위풍 있는" 네 가지 것들에 대해 말해주고 있

다. 세 가지는 동물이고, 나머지 하나는 왕이다. 이 네 가지 중 첫 번째 것은 쉽게 해석된다. 누구나 확실히 인상적인 걸음으로 걷는 "동물들 중 가장 힘 센"것은 사자라는 데 동의할 것이다. 그러나 "위풍 있게"라는 표현에 어려움이 있다. 우선 사냥개(히브리어에서 이 단어는 어떤 허릿춤에 무엇이 졸라매어진 짐승을 의미하며, 실제로 사냥개는 날씬한 허리를 가지고 있기에 그렇게 번역된다. 하지만 헬라어 번역에서 이 단어는 싸움닭으로 나타난다)와 숫염소는 그 수식어와 어울리지만 군대로부터 "둘러쌓인 왕"(개역개정에는 "당할 수 없는 왕"이라고 표현한다-역주)이 무엇을 뜻하는지 이해하기 어렵다.

여전히 본 장의 요점은 우리는 동물과 사람의 자기 위치(우위에 있는지 하위에 속하는지)를 알아야만 한다는 것이다. 사자가 동물을 다스리는 것과 같이 왕은 사람을 다스린다. 이러한 모든 것들은 하나님의 조화로운 질서의 한 부분이다. 우리는 이 순서를 저항하거나 바꾸려고 노력해서는 안 된다. 그러한 일은 재앙을 가져올 것이다.

[30:32-33] 만일 네가 미련하여 스스로 높은 체하였거나 혹 악한 일을 도모하였거든 네 손으로 입을 막으라 대저 젖을 저으면 엉긴 젖이 되고 코를 비틀면 피가 나는 것 같이 노를 격동하면 다툼이 남이니라

32, 33절은 분노를 반대하는 가르침과 함께 본 장을 결론짓는다. 싸움은 종종 미련한 사람들이 탐욕 혹은 미련한 입장을 고수할 때 일어난다. 그들이 단지 그들의 "손으로 입을" 막으면 문제는 쉽게 마무리 된다. 그러나 그들이 고집할 수록 싸움은 더욱 고조된다. 그들이 스스로를, 그리고 자신들의 생각들에 집착할 때 다툼이 시작되며 공의가 승리할 리 없는 피흘리는 전쟁으로 끝나게 된다.

33절이 셋으로 구분되는 것은 번역상 드러난다. 각 부분의 세 동사

들은(젓다, 비틀다, 격동하다) 실상은 같은 히브리어이다. 또한 "코"와 "노"도 히브리어로 같은 의미이며, "피"는 "다툼"(즉 살인)을 의미할 수 있기에, 이는 전형적인 언어유희로 이루어진 구절이라 할 수 있다.

이 말씀은 때때로 토론 가운데 결정적 발언을 못하게 하는 일종의 규제로 작용한다. 그것은 매우 힘들지만 우리가 평화를 위해 부르심을 입었다는 사실을 기억해야 한다(롬 14:19; 고전 7:15).

제6장

르무엘의 잠언 (31:1-9)

[31:1] 르무엘 왕이 말씀한 바 곧 그의 어머니가 그를 훈계한 잠언이라

불행하게도, 우리는 잠언 30:1의 아굴만큼이나 여기 나오는 르무엘에 대해 모른다. 랍비들은 아굴이 솔로몬의 다른 이름이었다고 생각했으며 따라서 잠언은 다윗의 교훈으로 시작되어(4:3-4), 밧세바의 교훈으로 끝맺는다고 보았다. 그러나 그를 솔로몬 혹은 맛사(*Massa*)의 왕으로 보려는 노력은 쓸데없는 것이다.

[31:2] 내 아들아 내가 무엇을 말하랴 내 태에서 난 아들아 내가 무엇을 말하랴 서원대로 얻은 아들아 내가 무엇을 말하랴

2절은 르무엘의 어머니의 연설로 시작한다. 이 구절은 계단식 평행 구조로, 각 문장들에 조금씩 새로운 문구가 더해져 쌓이는 흥미로운 형태를 나타낸다(개역개정은 그 형식을 잘 살려 번역이 되어있다-역주).

[31:3] 네 힘을 여자들에게 쓰지 말며 왕들을 멸망시키는 일을 행하지 말지어다

그 어머니는 아들에게 두 가지 악덕들, 즉 정욕과 음주에 대해 경고한다. 3절은 특히 여자에게 힘을 쓰거나 정력을 낭비하는 것에 대해 경고한다. 성에 있어서 지나친 방종은 확실히 솔로몬의 큰 약점이었으며 (그의 700명의 아내와 300명의 첩을 생각해 보라), 그를 하나님으로부터 돌아서게 했고, 궁극적으로 그를 타락으로 인도했다.

[31:4-7] 르무엘아 포도주를 마시는 것이 왕들에게 마땅하지 아니하고 왕들에게 마땅하지 아니하며 독주를 찾는 것이 주권자들에게 마땅하지 않도다 술을 마시다가 법을 잊어버리고 모든 곤고한 자들의 송사를 굽게 할까 두려우니라 독주는 죽게 된 자에게, 포도주는 마음에 근심하는 자에게 줄지어다 그는 마시고 자기의 빈궁한 것을 잊어버리겠고 다시 자기의 고통을 기억하지 아니하리라

비록 솔로몬의 삶 속에서 술 문제가 등장되지 않았지만 4-7절은 술의 위험에 대해 많은 것들 말하고 있다. 술은 이스라엘 왕 엘라(왕상 16:9)와 아람 왕 벤하닷의 몰락(왕상 20:16)의 원인이 되었다. 따라서 이 충고는 선의로 가득하다.

그 경고는 르무엘 뿐만 아니라 모든 왕, 공주, 또는 권력층의 사람들에게 반드시 필요한 것이다. 술이 현 시대의 지도자들로부터 얼마나 오용되고 있는지 생각해 보라. 만일 지도자들이 술에 중독되었다면, 우리는 과연 음주운전 및 기타 술과 관련된 사고에 반하는 법적 조치를 기대할 수 있겠는가? 그들이 법을 잊어버리거나 가난한 자들을 학대하지 않도록 하기 위해, 잠언은 어느 누구도 술을 마시지 말라고 말한다. 역설적으로 6, 7절은 술과 독주는 "근심하고 죽게 된 자에게" 그 슬픈 사실을 잊어버리라고 권해진다. 그러나 우리는 이와 같은 사람들을 통치

자, 국회의원, 비행기 조종사, 자동차 운전사 등으로 세워서는 안 된다.

[31:8-9] 너는 말 못하는 자와 모든 고독한 자의 송사를 위하여 입을 열지니라 너는 입을 열어 공의로 재판하여 곤고한 자와 궁핍한 자를 신원할지니라

8, 9절은 르무엘에게 주어진 적극적인 명령으로 그에게 가난하고 힘없는 자를 위해 입을 열라고 권고한다. 통치자들에게 악덕들을 삼가라고 하는 것만으로는 충분하지 않다. 그들은 또한 그들이 다스리는 이들에게 긍정적인 면을 끼치도록 노력해야 한다. 그들은 자신을 변호할 수 없는 이들을 변호해야 하며 법적 지원을 해서는 안 되는 이들을 공정하게 다루어야 한다.

제7장

에필로그: 현숙한 여인 (31:10-31)

이 독특한 결론인 "에필로그: 현숙한 여인"이라고 제목을 붙일 수 있는 부분에 관하여 여러 가지를 언급하는 것은 가치가 있다. 우선, 이 부분은 알파벳 아크로스틱 시로서, 22개의 절은 히브리어 알파벳이 연속되어 나타난다. 일부 번역이 노력은 했지만(JPS, Smith-Goodspeed, Beck, JB 등) 이 시적인 장치를 제대로 재현해내기에는 역부족이었다. 이러한 아크로스틱 장치는 시편 119편이나 예레미야애가의 처음 4개의 장들에서도 나타난다.

신실치 못한 아내나 배우자에 대한 경고가 앞선 장들에서 나타나는데(2장, 5장, 6장, 7장, 9장 등), 거기에 비추어서 볼 때, "현숙한 여인"에 대한 글로 끝맺는 것도 매우 주목할 만하다. 또한 놀랄만한 것은 다투는 여인에 대한 언급들(잠 12:4; 19:13; 21:9; 25:24; 27:15-16)이 여러 번 나오는 것에 비해 현숙한 여자에 대해서는 그다지 많은 언급이 없다(잠 12:4; 18:22; 19:14). 31장은 그러한 불균형을 바로 잡아준다.

이 장은 언뜻 보면 잠언과 조화되지 않는 것 같지만, 실제론 용감하고 지혜롭고 경건한 여인들에 대해 칭찬을 아끼지 않는 성경의 다른 부분들과 잘 어울림을 알 수 있다. 드보라(삿 4-5장)를 떠올려보라. 그리고 아비멜렉을 죽인 지혜로운 여인을(삿 9:35), 드고아의 지혜로운 여인을(삼하 14:1-20), 세바의 반역에 투항한 벧마아가 아벨의 지혜로운 여인을(삼하 20:16-22), 여선지자 훌다(왕하 22:14) 등을 떠올려보라.

잠언에서 여자에 관한 것들 중 주목할 만한 것들 중 하나는 여자는 집에서 지도력을 가진다는 사실이다. 여자가 지위가 높은 남자와 결혼하였다 해도 우리는 (잠언에서) 집에서 부지런히 다니며 중요한 결정을 하는 여인에 관한 구별된 인상을 받는다. 고대 이스라엘은 남자가 지도자로 나타나는 곳에서도 실제 "막후 권력자"는 여성인 경우에 대해 많이 묘사하는 것 같다. 이 에필로그는 르무엘의 어머니로부터 온 부분이 아니라 어딘가에서 발췌해 온 것일 가능성이 높다.

[31:10] 누가 현숙한 여인을 찾아 얻겠느냐 그의 값은 진주보다 더 하니라

10절에서는 현숙한 아내가 진주보다도 값지다고 말하고 있다. 현숙한 여인은 매우 드물기에 진주와 비길만하다(잠 8:10 참조).

[31:11] 그런 자의 남편의 마음은 그를 믿나니 산업이 핍절하지 아니하겠으며

어떠한 결혼에서도 믿음은 필수적이고 본질적 요소이고 이러한 여인은 남편으로부터 "신뢰"를 얻을수 있다라고 11절은 말하고 있다. 더욱이 그러한 여인은 재산을 잘 관리하여 남편이 필요로 하는 것을 잘 알고 가지고 있는 것을 지킬 줄 알기 때문에 그 남편은 부족함이 없다고 말하고 있다.

[31:12] 그런 자는 살아 있는 동안에 그의 남편에게 선을 행하고 악을 행하지 아니하느니라

이 여인은 남편에게 헌신적이다. 그녀가 하는 모든 언행은 남편을 지지하고, 고무시키고, 용기와 확신을 준다. 아내가 남편을 지지하고 이해하지 않는다면 남편은 세상에서 일을 하는데 많은 어려움을 겪지 않을 수 없다.

[31:13] 그는 양털과 삼을 구하여 부지런히 손으로 일하며

13절은 여인에게 있어서 매 시간을 그리고 하루 하루를 어떻게 보내야 하는지에 대한 실질적인 목록을 보여준다. 이 절을 포함하여 21-24절을 보면, 여인은 원료를 사서 실을 뽑아 천을 짜고 바느질 하는데 시간을 보낸다.

[31:14] 상인의 배와 같아서 먼 데서 양식을 가져 오며

오늘날처럼 쉽게 냉장보관을 할 수 없는 그 당시의 대부분의 지역에서는 음식을 구하는 것이 중요한 일과였다. 배에 비유되는 이 여인은 매일 시장에 나가 물건을 사서 집으로 돌아온다.

[31:15] 밤이 새기 전에 일어나서 자기 집안 사람들에게 음식을 나누어 주며 여종들에게 일을 정하여 맡기며 이 여인은 아침에 가장 일찍 잠에서 깬다고 15절은 말하고 있다. 여인은 새벽에 일어나 아침 식사를 짓고, 종들에게 일을 정하여 맡긴다.

우리는 여기서 이러한 가정은 부정한 방법에 의해서가 아니라 노력과 영리한 투자로 부유하게 된다는 점을 알아야 한다.

[31:16] 밭을 살펴 보고 사며 자기의 손으로 번 것을 가지고 포도원을 일구며

16절은 이러한 여인은 집에서도 열심히 일할 뿐만 아니라 밖의 자산(부동산)을 일구는데도 열심이라고 말한다. 이것에 대해 분명히 단정지어 말할 수는 없겠지만 여인은 분명 땅을 매매할 줄 알았다. 그녀는 다른 사업으로부터 번 돈을 포도원에 재투자 했다. 이러한 능력있는 여인은 자신이 소유하고 있는 것을 현명하게 다룸으로써 자산을 늘릴 수 있을 것이다.

[31:17] 힘 있게 허리를 묶으며 자기의 팔을 강하게 하며

17절은 이러한 여인은 모든 일을 힘있고 강하게 한다고 한다. 여인은 자신의 책임을 뒤로하는 약한 자가 아니라 역동적이며 힘있는 모습으로 삶을 살아간다.

[31:18] 자기의 장사가 잘 되는 줄을 깨닫고 밤에 등불을 끄지 아니하며

러시아에, "시장에는 두 종류의 바보가 있는데 하나는 너무 많이 묻는 자이고 하나는 너무 적게 묻는자이다"라는 격언이 있다. 현숙한 여인은 그녀가 가지고 있는 상품의 가치를 알고 그 가치에 대한 정당한 값을 요구할 수 있다.

그 여인이 생산한 상품은 다른 이들이 그만한 값을 치뤄야 하는 질 좋은 상품이었다. 여인은 밤늦도록 오랜 시간동안 좋은 물건을 만드는 일을 한다.

[31:19] 손으로 솜뭉치를 들고 손가락으로 가락을 잡으며

19절에서 언급한 "솜뭉치"와"가락"은 옷을 만드는데 필요한 도구들이다. 가족들의 옷을 만들려면 얼마나 오랫동안 실을 뽑고 천을 짜야 하는지 상상해보라! 고대의 여인들이 실을 뽑고 천을 짜는데 얼마나 많은 시간을 소비했겠는가! 그러나 현숙한 아내는 불평 한마디 하지 않는다.

[31:20] 그는 곤고한 자에게 손을 펴며 궁핍한 자를 위하여 손을 내밀며

현숙한 아내는 식구들이 필요로 하는 것을 잊을 정도로 집안 일에 바쁘지만은 않아야 한다. 이 여인은 이기적이고 인색했기 때문이 아니라 하나님이 그 여인의 너그러움과 관용에 축복하셨기 때문에 부유할 수 있는 것이다(잠 11:25 참조).

[31:21] 자기 집 사람들은 다홍색 옷을 입었으므로 눈이 와도 그는 자기 집 사람들을 위하여 염려하지 아니하며

21절에서는 눈이 올 때 "다홍색 옷을 자기집 사람들에게 입힘"으로써 자신의 가족이 필요로 하는 것을 훌륭하게 제공하는 여인의 모습을 말해 주고 있다.

또한 이 "다홍색"을 가리키는 단어는 "두 겹"의 혹은 "이중"을 의미할 수 있으며, 실제 일부 번역은 그렇게 하기도 한다. NEB는 "현숙한 아내가 겨울에 자기집 사람들에게 다홍색 혹은 두 겹의 옷을 입히지 않겠느냐?"로 번역한다. 비록 팔레스타인에서 눈이 내리는 때는 거의 드물지만 이 여인은 만일에 있을 때를 대비하는 모습을 보여주고 있다.

[31:22] 그는 자기를 위하여 아름다운 이불을 지으며 세마포와 자색 옷을 입으며

22절에서 기술, 시간, 지혜를 동원해 자신의 일을 해나가는 여인은 "자기를 위한" 이불까지 만들 수 있을 정도로 집안 일을 아주 잘 꾸려

나간다. 여기서 여인 자신이 세마포와 자색 옷을 입는다고 묘사되고 있는데 이것을 일종의 부의 상징이라 할수 있다. 왜냐하면 당시에 자색을 염색하려면 조개 따위에서 색을 뽑아내야 하는데 그 양이 워낙 소량이여서 그 값이 비쌀 뿐만 아니라 구하기도 힘들었다. 우리는 그러한 풍요로운 삶을 비난해선 안 되며 또한 그것이 열심히 일한 노력의 대가라는 것을 간과해서는 안 된다.

[31:23] 그의 남편은 그 땅의 장로들과 함께 성문에 앉으며 사람들의 인정을 받으며

23절은 그 여인의 남편에 대해 최종적으로 말해주고 있다. 남편은 존경받는 시민의 일원이며 성문에 앉는다는 것은 성문을 어슬렁거리며 하루를 보낸다는 뜻이 아니라 법조인으로써 매일 부딪치게 되는 송사를 재판하는 인물이라고 보는 것이 옳을 듯 하다. 그가 내리는 판결이 모호한 경우가 있기는 하지만 그의 사회적 위치에는 명성, 존경, 대중의 신뢰, 무거운 책임 등이 뒤따른다(룻 4:1-12 참조).

[31:24] 그는 베로 옷을 지어 팔며 띠를 만들어 상인들에게 맡기며

이 여인은 가족을 위해 옷을 만들기도 할 뿐만 아니라 물건을 팔기도 한다. 24절은, 그녀는 수입이 될만한 일이면 무엇이든지 한다고 말한다.

[31:25] 능력과 존귀로 옷을 삼고 후일을 웃으며

25절은 그녀는 미래에 만날지도 모르는 문제에 대비해 그녀의 부와 투자에만 의지한다고 말하는 것이 아니다. 오히려 이것은 올바른 삶이 가져다 주는 자기확신에 대한 서술이다. 이 여인은 개미처럼 겨울의 양식을 비축하기 때문에 후일을 걱정하지 않는다.

[31:26] 입을 열어 지혜를 베풀며 그의 혀로 인애의 법을 말하며

26절은 이 여인의 "진정한 재산"에 대해 말해주고 있다. 이 여인은 단순히 옷감을 만들고 땅을 매매하고 가난한 자를 구제하고 가족을 위해 항상 지혜와 훈계에 대해 말하고 다닌다. 이 여인의 강함은 무슨 일이든지 할 수 있도록 능력을 주시는 주 안에서 오는 것이다.

[31:27] 자기의 집안 일을 보살피고 게을리 얻은 양식을 먹지 아니하나니

이 여인은 항상 해야 할 일이 많기 때문에 게으르게 지낼 시간이 없다.

[31:28] 그의 자식들은 일어나 감사하며 그의 남편은 칭찬하기를

이 여인은 자식들로부터 일어나 감사함을 받고 남편으로부터는 칭찬을 받는다. 그녀가 행한 일에 대해 이보다 더 멋진 설명, 이보다 더 훌륭한 찬사가 있겠는가!

[31:29] 덕행 있는 여자가 많으나 그대는 모든 여자보다 뛰어나다 하느니라

비록 "남편이 말했다"라는 표현은 없지만, 이는 분명 남편이 한 말이다.

[31:30] 고운 것도 거짓되고 아름다운 것도 헛되나 오직 여호와를 경외하는 여자는 칭찬을 받을 것이라

30절은 현숙한 여인의 가장 진정한 모습을 보여주고 있다. 여인은 외모의 아름다움을 가질지는 모르나 진정한 아름다움은 오직 여호와를 경외하는 모습에 내재되어 있는 것이다. "여호와를 경외" 할 줄 아는 여인이야말로 진정으로 존경받을 만하다고 말해주고 있다.

[31:31] 그 손의 열매가 그에게로 돌아갈 것이요 그 행한 일로 말미암아 성문에서 칭찬을 받으리라

31절은 히브리어 알파벳의 마지막 문자로 시작한다. 타인의 평가가 아니라 여인이 취한 바로 그 행동이 그녀를 현숙한 여인으로 만들어준다. 남편과 자녀들은 그러한 아름다운 아내 그리고 어머니를 입을 모아 칭찬할 것이다.

Proverbs

CLC 구약 주석 시리즈

잠언 주석 Proverbs

2014년 2월 12일 초판 발행

지은이 | 로버트 L. 알덴
옮긴이 | 김형준 · 이성훈

편 집 | 박상민, 진규선
디자인 | 김복심, 정영운
펴낸곳 | 사) 기독교문서선교회
등록 | 제16-25호(1980. 1. 18)
주소 | 서울시 서초구 방배로 68
전화 | 02) 586-8761~3(본사) 031) 942-8761(영업부)
팩스 | 02) 523-0131(본사) 031) 942-8763(영업부)
홈페이지 | www.clcbook.com
이메일 | clckor@gmail.com
온라인 | 기업은행 073-000308-04-020, 국민은행 043-01-0379-646
예금주: 사)기독교문서선교회

ISBN 978-89-341-1352-2 (94230)
ISBN 978-89-341-1304-1(세트)

* 낙장 · 파본은 교환해 드립니다.

이 도서의 국립중앙도서관 출판시 도서목록(CIP)은
서지정보유통지원시스템 홈페이지(http://seoji.nl.go.kr)와
국가자료공동목록시스템(http://www.nl.go.kr/kolisnet)에서
이용하실 수 있다.
(CIP제어번호: CIP2014001696)